国家出版基金项目
NATIONAL PUBLICATION FOUNDATION

"十二五"国家重点图书
出版规划项目

《东南亚研究》第二辑

马金案 编著

文莱经济社会地理

WENLAI JINGJI SHEHUI DILI

中国出版集团

世界图书出版公司

图书在版编目（CIP）数据

文莱经济社会地理/马金案编著. —广州：世界图书
出版广东有限公司，2014.12
　ISBN 978-7-5100-9112-4

　Ⅰ. ①文…　Ⅱ. ①马…　Ⅲ. ①经济地理—文莱
Ⅳ.①F134.499

中国版本图书馆CIP数据核字（2014）第288215号

文莱经济社会地理

项目策划：陈　岩
项目负责：卢家彬　刘正武
责任编辑：程　静　李嘉荟
出版发行：世界图书出版广东有限公司
　　　　　（广州市新港西路大江冲25号　邮编：510300）
电　　话：020-84459579　84453623
　　　　　http：//www.gdst.com.cn　E-mail：pub@gdst.com.cn
经　　销：各地新华书店
印　　刷：湛江南华印务有限公司
版　　次：2014年12月第1版
印　　次：2014年12月第1次印刷
开　　本：787mm×1092mm　1/16
字　　数：320千
印　　张：16
ISBN 978-7-5100-9112-4/K·0276
定　　价：64.00元

《东南亚研究》第二辑

《东南亚经济社会地理》丛书编辑委员会

总　序

东南亚（Southeast Asia）位于亚洲的东南部，分为中南半岛和马来群岛两大部分，包括位于中南半岛的越南、老挝、柬埔寨、泰国、缅甸和位于马来群岛的菲律宾、马来西亚、文莱、新加坡、印度尼西亚、东帝汶共11个国家。东南亚地处亚洲与大洋洲、太平洋与印度洋的"十字路口"。东南亚各国拥有丰富的自然资源和人力资源，为经济发展提供了良好的条件，形成了以季风水田农业和热带种植园为主的农业地域类型，但经济结构比较单一。20世纪60年代以来，东南亚各国大力发展外向型市场经济与国家宏观调控相结合的经济发展模式，一是大力发展制造业，二是扩大农矿产品的生产和出口，三是深化各个层面的区域经济合作，这使得东南亚成为当今世界经济发展最有活力和潜力的地区之一。

东南亚是中国的南邻，自古以来就是中国通向世界的必经之地。在历史上，绝大多数东南亚国家就与中国有友好往来，在政治，经济，文化上关系密切，中国人民和东南亚各国人民结下了深厚的友情。在未来的历史进程中，随着中国和东南亚国家经济建设的飞速发展和社会的进步，以中国—东盟自由贸易区为代表的双边和多边的友好合作关系也将进入一个不断发展，更加密切的历史时期。

作为一个地理范围广袤、地缘位置重要、人口众多、多样性突出的地区，东南亚各国的经济和社会发展也各具特色。在未来新的世界政治、经济格局中，东南亚在政治、经济上的作用和战略地位也将更加重要。而加强对东南亚国别和地区研究，特别是加强对东南亚经济社会的研究与交流，可以帮助中国人民加深对东南亚的理解。为此，云南大学东南亚研究所在相关高校和研究机构同仁的大力支持之下，与世界图书出版广东有限公司成功组织并申报了2014年国家出版基金项目——《东南亚研究》第二辑，本丛书即该项目的最终成果。

本丛书试图从经济地理学的角度，结合社会经济因素、自然因素和技术因素三要素，来研究东南亚国家经济活动在一定地区范围内的时空分布、形成和发展规律。具体而言，就是研究东南亚国家及其境内各地区的农业、工业、交通运输业、旅游业、贸易、投资等的布局规律。本丛书认为，在一定生产力条件下，人类总是把争取以最小的劳动消耗，取得最佳的经济效益，作为发展生产的基本目标。为实现这个目标，除了劳动者和劳动手段的有机结合以外，还必须进行经济布局，即把经济活动的场所选择在生产条件最好的地区或地点进行。但是，经济布局不是凭主观意志来确定的，而是社会经济发展的需要与客观条件相结合的产物。东南亚国家的地理环境及其与周围地区或国家的关系，对该国经济的发展起着不可忽视的作用。优越的地理环境，良好的区位优势能为其经济发展提供便利条件，反之则会制约其经济的发展。

参加本丛书编写的作者主要为云南大学东南亚研究所的专家学者，解放军外国语学院、广西大学、广西社会科学院、华南农业大学的专家学者也参与了本丛书的编写工作。本丛书参编人员长期从事东南亚经济和社会研究，精通英语和东南亚语言，有赴东南亚留学、工作或访学的经验，并与东南亚各国相关专家长期保持交流与合作关系，也掌握了大量资料和数据，这为完成本丛书的编写奠定了坚实的基础。我们希望本丛书的出版有助于国人加深对东南亚经济和社会发展的认识，有助于深化中国—东盟自由贸易区、21世纪海上丝绸之路以及南方丝绸之路的建设，从而为夯实"亲诚惠容"周边外交新理念、打造周边命运共同体添砖加瓦。

由于丛书涉及面广，和资料收集、学术水平诸多因素的限制，书中的分析与论述难免存在疏漏与不足，恳请各位专家和广大读者批评指正。

《东南亚经济社会地理》丛书编辑委员会

2014年11月 于昆明

前　言

文莱是东南亚地区一个小国，但却是一个有着悠久历史的文明古国，根据国内外的历史记载，从古代至今，人们对文莱曾有过各种各样的称呼，该国最早见于文字记载的是印度史诗《罗摩衍那》。当时，印度人称文莱为"耶婆毗婆"。中国古籍有关文莱的记载，曾有几种称呼，如5世纪中叶，中国史籍就有"婆黎"的记载，指的就是文莱。6世纪时的梁朝、隋朝和7世纪到9世纪的唐朝，将该国称作"婆利"。唐朝有时也将其称作"婆罗"。也有称文莱为"勃泥"或"浡泥"。13世纪以后的宋朝称其为"渤泥"。到15世纪以后，中国史籍《东西洋考》和《明史》等则称其为"渤泥"或"文莱"、"婆罗乃"。阿拉伯人在7世纪以前，称其为"坎龙"或"穆贾"。1378年写成的《爪哇史颂》称其为"勃如宁"。在欧洲人绘制的地图中，最早提到文莱的是1595年出版的佛兰芒地理学家墨卡托绘制的地图集，该图集称文莱为Brunei，称全岛为Bruneo。欧洲人写的其他早期著作，对该地地名的拼法各有不同，如Borney、Borne、Brunai等。后来，多数人采用Brunei。现在文莱国语即马来语通常也将其写成Brunei。

文莱自建国以来道路曲折，14世纪中叶，伊斯兰教传入，建立苏丹国。16世纪初，国力处于最强盛时期。16世纪中期起，葡萄牙、西班牙、荷兰、英国等相继入侵。1888年，沦为英国保护国。1941年，被日本占领。1946年，英国恢复对文莱控制。1971年，与英国签约，获得除外交和国防事务外的内部自治。1984年1月1日，完全独立。

文莱国家政体实行绝对君主制。经济方面，由于文莱盛产油气生产就使其成为东南亚乃至世界上最富裕的国家。由于政治制度以及其富裕的生活，使其国内政治社会长期保持稳定。因为媒体对文莱的情况报道不多，所以，人们对文莱的印象是一个神秘的国家，对它的情况不太了解。21世纪将是经济全球化和区域一体化的世纪，特别是从2002年开始，中国与东盟致力建立自由贸易区，到现在基本如期建成。中国与东盟各国包括与文莱交往与合作越来密切。国家之间相互了解很重要，只有相互了解才能够彼此信任，更好地开展各个领域合作，推进中国与东盟自由贸易区升级，造福双边人民。编写本书的目的是要深入了解和探讨文莱的经济、社会、地理，以便为中国与文莱进行经济贸易等领域合作提供参考。

编　者

2014年6月

目　录

第一章　自然地理及行政与经济区划

第一节　地理条件

一、区位与国土

文莱全名称文莱达鲁萨兰国（Negara Brunei Darussalam）。Negara是马来文，意为"国家"。Brunei一词源于梵文，意为"航海者"，马来人理解为海上商人。Darussalam是阿拉伯语，英文译为"Abode of Peace"，意为"和平的土地"或"和平之邦"，全名的贴切意思应是"生活在和平之邦的海上贸易者"。

文莱位于亚洲东南部的加里曼丹岛（旧称婆罗洲）的西北部，地处北纬4°2′～5°3′、东经114°4′～115°22′度之间。北濒南中国海和文莱湾。东南西三面与马来西亚的沙捞越州接壤，并被沙捞越州的林梦分隔为东西两部分。东西最长处为150千米，南北最长处为65千米。隔海的北部是菲律宾，与马尼拉相距约1 000千米；西北部是中国，与广州和中国香港相距约1 900千米；西边是马来半岛，与新加坡和吉隆坡相距约1 200千米。

文莱全国陆地面积5 765平方千米。沿海为平原，内地多山地。该国在澳大利亚买有土地，面积略大于本国陆地面积，作饲养奶牛和肉牛用。

二、地形地貌

文莱属于海岛国家，其国土由陆地与海洋两部分构成。海岸线长约162千米。有33个岛屿，总面积为79.39平方千米。大部分岛屿分布在文莱河下游或河口地区。靠近海边的地带是长满红树林的淡水沼泽，约占陆地总面积的10%。近海海底平缓，海水较浅，海面平静，素有"少女海"之称。

文莱的地表是典型的海岛地形，陆地是在第三纪地盘的基础上演变而来的，由砂岩、页岩和粘土组成。

尽管有森林覆盖，但由于文莱属热带雨林气候，终年炎热多雨，因而文莱的非火山岩土壤长期受到雨水较大的冲击，致使土壤流失，长年累月的高温和高降雨量导致地表遭到严重的腐蚀和风化，造成了地层沉降，形成了起伏不平的山脉和险峻的沟壑。由于洪水和河流冲刷山坡，使山坡上的水土流失非常严重，其沉淀物形成了沿海平原。文莱的北部是平原，南部是丘陵。陆地约占总面积的3/4，海洋约占1/4。地势东高西低，西部沿海多为平原，内地多为山地，东部多为沼泽地。其东南与沙捞越交界处的的巴贡山（有的称阿干山）海拔1 841米，为文莱的最高山峰。海洋部分，大陆架较长，海底比较平坦，海水也比较浅，一般在18米以下。海面平静。沿海缺乏能避风和深水的港湾，领海内岛屿也不多。潮汐比较频繁，有时一天两次。正由于这种地形和长年累月的雨水冲刷，使文莱内陆河溪纵横，虽然国土面积狭小，但其境内却有几条大河，较大的河流有4条，即马来奕河（也译称白拉奕河）、都东河、淡布隆河（也译称淡布伦河）、文莱河。这些河流发源于马来西亚沙捞越南部的高原地带，由南向北流向，经丘陵，越平原，入大海。河道曲折狭窄，水流湍急，可航距离较长，入海处多沙洲与冲积平原。马来奕河为文莱最大的河流，发源于文莱和马来西亚沙捞越交界的山区，由东南向西北，纵贯马来奕区全境，最后注入南中国海，全长32千米。河谷为沼泽地，河道已部分疏浚，可以通航。都东河由南往北流经都东区境内，注入南中国海。文莱河也是由南往北流，经过文莱—穆阿拉区，在首都斯里巴加湾市附近流入大海，该河的河水是咸的。淡布隆河发源于淡布隆区南部与马来西亚沙捞越交界处，由东南向西北纵贯淡布隆区，最后流入文莱湾。此外，还有一条林梦河，它主要流经淡布隆区与文莱—穆阿拉区之间的马来西亚沙捞越林梦地区，也是由南向北，在文莱—穆阿拉区境内注入文莱湾。

三、气候条件

地处低纬度的文莱属热带雨林气候，常年高温多雨。年平均气温为28℃左右，没有明显的干旱季节，一年中只有3个星期的无雨天气。在这段时间里，天空晴朗，阳光灿烂。每年3月至8月，气候炎热，少雨。10月至次年2月，雨量较丰沛，气候较凉爽。由于文莱地面海拔较高，而季候风对雨量又影响不大，故雨水充沛，有时还会出现倾盆大雨，雨流如注，几小时内河水就急速上涨达100厘米，沿海的年降雨量为2 500毫米，内陆则在5 000毫米以上。

从地理位置看，文莱地处热带，一般来说会炎热难受，但由于文莱陆地与大海相连，是典型的海洋国家，经常下雨，而且雨量较多，再加上加里曼丹上空的云层极大地缓和了阳光的直射，故气温不算太高，变化也不大。文莱沿海地区全年平均气温27℃，最高不超过35℃，最低不低过20℃。月温差为2.3℃，日温差为4℃；内陆地区气温还低些，年平均只有20℃，最低时可达12℃。丘陵地带的深夜，有时还有凉意，气候还是宜人的。但由于雨水较多，故湿度较高，年平均相对湿度在67%～91%之间。

第二节　自然资源

一、水资源及其利用情况

文莱水资源丰富，年平均降雨量在2 500～3 500毫米以上，不缺水。文莱建设有水库，作为储水，供居民及灌溉田地之用。文莱水源供应主要依靠雨水及地下水，全国共6个水处理厂，每日向全国用户供水1.21亿公升。6个水处理厂分别为达石水源过滤站日供水1 360万公升）、都东区武吉巴隆水处理厂（日供水2 180万公升）、诗里亚水处理厂（日供水5 450万公升）、那威水处理厂（110万公升）、拉尤水处理厂（日供水1 090万公升）及宋毕林水处理厂（550万公升）。而水资源最大问题是国人不注意节约用水，据《文莱时报》2013年12月13日报道，虽然文莱国小民寡，但耗水量惊人，长期将面临水源危机。

二、土地资源及其利用情况

文莱是一个较小的海岛国家，森林面积大和矿产丰富，致使文莱可利用的土地资源不多，特别是耕地面积不多，耕地约占陆地总面积的4%，而且土地贫瘠，不利于发展农业生产。其土地资源主要是保持自然生态，以及开辟建设一些工业园区。

三、生物资源及其利用情况

文莱是属于海洋气候的国家，其特点是多雨高温，这种气候有利于植物生长，所以，文莱的植物资源较为丰富，其中以木本植物居多，超过5 000多种，树林也有2 000多种。沿海一带草本植物和灌木占比重较大，在泥泞的海岸和河湾里生长着红树属植物。森林面积46.9万公顷，属热带雨林，森林覆盖率为78%，有11个森林保护区，86%的森林保护区为原始森林，总面积为2 355平方千米，占陆地面积41%，其中有55%为从来未采伐过的原始森林。都东、马来奕、淡布隆各河上游广大地区生长的树木质量最好，树身高大，通常在60英尺以上。文莱的树林主要有以下几类：红树林生长在与海平面差不多的低地；常青灌木石南树林通常在海拔不到100米的泥沙冲积的土壤上，但在地势较高的淡布隆区的沙石山坡上也有一些石南树；泥炭沼泽树林沿主要河流两岸的低地生长，它们被海边的红树林和石南树林分割开；混合林紧挨着泥炭沼泽林，一直延伸到海拔4 200英尺以上，只在淡布隆区的东南部才有这种树。文莱严格实行保护森林的政策，限制森林砍伐和原木出口，实行"砍1树、种4树"和每年10万立方米限额伐木政策，主要满足国内市场需要。总的来说，生态保持良好。

由于文莱森林覆盖面积较大，海岸线长，河流较多，为野生动物提供了生存的良好条件，所以，文莱的动物资源也很丰富。陆地上较大型的动物有象、犀牛、野牛、猿、猴、野猪和鹿等，在河流和沼泽里有鳄鱼，丘陵里有巨蟒、眼镜蛇、狐蝠、松鼠和蜥蜴。文莱还有很多鸟类，如犀鸟、鹰、野鸡和雨燕。

四、矿产资源及其利用情况

由陆地和海洋构成的文莱国土，经过地壳长期的变动，使这块土地有着丰富的矿产资源。文莱的矿产资源主要是碳氢化合物，即石油和天然气，其蕴藏量非常丰富。据文莱政府2010年公布的数据，已经探明的原油和天然气储量分别为11亿桶和3 500亿立方米，是东南亚第三大产油国和世界第四大天然气生产国，产油量在东南亚仅次于印度尼西亚和马来西亚。按照目前每年开采量，石油天然气可开采30～40年。此外，经过勘探蕴藏量较大并具有开采价值的矿产资源有：

金、炭、锑、铅、矾土、硅。另外，经过勘探还发现有煤、石灰石、铁、锰、汞、铅、独居石和硅沙等，但除硅沙外，蕴藏量较少。目前，除了开发海上石油天然气外，其他矿藏暂时还没有开采价值。

第三节 行政区划与经济区划

一、行政区划

（一）四大区

文莱全国分区、乡和村三级。全国划分为4个区：文莱—穆（也有翻译为摩）阿拉区、马来奕区、都东区、淡布隆区。区长和乡长由政府任命，村长由村民民主选举产生。各区设区长分别负责区内的日常行政事务，由内政部办公室统筹管理。

1. 文莱—穆阿拉区（Brunei-Muara District）：该区东濒南中国海，南与马来西亚的沙捞越州接壤，西与都东区为邻。面积570平方千米，人口279 924人（2011年）。此区由文莱首都斯里巴加湾市和文莱—穆阿拉区组成。该区是文莱人口最多的行政区，也是文莱行政、文化、商业和服务中心。文莱已将该区的穆拉作为出口自由贸易区，文莱最大的港口——穆拉港位于这个区内，该港是东部成长区的最大港口之一，它有助于文莱成为一个次区域联系中心。

2. 都东区（Tutong District）：该区北濒南中国海，南与沙捞越州接壤，东面和西面分别与文莱—穆拉区和马来奕区为邻。南部边境地区地势较高，其余地方低平。面积1 166平方千米，人口4.44万人（2011年），主要集中在都东市。该区是文莱土著的聚住区。出产水稻和蔬菜，畜牧业比较发达。

3. 马来奕区（Belait District）：该区位于文莱的最南部，主要由诗里亚镇和瓜拉马来奕镇组成，北濒南中国海，西面和南面都与马来西亚沙捞越州接壤，东邻都东区，面积2 743平方千米，西南部地势较高，其余地方平缓且海平面低。人口6.39万人（2011年）。该区是文莱的经济中心，文莱的石油和天然气开采和生产都集中在区内。诗里亚镇是文莱的最大石油城，出产水稻、木材和胡椒。

瓜拉马拉奕镇是马来奕区的首府，位于文莱的西部，邻近马来西亚的沙捞越州，是一个港口城市。港区水浅，有两座100米余长的码头。该城有锯木厂、家具厂等。市郊产水稻。沿海公路东通诗里亚、都东等地，西过马来奕大桥可到马来西亚沙捞越州的淡南港和罗东、米里等地。

4. 淡布隆区（Temburong District）：该区位于文莱东部，独立于其他3个区，被马来西亚林梦地区分隔开，不能与文莱其他地区直接接壤，其北部隔文莱湾与文莱—穆阿拉区相望。该区面积1 305千米，山峦起伏，地势较高。人口1万人（2011年）。首府是邦古尔。主要出产木材和建筑用的沙石。

（二）主要城市

1. 首都：斯里巴加湾市（Bandar Seri Begawan）

该市是文莱的政治、经济、文化中心。2012年，人口达约14万，是文莱人口最密集、最繁华的地区。该市也是全国的交通中心，有公路通往全国各地，其中沿海公路把它与西部城市相连。斯里巴加湾港可停泊小型汽船。市郊有大型国际机场。文莱交通部决定于2011年扩建飞机场，计划投资1.5亿文莱元（约合1.2亿美元）用于国际机场扩建工程。扩建工程包括将登机服务台从现有的19个增加到40个，移民局柜台从目前的8个增至26个。机场停车场从目前的30个无顶停车位增至560个，其中100个有遮顶端停车位。2010年，文莱国际机场共接待旅客200万人。按年增长4%计算，到2035年，每年接待旅客将达到600万人。据文莱《婆罗洲公报》2012年2月29日报道，文莱经济发展局新闻发布会的消息，文莱国际机场扩建工程预计2014年11月完工，竣工后，年接待旅客能力将从目前的150万人增至300万人。该工程将借鉴新加坡樟宜机场成功之处，充分照顾旅客舒适度和体验性，使扩建后的文莱国际机场成为文莱新地标和门户，增加航班班次和旅游流量，把文莱发展成为地区物流和交通枢纽，推动旅游、贸易和投资发展。

为适应对外开发融入国际经济和加快发展多元化经济的需要，2007年，经文莱苏丹博尔基亚批准，文莱首都斯里巴加湾市的面积将从2007年8月1日起，由现在的15.8平方千米扩大至100.36平方千米，增幅近10倍。此计划的目的是把斯里巴加湾市建设成为一个在保持原有历史文化特色的同时，具有竞争力和先进管理水平的商业和经济中心。

该市最初只是文莱河入海处的一片沼泽地，后来马来人陆续来此定居，形成了几十个水上村落，17世纪，被定为文莱首都，原称文莱市。1970年10月4日，现任苏丹为昭彰其父为该镇建设所做的贡献而改为现名。斯里巴加湾是其父的封号，为"光荣、辉煌"之意，巴加湾意为"神圣"。

地理位置：位于文莱湾西南岸，东经114°55″，北纬4°52″，距文莱河入海口14.48千米。城区一部分位于起伏不平的滨海地区，另一部分则在文莱河的浅滩地带。

气候：斯里巴加湾市靠近赤道，属典型的热带海洋性气候。白天炎热，夜晚凉爽，没有旱季。每年10月至翌年3月最为潮湿，降雨多集中在1月和12月，年均降水量3 275毫米。1月份平均气温26.7℃，7月份为27.8℃。

市区：整个市区呈"主"字形，以中央大街为主，两旁横街为辅。中央大街底正对着海关大厦，后面是文莱河。该市分为旧城区和新城区两个部分。旧城区为"水村"，建在水上，水下是一排排木桩，万人居住在水上。政府为改善水上居民的生活，在这里建设了水上学校、水上医院和商场等桩上搭建木屋，也有街巷之分，许多住房刷上了颜色鲜艳的油漆，风格独特。其中最大的工程是建于1960年耗资1 500万美元的水上清真寺，寺院方体圆顶，是一座一半在陆地、一半在海上的奇特建筑。新城区风景优美，街道整洁，树木繁盛，绿草如茵。建筑多为二层楼房，街道两旁有现代化的医院、商行和英国式的政府办公大楼及豪华的公寓。沿文莱河两岸是华人商店。此外，在距市区约6 000米处还建有能容纳3万名观众的哈桑娜·博尔基亚国家体育馆，工程造价为8 500万文莱元。

该市已建成一批有浓厚伊斯兰教风格的城市建筑群及人文景观，主要有：哈桑纳尔·博尔基亚清真寺、赛福鼎清真寺、苏丹纪念馆、苏丹王宫——奴鲁伊曼皇宫、水晶公园、水上村落。其他较著名的建筑物有国家清真寺、国家博物馆、体育场、苏丹纪念馆、工艺美术中心、外交部大楼、法院大楼、文莱皇家航空公司办公大楼以及水舞花园等。

经济：1929年，在该市发现石油资源，其工业主要是石油、天然气、橡胶和木材加工等，居民生活所需的食品、衣物等日常消费品依赖进口。旅游业很发达。市内的水陆交通方便，从斯里巴加湾到穆阿拉港的公路是全国的主要干线，全长为135千米。1981年建造的横跨文莱河大铁桥，全长1 000多米。有位于市郊的现代化国际机场建。文莱皇家航空公司辟有通往东南亚各国和中国香港等的国际航线。

文化教育：斯里巴加湾市是文莱的文化教育中心。全国的高等院校集中在该市，市内著名的学校有：创建于1922年的最大的华语学校——中华中学；1956年成立的安德烈英文中学；建于1956年的文莱师范学校；还有文莱达鲁萨兰综合大学和文莱工艺学校等高等院校。报纸和刊物的出版发行机构均集中在斯里巴加湾市，主要的报刊有《婆罗洲公报》、《文莱灯塔》、《文莱新闻》等。市内还设有广播电台和电视台，分别用马来语、英语、华语和廓尔喀语播放节目。

由于该市是文莱的首都，文莱政府对该市的各方面建设都比较重视，投入巨资来改善环境和人民的生活，居民收入高，福利也好。根据2000年亚洲周刊的报道，斯里巴加湾市被列入亚洲十佳生活城市中的第八位。它的平均收入名列第五位，教育投入名列第十位，免受污染程度名列第九位，每千人拥有病床位数名列第十五位。市民过着富足的生活。

2. 诗里亚市

该市位于文莱的西南部，北临南中国海。市区沿海岸分布，人口数万。该市主要大街上店铺林立，商品丰盛，市场较为繁荣，有3家电影院，有轻便铁路可通巴达斯。沿海公路西可通瓜拉马来奕，东可达都东及其首都和穆阿拉港。城区附近石油井架林立，是一座石油城，为文莱主要产油基地，其附近有卢穆特炼油厂。这里开采的石油一部分直接装船出口，一部分送卢穆特炼油厂，再一部分通过油管输往马来西亚沙捞越洲罗东的炼油厂提炼。

3. 都东市

该市位于都东河入海口附近，在首都斯里巴加湾市西面39千米处，是一个面河背山，向山顶发展的小城，也是都东区的首府。有锯木厂等小型工业企业，城郊有小型机场。

二、经济区划

为推行经济多元化战略，文莱进行了经济区划，主要是建设工业区。1989年，文莱政府设立工业与初级资源部（Ministry of Industry and Primary

Resources），负责推动工业化进程，其属下专门设立了文莱工业发展局（Brunei Industrial Development Authority），其主要职能就是在文莱建设工业园区（Industrial Site），吸引投资，发展制造业。工业区的规划和建设，由文莱工业发展局统筹实施。一般程序是由工业发展局向发展部的城乡规划司（Town and Country Planning）提出用地申请，经该部进行环保、安全等综合评估后，签发用地许可，工业发展局负责土地平整、基础设施的建设。工业发展局负责区内企业的管理，提供帮助。2007年2月6日，文莱经济发展理事会与文莱Galfar Pembinaan dan Perusahaan（B）Sdn.Bhd.公司签署协议，Galfar公司将承担双溪岭工业园 The Sungai Liang Industrial Park 建设的前期准备工程，包括土地平整、隔离墙和道路的建设等。双溪岭工业园规划占地271公顷，靠近文莱石油和天然气生产区。到2007年年底，已确定将入驻该工业园的有年产80万吨的甲醇厂、尿素厂和生物柴油厂等项目。文莱政府的目标是将该园区建设成为具有世界水准的石化工业园。经过10余年的发展，到2007年，文莱已建成9个工业区，总面积422公顷。占地108公顷的第十个工业区也正在建设当中（见表1-1）。在文莱的4个行政区里，首都斯里巴加湾市有6个工业区、都东区有1个、淡布隆区有1个、马来奕区有2个。在这些工业区内，基础设施一应俱全，用地都以低廉的价格提供给在园区设厂的企业，落户企业只要建造厂房即可。在园区落户的企业共有约1 000多家，大部为来自马来西亚、泰国、新加坡等东盟国家的投资，全部为中小型企业，平均每家企业人数不足40人，主要从事服装制造、建材加工、食品饮料加工、电线电缆、木材加工，以及家具制造等行业，吸收了约14万人就业（多为外国劳工）。

表1-1　文莱工业区

工业区名称	面积（公顷）	主要发展内容
Beribi I & II	47	制造业和服务业
Lambak K（West）	45	食品加工、服务业
Lambak K（East）	74	制造、服务、小型高科技企业
Salar	40	家具制造、仓储、冷库
Serasa	83	制造业和服务业

续表

工业区名称	面积（公顷）	主要发展内容
Serambangun	40	制造业和服务业
Sungai Bera	50	制造业和服务业
Perkan Belait	38	制造业和服务业
Batu Apoi	5	制造业和服务业
Kuala Rulah	108	轻工业、重工业
汇 总	530	

资料来源：文莱工业发展局

第二章 人文地理

第一节 人口及结构

一、总人口变化

据文莱经济策划及发展局（JPKE）2012年4月24日公布2011年全国人口及房屋调查的初步结果显示，目前，文莱的人口为39.3162万人，比10年前的33.2844万人只增加了6万多。全国人口中，马来人共计258 465人，华人40 534人，其余民族9 373人。人口分布方面，文莱—穆阿拉区为最主要聚集区，共计279 924人，马来奕区60 744人，都东区43 852人，淡布隆区8 852人。2011年，文莱全国共有68 208个家庭，平均每个家庭有5.8个成员；10年前，全国的家庭总数为55 696个，平均每个家庭有6个成员。全国现有81 903个住房单位，79.9%（65 437个）有人居住，其中45 927个（70.2%）在文莱—穆阿拉区。

据文莱有关的调查结果显示，文莱的人口增长率一直在下降，过去10年里的人口平均增长率为每年1.7%，低于全球所要求的2%标准替代率。这是文莱历来的第五次正式全国人口及房屋调查：1971年的人口为13.6 256万人，人口增长率4.4%；1981年人口19.2 832万人，增长率3.5%；1991年人口26.482万人，增长率3%；2001年人口33.2 844万人，增长率2.5%。

二、出生率与死亡率

根据文莱卫生部2012年4月7日提供的信息，文莱人口出生率年均为1.87%，死亡率0.29%。孕产妇死亡率：24/10万（2010年）。新生儿死亡率：11.15‰（2012年），其中男婴13.31‰，女婴8.9‰。目前，文莱男性的平均寿命为76.5岁，女性平均寿命为78.8岁。文莱人平均寿命的增长主要是由于国家经济社会的提高和政府提供的医疗保健服务的改善，文莱每年医疗支出的GDP占比约为1.85%。医生密度：1.417/千人。富裕的生活和良好的卫生保健，使大部分人健康长寿，使老龄人口比例扩大，根据卫生部的统计数字，2011年，文莱64岁以上老人比2004年增加将近44%。文莱的60岁以上的人口已由2000年的4.3%（13 900人）增加至2010年的5.4%（22 200人）。

三、人口结构

1. 年龄结构

根据文莱2012年公布人口统计数据的年龄结构组成，各个年龄段分别为0～14岁25%、15～64岁71.3%、65岁及以上3.7%。文莱人口的年龄结构是典型的金字塔年龄结构。

2. 性别结构

在文莱现有人口（2012年）中，男性占51.5%（20.2 668万人），女性占48.5%（19.494万人）。性别比例：出生时男女比例：1.05∶1；15岁以下男女比例：1.06∶1；15～64岁男女比例：0.97∶1；65岁及以上男女比例：0.95∶1；总人口性别比例：1∶1。

四、人口分布特点和地区差异

据文莱国家经济发展与规划局代总监哈芝阿都阿敏哈新2012年3月24日上午在一项记者会上披露，在文莱现有人口中，有71.2%居住在文莱—穆阿拉区，15.4%在马来奕区，11.2%在都东区，2.3%在淡布隆区。从中可以看出，文莱人口分布的特点是城镇化程度较高，集中居住在城镇。据《文莱时报》2012年3月7日报道，根据文莱国家经济发展与规划局发布的数据显示，随着文莱政府大力推行国家建设现代化，城镇人口已由2001年的72%到2012年增至85%。由于各区发展不均衡，各区差异很大。如在斯里巴加湾市，城镇人口占100%，文莱—穆阿拉、马来奕及都东3区城镇人口约60%。几乎100%华人居住在城镇，文莱—穆阿拉区及马来奕区华人最多，2个区华人占全国华人人口的96%。调查显示，马来族人口平均年增长率4.5%，华族人口平均年增长率不到1%。

五、人口的迁移和流动

所谓"人口迁移"（Population migration），是人口移动的一种形式，是指人口分布在空间位置上的变动。一般指的是人口在两个地区之间的空间移动，这种移动通常涉及人口居住地由迁出地到迁入地的永久性或长期性的改变。由于各自研究角度的不同，学术界对人口迁移的概念存在多种界定。联合国《多种语言人口学辞典》给人口迁移下了一个为人们普遍接受的定义，即："人口在两个地区之间的地理流动或者空间流动，这种流动通常会涉及永久性居住地。"

文莱是一个海洋国家，由于交通便利，东南亚和世界上一些国家的民族先后来到文莱，并在文莱定居，所以，文莱的人口来自四面八方，其种族成分十分复杂，其中人数较多的达20个。但由于文莱与马来西亚是近邻，所以，该国的主要民族是马来人(亦称7大土著：文莱马来人、都东人、克达岩人、马来奕人、比沙雅人、姆鲁人、杜顺人)，以及华人及原住民(伊班族、达雅族、格拉比族)和来自英国、印度及其他国家血统的其他种族人。从历史上看，人口迁移最多的是马来人和华人。

由于文莱国家富有，人民生活富裕，各个地方居民贫富差异不大，所以，目前，文莱人口迁移和流动不明显，国内居民一般比较稳定，不随便迁移。国内向外国移民也不多，据文莱政府2012年公布的数据，当年文莱净移民率仅为2.55‰。

第二节　民族、宗教和语言文字

一、民族

虽然文莱人口不多，但其种族十分复杂，约有20多个大小民族，如按照政治、经济、文化、宗教、体型、生活等构成种族的主要因素对他们进行分类，文莱的居民大致分为原住民和非原住民两大类。

(一)原住民

原住民主要由马来人和达雅克人构成。20世纪初，在英国殖民统治时期，文莱国内的民族差别不大，所有原住民全部归英国驻扎官管辖，但一些传统的习惯法仍反映出种族上的差别，最主要体现在传统政治制度方面，即民族出身不同，担任官职的权利也不同。1959年，文莱通过公民权和移民法后，民族间界限，特别是原住民与外来移民之间在法律上的区别更为严格，即使在原住民中也出现了正式法律之外的一些规定，如担任某些政府职务必须具备相应的民族或宗教条件。

1. 马来人。马来人是文莱的主体民族，约占全国人口的2/3，他们大多是13～15世纪来自苏门答腊和马六甲等地迁徙的移民后裔。到了20世纪初，为开采石油和发展种植业，又有大批马来人从邻近的沙捞越和沙巴地区迁入。此外，移居文莱的菲律宾比萨扬人、他加禄人，印度尼西亚的爪哇人、杜松人、卡达扬人和伊班人等也有不少融合到马来人中。马来人一般居住在沿海地区，他们得到文莱政府优待，大多从事工业、农业、手工业，部分从事渔业，国家和政府机构的公务人员及金融、贸易、石油等重要部门工作主要由他们担任。马来人按习惯分成若干世袭等级，如苏丹、亲王、贵族、富人、自由民和仆役等，近年来，等级划分有所缩小。文莱王室也属于马来人。

2. 达雅克人（土著居民）。文莱把所有的土著居民统称为"达雅克人"，意为"内地人"或"山里人"，它包含许多民族，主要有伊班人、卡达扬人、杜逊人、穆鲁特人、马兰诺人、巴曹人、加央人和比南人等，占全国人口的6%，约2.14万人（1998年）。在达雅克人（土著居民）中，伊班人是文莱最大一个原住民族，有自己的语言与文化；杜逊人原是中国移民（据传说），宋朝末期部分水师由于不愿投降元朝而迁徙到文莱定居，并与当地原住民通婚而逐渐形成这个种族。他们皮肤较白净，性情温和，擅长灌溉式水稻种植；穆鲁特人原是中国云南省的一个少数民族（据传说），后南下经马来半岛与苏门答腊到文莱定居，以种水稻为主，会制造陶器。

（二）非原住民

文莱的非原住民包括华人、欧洲人、南亚人、东南亚人和南非人。

1. 华人

根据史籍记载和考古发现，早在明朝时期，就已经有华人移居文莱。自19世纪下半叶起，有更多的华人为谋生而来。文莱华人多来自南方各省（自治区），如福建、广东、海南和广西等，主要有客家话、闽南话、广西官话等8种方言。1930年以后，由于文莱推行限制移民的政策，使得直接从中国来的华人大幅度减少。从此，文莱华人主要是在当地或者在马来西亚、新加坡出生。

据文莱经济策划及发展局（JPKE）2012年4月24日公布2011年全国人口及房屋调查的初步结果的统计资料，目前，文莱全国人口中，有华人40 534人，在文莱人口比例中居第二位，仅次于马来人，为非原住民中人口最多的一个民族。

文莱华人主要从事商业、矿业、农业、建筑业、服务业和文教事业，包括经营食品制造、建造、塑料加工、杂货、医药、餐馆、酒店、服装、家电、五金、机械等，少部分从事蔬菜种植业。在工矿业中，除石油和天然气工业外，其他华人大多经营中小型工业，其产值约占此类工业总产值的75%。规模较大的有锯木厂、木器厂、硕莪粉厂、碾米厂、饼干厂、橡胶烘熏工厂等。其中工厂数量最多的是锯木厂和橡胶厂。文莱华人还涉及了酿酒、面包、汽水、打银、打铜等小型民用产品的生产。在服务行业中，华人主要经营旅店、理发店和服装店。商业是华人的传统强项，他们大多以中间商的角色经营进出口业和零售业。这些行业都集中在斯里巴加湾市、马来奕市和诗里亚三座城市里。近年来，文莱华人积极参与实行文莱政府提出的国家经济多元化政策，利用其传统的商贸优势和与国际性华商网络的密切联系，积极参与新兴产业的开发。文莱政府对在全球化下华人在文莱经济中的作用也予以高度评价。

20世纪70年代以后，文莱政府采取了限制外来移民的政策，特别是对中国大陆来的移民，对本国定居的华人也采取了与本地民族不同对待的政策。首先是实施严格的国籍法，限制当地华人取得公民权。目前，文莱华人按其地位和待遇可分为3种类型：一是已入籍拿到"黄卡"身份证的公民，占华侨华人总人数的23%，这部分人享有文莱国民待遇；二是永久性居民（英国殖民者的遗留），只取得"红卡"的，占29%，他们实际上是无国籍者，虽然其下一代在文莱出生，但要取得"黄卡"仍然必须经过特别申请和严格的马来文考试及马来风俗习惯的知识考试；三是临时性居民，占华人总数的48%。文莱政府只发给工作准证，或称为"绿卡"，只允许有1年或3年的居留，3年后要继续居留必须重新申请。临时居民没有资格申请成为文莱公民，但只要在文莱有工作，申请绿卡基本没有问题。第二，政治上受限制，没有政党，没有选举，华人没有政治诉求的机会。第三，在经济领域也是马来人优先，但华人有较大发展空间，因为马来人需要华人，离不开华人，因此，没有反华现象发生。第四，在社会生活领域，华人可以组建社团，参与各种公众活动；政府允许华文教育生存发展，但不提供资金支持；宗教信仰自由，法律规定华人可以信仰佛教，但不允许他们在其他民族中发展佛教徒；可以维持华人意识和华族认同，但必须效忠苏丹；政府规定回教徒不能喝酒、不吃猪肉，也不可以养猪，如被发现要被重罚，但在这方面文莱政府对华人是比较宽待的，华人可以吃猪肉，商店有猪肉卖。第五，宪法规定马来人优先，华人的法律地位低下，但华人和马来人能和睦相处，没有种族纠纷。。总之，在"马来人主权、穆斯林化、君主制度"的政治制度框架下，文莱华人的社会地位非常微妙。

2. 欧洲人

目前，在文莱定居的欧洲人约有2 000人，因为文莱曾经是英国的殖民地，所以现在居住在文莱的欧洲人中以英国人为最多。英国人在文莱主要是在文莱壳牌石油公司、文莱液化天然气及银行等部门工作，地位较高。

3. 其他非原住民

目前，在文莱还居住着为数不多的其他的一些非原住民，包括印度人、巴基斯坦人、印度尼西亚人、菲律宾人、澳大利亚人、新西兰人、加拿大人和南非人等。他们多数在油田工作，部分在中心城市从事纺织等行业。

二、宗教

文莱民族成分复杂，所以，宗教种类也较多，包括伊斯兰教、佛教、神道教、基督教、印度教、原始宗教。在文莱，伊斯兰教为国教，占支配地位，为大多数人所信奉。也有部分居民信奉佛教（华人）、印度教（印度移民）、基督教（欧洲移民和部分达雅克人）、妈祖教（华人）、拜物教（当地土著居民）等。

（一）伊斯兰教

伊斯兰教是文莱的官方宗教，占全国人口大多数的马来人都是逊尼派穆斯林。此外，有部分华人和当地土著民族也信仰伊斯兰教。早在15世纪初，伊斯兰教便开始传入文莱，为当地的马来人所接受，并在此基础上建立起政教合一的文莱苏丹王国。1959年，文莱正式把伊斯兰教定为国教，伊斯兰教教规成了文莱马来人的生活准则。依照《古兰经》的训诫，文莱穆斯林不饮酒、不吃猪肉、不吃死亡动物的肉和血。文莱穆斯林每天做5次礼拜，即破晓时的晨礼、中午的晌礼、下午的晡礼、日落时的昏礼和入夜后的宵礼，而且每星期五必须去清真寺参加聚礼。这里每天5次的朝拜可不能含糊,就算上飞机也要朝拜。每次起飞前都要播放向安拉祈祷的经文,而飞行过程中,机上的小电视屏幕还标明了麦加的方向。到麦加朝圣是每个虔诚的文莱伊斯兰教徒最大的心愿,随着交通日益发达和生活水平不断提高,能如愿以偿者渐渐增多。按信教者的比例,也许是文莱人的富有,文莱到麦加朝圣的穆斯林多于其他东南亚国家。

(二)其他宗教

当地土著民族——达雅克人普遍信仰万物有灵的原始宗教;文莱的华人有部分信仰佛教,有部分信仰由中国东南沿海传去的妈祖教;文莱的印度移民多数信仰印度教;文莱的英国移民信奉的宗教是基督教,也有部分达雅克人信仰基督教。

(三)宗教政策

文莱是一个宗教国家,文莱的国教为逊尼派伊斯兰教。因此,自1984年独立以来,文莱政府把伊斯兰教作为政府制定政策的依据和整个社会的行为准则,一直致力于维护和提高伊斯兰教的地位,使整个文莱变成一个"一元化"的穆斯林社会。文莱的宗教政策具体表现在以下方面:

在政治思想方面,以"伊斯兰君主政治思想"为理论基础。文莱独立后,现任苏丹亲自出面,大力宣传"伊斯兰君主政治思想",其内容是把忠君思想与伊斯兰教精神结合在一起,宣扬君权神授,为维护苏丹的统治提供宗教上的理论依据,把苏丹奉为伊斯兰教的捍卫者。"伊斯兰君主政治思想"已被文莱官方当作检验文莱人民是否忠君效国的主要标准,不允许对这一思想提出任何质疑,任何人都不得反对政府的伊斯兰化政策,不得怀疑苏丹对伊斯兰教的虔诚,也不得怀疑苏丹在宗教上的权威。在宣传"伊斯兰君主政治思想"的活动中,文莱官方以非常隆重的方式庆祝穆斯林节日,并开展全国性的文明礼貌宣传活动,强调文莱人生活方式的核心是伊斯兰教信仰、忠君思想及文明礼貌,任何人都不得破坏这一生活方式。苏丹在公开讲话中敦促文莱穆斯林增强对伊斯兰教的信仰,避免染上社会恶习,如酗酒、纵情寻乐、相互攻击诽谤,等等。

文莱政府贯彻"伊斯兰化政策"的具体措施是:在文莱唯一的一所大学和所有中学开设"伊斯兰君主政治思想"课程,要求全体学生都修读这门课;鼓励文莱穆斯林更积极地参与商业和建筑业的工作,号召他们改变过去那种不愿经商、只想在政府部门和公共事业部门就业的态度,使文莱减少在商业和建筑业领域对华侨和外国劳工的依赖；在金融业中按照伊斯兰教原则设立"文莱伊斯兰信托基金会"，让穆斯林以伊斯兰教的方式投资，或为朝圣的旅费而储蓄钱；增加拨款建盖清真寺，并提高学校中伊斯兰教的教育水平；在日常生活中，禁止销售和饮用酒类，严禁出版外国有穿超短裙女人图片的刊物和放映有色情镜头的影片；官方经常以十分隆重的方式庆祝穆斯林节日，并开展全国性文明礼貌活动。文莱对以上措施执行是严格的，如禁酒方面，文莱早已在国内禁酒，而从2001年开始，禁酒的范围扩大，禁止穆斯林在国外喝酒作乐，所有到国外喝酒的穆斯林都将被宗教部伊斯兰教法庭提起控诉；除了禁止在国外喝酒作乐之外，其他违反宗教教义的举动和行为如购买、销售酒精饮料等，都将被起诉。初次触犯新规定者将被罚款高达500文莱元，第二次犯错则被罚款750文莱元，而第三次或以上则每犯一次罚款1 000文莱元。为了抵制西方思想的影响，文莱政府甚至要求穆斯林不要过西方的情人节。

尽管文莱政府容忍其他宗教，也允许华人和其他民族信佛教，但不允许他们在其他民族中发展佛教徒。文莱宗教事务部的一位官员说："文莱穆斯林属逊尼派，我们禁止其他教派的伊斯兰观点在这个国家传播，除穆斯林外，其他宗教信徒不得发展新教徒。"

文莱政府自独立以来一直致力维护文莱穆斯林国家的特性。为维护文莱穆斯林国家的特性，近年来，现任苏丹哈桑纳尔·博尔基亚多次向国民强调要严格奉行伊斯兰教的精神和教规。在采取进一步强化伊斯兰化措施的同时，文莱政府对一些极端的伊斯兰教派也进行了限制和打击，如1991年取缔了一个原教旨主义组织，理由是它对国家安全构成了威胁。近年来，文莱政府对一些国际性组织在其境内发展分支机构感到不快，尤其公开指责反伊斯兰教并支持犹太复国主义的扶轮社、雄师俱乐部等国际组织。由于政府的态度，使得原先加入这些组织的文莱人纷纷退出。

三、语言文字

世界是多样性的，每一个国家和民族都有其语言或者文字，作为一个多民族的国家，一般来说都是以占主体的民族作为其国家的官方语言。文莱是一个以马来人为主体的多民族的国家，所以，在文莱使用的主要语言是马来语，并被定为文莱国语。同时，英语和华语也在社会中使用广泛。

（一）马来语

马来人是文莱的主体民族，约占全国人口的66.71%以上，他们大多是13～15世纪来自苏门答腊和马六甲等地迁徙的移民后裔。文莱王室也属于马来人。到了20世纪初，为开采石油和发展种植业，又有大批马来人从邻近的沙捞越和沙巴地区迁入。此外，移居文莱的菲律宾比萨扬人、他加禄人，印度尼西亚的爪哇人、杜松人、卡达扬人和伊班人等也有不少融合到马来人中。马来语原来使用阿拉伯字母，现已改用拉丁字母。1984年1月，文莱获得全面独立时，根据"马来、回教、君主"的立国理念，马来语成文莱国语，伊斯兰教为国教。

（二）华语

中国与文莱都是亚洲有历史悠久的国家，自古以来，两国人民之间就有着传统的友好往来。早在公元6世纪，随着航海和贸易事业的发展，中、文两国人民就开始了来往。在其后的1 000多年中，除了被英国等殖民者占领而使两国被迫暂时中断外，大部分时间两国一直保持友好往来。根据史籍记载和考古发现，早在明朝时期，就已经有华人移居文莱。自19世纪下半叶起，有更多的华人为谋生而来。华人的到来必然带来了中国的文化，华人本身也需要对其子女进行教育。文莱的华文教育创办于1922年，第二世界大战后初期已经初具规模。文莱政府对华文教育的政策是允许其合法存在，给予部分资助，但逐步加强管理和同化。文莱独立后，文莱政府重视对教育的投资，从小学到大学甚至出国留学都实行免费读书，所以，文莱的教育事业发展非常快，特别是中小学教育比较普及，在校学生约占全国人口的1/4。因此，很多华人在文莱的各种学校里面从事教育事业。中国文化对当地居民有一定的影响。中国式的建筑也很多，华文的使用也相当普遍，尤其是在商业界里。由于大多数华人都是从东南沿海的广东和福建移民过去的，因此，客家话和闽南话都比较流行。

文莱的华语可分为方言与普通话两种。现在文莱的华语学校都以普通话作为教学手段。普通话已发展成为商业用语以及各种方言集团之间交流的媒介物和普通华人居民联系的手段。在年轻人中使用普通话更为普遍。目前，由于受到经济全球化和区域一体化的影响，在华人中学习英语的人数日益增多，再加上出国留学和对外贸易的需要，有的人不愿意用华语，而改用英语。20世纪90年代以来，特别是进入21世纪后，中国的和平崛起，全世界各国与中国的交往越来越密切，文莱与中国建交后，两国关系密切，各方面交往越来越多，华语在世界上和文莱受到了重视，在文莱华人也开始恢复学习华语，随着越来越多的中国人到文莱进行经贸合作和旅游，在文莱讲华语的人也较多。此外，在文莱农村中的华人，由于他们接触外界少，使用客家话的人依然占大多数。

（三）英语

从1847年5月至1984年1月，文莱是受英国支配的殖民地。所以，英语在文莱也被广泛使用。过去只限在文莱国内的欧洲人、上层人物、城市人和教会学校使用，现在使用范围正在不断扩大，并已被引入马来语学校和华语学校。在政府机关中，英语也逐步有代替马来语的趋势。自从2004年11月在南宁举办的第一届中国—东盟博览会以来，文莱的政府官员都讲英语，他们散发的有关文莱的资料也全部是英文，可以看出在文莱使用英语已经比较普遍。

（四）原住民语言

在原住居民中除马来语外，尚有5种主要的原住民语言，即伊班语、巴曹语、杜逊语、穆鲁特语与加央语。这5种语言，除伊班语已开始用拉丁文来拼写成文字外，其他4种目前还没有书面语。

第三节　传统习俗与节庆

世界各国都由多种民族组成，每一个民族都有其风俗习惯。文莱是一个多民族的国家，由于其民族来自各方，各民族的历史背景不同，各民族的经济、宗教、文化、风俗、习惯也不同。文莱是一个伊斯兰教的国家，加上马来人占大多数，所以，文莱的宗教色彩和马来民族传统较浓厚，有一些独特的习惯和风俗。在文莱，跳舞、赌博、饮酒等都要禁止，也不存在所谓"夜生活"。这点是文莱各民族必须遵守的。外国人也必须遵守其风俗习惯，这样才能与其民族和睦相处。以马来人为主体的文莱各民族有以下风俗习惯：

一、姓名与称谓

马来人的名字通常由两部分组成。前半部分是自己的名字，后半部分是其父名，中间用bin（意为"之子"）或 binti（意为"之女"）断开。一般男性名字前面尊称阿旺（Awang），朝圣过的男子通常在名字前加阿旺·哈吉（Awang Haji）。女性一般在名字前加尊称达扬（Dayang），朝圣过的通常称达扬·哈贾（Dayang Hajjah）。皇室成员及与皇室有亲戚关系的人的名字前加本基兰（Pengiran），非皇室成员的达官显要和有功人士被苏丹赐佩欣（Pehin）或达图（Dato）等封号，他们的夫人被称为达丁（Datin）。当面称呼时，可简单称本基兰、佩欣、达图、达丁、阿旺、哈吉、哈贾等。

二、衣着

由于生活在热带，所以，马来族人无论男女老幼都穿着宽敞透气的沙笼；男子戴无边小圆帽，妇女则缠传统的头巾。2000年，在文莱举行的第八次APEC领导人非正式会议上，各经济体国家领导人穿的是具有马来族风格的蓝衬衫。

外国游客到文莱旅游在衣着方面要注意：女士衣着要庄重大方，衣服要长袖，裤、裙都要长过膝盖；进出清真寺要脱鞋，女性要包头巾、穿长裤（寺庙提供）；男士不可穿浴袍、短裤或宽松的T恤，这些衣着只能在海边或游泳池出现。

三、饮食

文莱马来族人信仰伊斯兰教，不吃猪肉，常吃牛肉和鱼，主食是大米。他们习惯于吃抓饭，而且吃饭只能用右手，如果天生是个左撇子，必须事先向同桌吃饭的人说明，以表示歉意。另外，文莱是禁酒国家，在文莱没有酒卖；游客只能携带275毫升酒入境自用；但不能在公共场合饮酒。斋戒月中在日出到日落期间，在回教徒面前进食是很不礼貌的，游客最好在国际饭店的隔间或私人房间用餐。

四、礼仪禁忌

文莱是一个名副其实的"礼仪之邦"。很多外国游客对文莱民众宁静而悠闲生活的节奏叹为观止。也许是由于穆斯林的天性，这里看不到人们为了一点小事争吵或大打出手。无论男女，说话声总是那么地轻柔，脸上总是挂着迷人的微笑，态度总是那么地谦虚与虔诚。

文莱的礼仪也影响到政府，凡是政府各部门组织的各项正式活动，对应邀请来宾都表示热情欢迎，由于文莱富有，对来宾总是有茶点招待，走的时候一定会给与会者一个纸袋，里面除了活动材料之外，必定会有饮料、点心等吃的东西。文莱人说，只要客人来了就是很大的善意，因此，一定要客人能够吃食品。作为客人也要吃上一块点心和接受礼物，这样才表示友善。

文莱是宗教色彩和马来民族传统较浓厚的国家，在文莱时应注意以下几点事项：

1.参观清真寺或到马来人家做客时，进门前要脱鞋示尊重和清洁，不要从正在做祷告的教徒前走过，不要碰触《古兰经》。非穆斯林不能踩清真寺内做祈祷用的地毯。去别人家做客，进门之前一般还要摘去太阳镜，对主人奉上的点心、饮料必须要吃一点，喝一点，以表示领受主人善待之意。

2.在指人或物时，不能用食指，而要把四指并拢轻握成拳，大拇指紧贴在食指上；在正式场合下，不要翘二郎腿或两脚交叉。

3.对别人拍照一定要事先征得同意，尤其是王室成员。

4.不少马来人不愿与异性握手，所以，除非他(她)们先伸出手来，不要主动与他(她)们握手。不要用手去摸他人的头部，此举被认为将带来灾祸。

五、宫廷的文化生活

文莱是一个伊斯兰教绝对君主制国家，文莱的皇宫博物馆、皇家典礼厅、努鲁尔伊曼宫、赛福鼎清真寺等体现了伊斯兰教文化的风格。皇宫博物馆展示的是文莱的国王、王后及王妃的生活状况，人们从这里足以瞥见文莱的富有和宫廷文化。努洛伊曼皇宫(Istana Nurul Iman)是世界最大的皇宫，是文莱苏丹的住所。金壁辉煌的宫殿十分华贵，据说在努洛伊曼皇宫里，有1 700多个房间，是举行国宴的地方。皇宫有三扇门，左边一扇、中间一扇、右边一扇，如果你看到哪个人走哪扇门，你就能分辨出他的身份。左边的一扇门是文莱最有身份的皇室的人走的，国王、皇后和他们有血缘关系的人；中间的门是各国外交使节、首相、部长走的门；右边的门是没有当上部长的工作人员、百姓等走的门。这也是在文莱流传的人生奋斗的三扇门。皇宫一般是在文莱的国庆日(2月23日)或在回教农历年的初二、初三、初四开放让民众参观。此时开放3天，每个人都可以趁此机会排队进去请餐和苏丹握手，还可以得到免费的礼物，12周岁以下的孩子还可以拿到"红包"。

六、婚姻

文莱马来族人男女之间的结合，需要经过"媒妁之言"、"父母之命"的阶段，但他们之间必须"情投意合"，很少有"逼婚"现象。对于信仰伊斯兰教的马来族人来说，一个男子可以同时拥有4个合法妻子。不过，按照伊斯兰婚姻法的规定，迎娶新妻子要得到原来妻子的同意，而且还得平等对待4个妻子，否则以犯罪论处。

文莱地处热带，人的生理成熟较早，所以，马来族人大都有早婚的习俗，少男少女在15、16岁的时候就开始择偶。找到理想的对象，双方及父母均同意后，才开始说亲，筹备婚礼。马来族人的婚礼隆重盛大，一连举行7天。

令世人瞩目的是，2004年9月9日，30岁的文莱王储穆赫塔迪·比拉迎娶17岁少女萨拉·萨莱赫。文莱王室为他们举行了近年来亚洲规模最大、最豪华的婚礼，婚礼从8月24日开始到9月10日结束，整个婚礼持续了19天，花费100万美元。说明文莱的马来族很注重婚礼。

七、重大节日

文莱的主要节日有：新年元旦（1月1日）、国庆节（2月23日）、文莱皇家武装部队庆祝日（5月31日）、苏丹陛下华诞（7月15日）、斋戒月（每年回历9月）、开斋节（每年回历10月初，根据观察新月定）、穆罕默德先知诞辰日（6月15日）、回历新年（4月6日）、华人春节及文莱达雅克人的稻米收获节等。从节日可看出文莱是个多民族和睦相处的国家，无论是哪个民族的传统节日，其他民族的人都会一起共享，互致祝福。其中最隆重、最有特色的节日是：

苏丹陛下华诞

现任文莱苏丹哈桑纳尔·博尔基亚的出生日是7月15日。每当苏丹诞生日来临时，文莱政府和居民都要举行各种庆祝活动，国内的报纸、电台和电视台要为此发表社论或播送专题节目。文莱的驻外使馆也要举行盛宴，以示庆祝。

国庆节

国庆节定在2月23日，是文莱全国性的各族人民的节日。这一天，一般要在首都斯里巴加湾市举行盛大的游行庆祝活动。同时，在首都和全国各地还要举办各种纪念性展览和念诵《古兰经》等活动。

开斋节

开斋节是文莱马来人的新年，是最重要的节日。每逢伊斯兰教历9月，文莱全国穆斯林都要实行长达1个月的白天禁食（即斋戒月，胆敢破戒的人会受到谴责和唾弃），斋戒月后的第一天，便是开斋节。文莱人的真诚友善在开斋节表现得淋漓尽致，最能体现文莱人的真诚和友善的是"开门迎宾"了，在开斋节的头3天，家家户户都敞开大门，欢迎客人光临。即使是陌生人，也要请吃正餐，小孩子则要给红包，临走时还要送客人礼物。而且皇宫也不例外——每逢开斋节，皇宫对平民百姓开放3天，任何人都可以排队进去和国家元首苏丹握手，每位客人都会受到款待，离去时还会有一份礼物相赠。

中国春节

由于深受马来文化特别是开斋节的影响，当地华人在欢度中国传统节日时也同样会"开门迎宾"，就连中国驻文莱使馆也入乡随俗，在春节期间选定一天作为"开门迎宾"日，并登报向社会各界发出邀请。文莱苏丹也应邀请出席文莱华人社团举行的春节团拜会。

文莱达雅克人的稻米收获节

在每年的收获季节，文莱土著达雅克人都会举行一种源自刀耕火种时代的庆祝丰收的仪式。节日持续3天，邻村客人到达的第三天是庆典的高潮。节日的食品是一种用米、肉做成，用竹叶包裹的圆形粽子，蒸熟之后，本族人欢聚一堂共同食用，以庆祝本族人口繁荣、五谷丰登，并有感谢神灵和加强全村团结之意。

第四节　教育与艺术

一、教育

1. 文莱教育概述

文莱设立教育机构始于20世纪初，主要是由英国创立的一些学校，培养当地一些人员到殖民统治结构任职，为英国殖民统治服务。到第二次世界大战时，文莱全国仅有中小学校9所，其中，有3所是由英国殖民政府控制的国立学校，有3所教会学校。另有4所华文学校。1950年，文莱壳牌石油公司在诗里亚开办了一所初级石油技术学校，主要为本公司培养机械工和电工，以满足本公司对技术工人的需求。1956年，文莱政府创立了一所规模不大的师范专科学校，专门为国内的中小学校培养老师。到20世纪60年代，文莱新设学校140所，多为国立学校。1984年独立时，文莱全国共有中小学生5万人，另外，还有在国外大学毕业的知识分子600人。

文莱独立后，政府大力发展教育事业，教育经费一直由于政府每年财政预算支出。目前，文莱有两种类型的学校，即政府学校和非政府学校，绝大多数学校是由政府设立的国立学校，另外还有少数教会学校和私立学校。政府实行11年（小学至高中）的免费教育，并资助留学费用。但华文学校的经费只有一部分由政府拨给，另一部分则要依靠当地华人社团和私人资助。据文莱首相署经济计划发展局统计公报，截至2010年年底，共有学校258所，其中，小学203所，中学34所，技术和职业大专学校16所，大学5所。在校学生总数为111 920人，教师人数为10 162人。文莱公民受教育程度较高，女性识字率为95%，男性识字率为97.5%。目前，文莱共有华语学校8所，全部为非政府学校，包括3所中学和5间小学。许多文莱人，特别是40岁以下的文莱人，都具有良好的英语和电脑知识。

文莱政府规定国家教育的宗旨与目标是：（1）采用双语（马来语和英语）教育制度；（2）加强宗教（回教）教育，通过学校的公民和马来回教君主皇国概念课程（MIB）把回教教义规定在国家教育制度里；（3）给予每位少年儿童11年（6年小学，5年中学）的基本国民教育；（4）通过利用相同的课程纲要与考试，确保每位学生得到一致水平的教育；（5）通过国家教育制度树立国家特殊形象，培育效忠祖国，造福社会英才。

文莱的教育制度主要是依照英国模式建立，并依照英国的教学大纲进行教学。这种教育制度把学制分为4个阶段：正规学校采取7-3-2-2模式，（1）小学（6年制，6岁至11岁），读完6年可参加政府小学考试。（2）中学（5年制，12岁至16岁），第一阶段（初中）3年，修完初中课程考初中毕业考试；第二阶段（高中）2年，毕业考GCE "O"水准剑桥考试。（3）大学预科班（2年，17岁至18岁），修完预科课程考GCE "A"水准剑桥考试。（4）大学（4年，19岁至22岁），可进入文莱大学深造。文莱大学在2006年9月举行的第18届毕业典礼上，有1 072位来自不同领域的毕业生参加，他们获得的学位从学士到硕士博士不等。

2. 重视高等教育

进入21世纪后，面对21世纪经济全球化、区域化、信息和传媒技术的革命带来的挑战，为应对世界经济迅速发展的形势给高等教育提出的更高要求，文莱政府非常重视高等教育。根据文莱教育部的一项调查表明，该国受高等教育的人数低于发达和发展中国家的平均水平。为了赶上世界发达国家和发展中在此领域的发展水平，文莱当务之急就是在未来几年内使其受高等教育人数从目前的7%增加到25%～30%。

目前，文莱唯一最高的大学为文莱大学。文莱大学全称"文莱达鲁萨兰大学"（Universiti Brunei Darussalam），是文莱达鲁萨兰国（Negara Brunei Darussalam）唯一的大学，所以，当地人直接称呼为"大学"。文莱大学是文莱高等教育和科学研究中心。文莱独立当年，即1984年该校成立。校园坐落于首都斯里巴加湾市（Bandar Seri Begawan）以北10千米，紧邻南中国海。文莱政府极其重视文莱大学硬件及软件的建设，经过多年的建设，文莱大学已经成为该国现代化的一流大学。文莱大学成立以来，为文莱培养了一批有影响力的杰出领袖、企业家和专家。

目前，文莱大学已与中国、韩国、美国、日本等17个国家和地区共76所大学建立了合作伙伴关系，其中包含中国的暨南大学、云南大学、扬州大学、内蒙古大学、北京师范大学、哈尔滨理工学院、贵州财经大学、海南大学、同仁大学、贵州大学、浙江大学、厦门大学、上海师范大学、台湾省元智大学等15所中国大学。

文莱大学的奋斗目标是建设"一个具有鲜明的民族特色的一流国际大学"、在2015年前达到亚洲大学前50位。

二、艺术

（一）舞蹈艺术

文莱马来人的民间艺术中的舞蹈具有浓厚的民族色彩，多在喜庆之日演出，用打击乐器伴奏，通常以男女之爱、丰收的喜悦、劳动的欢乐等为主题。文莱有以下几种舞蹈：

1. 莎玛林当舞

此舞蹈是根据歌曲《西蒂·莎玛林当》创作而成。演员是几位年轻貌美的姑娘，表现莎玛林当姑娘的美丽贤淑、温柔和孝顺，是马来人心目中理想的姑娘形象。

2. 安丁舞

安丁舞分巴安丁舞、南榜安丁舞和普通安丁舞3种。过去表演安丁舞是为了敬鬼求神，除灾祛病。节目达到高潮时，舞蹈表演者做出失去自控状，与鬼神直接对话，动作奇特，语言难懂。现今仅在喜庆或娱乐时演出，通常用歌曲伴唱。

3. 阿都—阿都舞

此舞蹈是克达扬人的传统民间舞蹈，多在庆典中演出，也常在收获后表演，表达人们丰收后的喜悦和对来年的祈望。舞者多为青年男子，衣装艳丽，威武潇洒，每人手持两半椰壳，交相碰击，使舞蹈气氛欢快，节奏轻松。

4. 吉宾舞

此舞蹈一般在庆典、仪式上演出，也在舞台上表演。舞者由6对男女组成。有几支固定敬舞伴奏，所用乐器取决于伴奏的歌曲，一般是小手鼓、阿拉伯式六弦琵琶、提琴等。

5. 阿代—阿代舞

此舞蹈是根据文莱渔民最喜欢的歌曲"阿代—阿代"编成的。演员扮作渔民，一边摇橹，一边唱歌，表达他们对生活、对劳动的热爱和对真主的感谢。歌词通常是传统的马来板顿诗。舞者多为成对的男女。

6. 波纳里舞

此舞蹈常在喜庆或向神灵还愿时演出。演员为3对青年男女，有时只由男青年或女青年组成。以提琴、手鼓、大鼓伴奏。表演时，男女演员互对诗歌，在嬉笑欢乐中展露真挚的爱情。

7. 色卡普舞

此舞蹈与菲律宾的竹竿舞基本相同，只是不用竹竿，而用木竿。据考证，色卡普舞是马来奕区夸拉巴莱村的第四代子孙创作的，伴奏的大鼓称"沙比高图"。跳色卡普舞最初是为了安慰死了族长一类大人物的家庭。后来只在娱乐时或举行庆典、婚宴时演出，与文莱马来人其他舞蹈不同的是，色卡普舞不以歌曲伴唱，只用"沙比高图"大鼓伴奏。

在目前经济全球化和信息时代的发展迅猛形势下，尽管文莱严格执行伊斯兰教规定，但文莱的文化和民间艺术也很难免不受到影响，主要是在一些青年人特别是出国留学的青年学生中也受到了国际现代流行的文化艺术的影响。成立于2000年的由5名年轻小伙子组成的文莱D'TITANS（意思是强大）乐队就是在这种潮流下产生的，现在该乐队已经成为文莱最有影响的乐队。2004年11月2日，在中国广西南宁市举办的《风情东南亚》晚会上，该乐队演唱了《缤纷梦想》，大意是告诉人们远离毒品。他们的演出体现了现代文化艺术与文莱传统艺术相结合的流行歌舞。

（二）金银工艺

文莱的民间有各种能工巧匠，其中以金银器匠最有名。金匠村在文莱制作金银器历史最久，技艺不断提高。根据有关历史记载，早在15世纪初，金匠村一名叫瑟贾普的村民开始向爪哇人和中国人学习制作金银器，后来世代相传，技艺不断提高。至今，金匠村依然是文莱的金银器制作中心。这里打制的金银器有手镯、耳坠、戒指、香炉、蒌叶盒、钵、矛、盾及其他各种结婚首饰。文莱的金银器造型美、做工细，十分精巧别致，在东南亚享有较高的声誉。

（三）博物馆

文莱重视博物馆建设，早在1963年政府就出资数百万文莱元在首都巴里加湾市附近的哥达谈都建立了文莱国家博物馆，该馆距离市区约2千米，位于一个山坡上，风景极佳。这个博物馆占地8英亩，馆内外铺砌着大理石，选用上乘建筑材料。楼分为上、下两层，室内装有空调设备，每一道门，每一楼阁都聘有管理人员。现任馆长哈利姆。展览室里的所有数字、图片均分别有马来文和英文说明。

文莱王室礼仪陈列馆（Royal Regalia）坐落在文莱首都斯里巴加湾市的中心苏丹街，是一座具有浓郁伊斯兰风格的双层白色建筑，其前身为丘吉尔纪念馆。纪念馆的入口处有一座英国前首相丘吉尔的塑像，馆内陈列着丘吉尔的一双鞋，收藏有丘吉尔和希特勒的演讲录音带，并附设有一个水族馆。陈列馆从建成至今，一直免费对外开放，供人们了解并走近王室。近年来，随着文莱旅游业的成熟和不断推介，每年都有更多的游客为了揭开文莱这个神秘国度的面纱，前来了解文莱王室的礼仪规范和发展历史。

（四）建筑风格

在文莱，大街小巷的各式建筑无不散发着浓郁的伊斯兰气息和文莱的文化特色。其外形大多以不同风格的清真寺为造型，或在室内装潢上采用伊斯兰风格。就连2004年在国家体育场举行的20周年国庆庆典仪式上的背景设计也离不开清真寺。一出首都机场，首先映入眼帘的就是有着巨大的圆形金顶和镂空的乳白色尖塔的奥玛尔·阿里·赛福鼎清真寺，该寺是首都斯里巴加湾市的象征，也是东南亚最美丽的清真寺。坐落于博尔基亚大道旁的哈桑纳尔·博尔基亚清真寺、文莱皇家陈列馆、努洛伊曼皇宫，无不富丽堂皇、用料考究，尽显雍容华贵的气势。由苏丹自己出资修建的博尔基亚清真寺由主体建筑和4个顶尖圆塔组成，主体圆顶与配塔均镀有24 K纯金。寺内有2个祈祷大厅，分别可容纳6 000名男女同时祈祷。男祈祷厅的水晶镀金吊灯重达3.5吨。具有马来传统风格的镀金镂空外墙使整个清真寺显得庄严肃穆。

文莱还拥有世界最大的传统水上村落"水乡"。这座建在文莱河上、面积达2.6平方千米的"水乡"迄今已有数百年历史，曾被跟随麦哲伦远航的意大利旅行家安东尼·帕加塔描写成"东方威尼斯"。"水乡"的房屋多是用混凝土木桩固定在水中的高脚木屋，别具一格。

第五节　卫生、体育与科技

一、卫生

文莱政府对本国公民实行高福利政策，每年拨出巨额财政预算用于医疗卫生事业，本国公民可享受免费医疗保健。12岁儿童看病免费，文莱公民和政府公务员到医院看病只需要交1文莱元挂号费，非公民也只需要交3文莱元。根据文莱政府统计数字，文莱医疗体系分为三级：卫生诊所、卫生中心和医院。到2012年，共有12所医院；包括5所政府医院、5所军事医院、1所私人医院和文莱壳牌石油公司1所内部医院；卫生服务中心16个，妇产科及儿科诊所14个；医院有病床1 048张。全国有医生393人，牙医81人，药剂师42人，护士1 915人。专业医护人员短缺是文莱医疗部门面临的主要问题。约1.8万人才有1名医生，627人才有1名护士，满足不了国民对医疗的需求。

二、体育

文莱政府在独立后一直重视发展体育事业，注意提高国民的身体健康。政府舍得花费巨资建设体育场馆，仅在首都斯里巴加湾市就修建了一座能容纳3.5万人的大型体育场，这个体育场内配有电子显示器，能够即时、准确地向观众报告比赛得分情况。场内的运动跑道符合国际标准，1985年和1999年由文莱主办的东南亚运动会的开幕式就这个体育馆里进行。与这座体育场相邻的游泳池，经过改造也达到了国际标准。葛顿运动场位于文莱国际机场附近，该运动场除建有跑道之外，还设有网球场。文莱国土虽小，但也拥有良好的体育传统。羽毛球和足球相当普及，苏丹哈桑纳尔本人就酷爱体育运动，擅长马球、壁球和羽毛球。文莱曾从中国聘请男羽毛球教练来文莱执教，训练青少年运动员。通过中国教练员认真努力的工作，1995年5月，文莱羽毛球运动员在澳大利亚"阿拉弗拉体育节"上，击败了澳大利亚、菲律宾、斐济和香港的选手，夺得男子单打冠军，为文莱赢得了一枚可贵的金牌。文莱的穆罕默德亲王殿下也是一个体育爱好者，对中国的武术和武侠书籍更是情有独钟，曾于1996年师从中国武术教练学习中国功夫。文莱独立后都派体育代表团参加了每届东南亚运动会。

文莱拥有标准的4x4汽车挑战赛场地。4x4汽车挑战赛也一直深受欢迎，许多人对于挑战赛充满了浓厚的兴趣，各种款式的4x4赛车以及赛车驾驶技术常常是人们谈论的话题。因此，文莱也涌现了许多优秀的赛车手，他们经常在国内和国际大赛上崭露头角。

英式足球是文莱人喜爱的运动项目，该运动在全国各地得到广泛开展。腾球在文莱已得到普及，是文莱一项比较有特色的运动形式。它是在一个和羽毛球场大小差不多的运动场上，两个球队用脚踢腾球的比赛，也可用头顶，但是不能用手碰，与足球比赛有些类似。

文莱人也对马球越来越感兴趣，成立了文莱皇家马球俱乐部。靠近海岸、风光秀丽的杰鲁东公园是进行马球比赛的好场所。据文莱导游介绍，这里骑术和马球设备都是世界顶尖的，马匹都经过印度尼西亚马术表演赛优胜者的重新训练，不管什么人包括从未骑过马的人都能稳稳骑着纯种的阿根廷小马。

打高尔夫球也开始在文莱流行。早在1978年，就成立了文莱高尔夫球协会。目前，文莱有6个高尔夫球场，皆设有夜间灯光场，其中最具特色及规模的是"帝国酒店乡村俱乐部"、"皇家文莱高尔夫俱乐部"和"皇家文莱航空高球会"。帝国酒店乡村俱乐部的球场坐落在海边，由世界知名球星兼球场设计师尼克劳斯设计。该球场以沙坑多且摆放位置精巧见称。翠绿的球道连接沙滩，再配以无际的海岸线，是绝好的视觉享受。后9洞的环境由辽阔的海边变为迂回的山林。球场附近还有人造草地网球场、8球道保龄球球场、可容纳450人的大舞台及3间各可容纳百多人的戏院。球场驻有来自澳大利亚的PGA专业高尔夫球教练。皇家文莱高尔夫俱乐部属于皇室，通常情况下，不接待一般游客。球场一片原始景色，大树林立，完全没有斧凿之痕，球道建在高低起伏的森林中。该俱乐部是文莱高尔夫球场中难度最高的一个，大半的球道都要求球手击球飞越200多码的障碍，球道狭窄加上山势险峻，山脊及大树制造出不少击球盲点，若无球童协助，首次到访者很难找准击球方向。皇家文莱航空高球会由文莱航空全资拥有。球场设计极具英国古老球场的特色，地势平坦，空旷风大，由于巧妙地运用了沙坑、湖泊及小溪，配上迂回狭窄的球道，塑造出难度不低的球场。其18洞中有15洞设有水池障碍，发球需飞越湖泊。但排水较差，大雨过后部分球洞有轻微水浸。2006年，第二届文莱高尔夫球公开赛在"帝国酒店乡村俱乐部"举行，吸引了来自世界的156名职业高尔夫球手。

冲浪、骑自行车、技击、篮球和摩托车等运动项目也在文莱得到广泛开展。2006年，文莱主办了第六届Basketball Shell Rimula Brunei Cup，来自菲律宾、朝鲜、中东的球队参加了比赛。

橄榄球和垒球运动在国内也逐渐受到重视和发展。

三、科技

由于文莱人口少，具有高等学历的人不多，加上经济以石油天然气为主，所以，文莱的科技队伍规模小，科技事业不发达。根据文莱政府提供的数据，文莱约有科技人员7 000人（2008年）。由于科技人才有限，国内没有独立的研究机构，主要是通过与发达国家合作研究取得科技成果。

第六节　新闻媒体

文莱的新闻业统一由政府新闻局管辖，政府的新闻政策由新闻局贯彻执行。新闻局下设新闻部、联络部、国际联络部及行政部。

文莱新闻社是文莱唯一官方新闻机构，创建于1959年。作为亚广联的成员，可以与该组织的成员国相互提供新闻，由于地域及历史原因，文莱与马来西亚通讯社联系密切。此外，文莱还大量采用西方通讯社的新闻。总的来说，世界上和本地区发生的较重要新闻，文莱都能够及时报道。

文莱的主要报纸有：《婆罗洲公报》，日报（英、马来文），创办于1953年，日发行量7万份；《文莱灯塔》，周报（马来文），每周三出版，发行4.5万份。文莱本地虽无华文报刊，当地华人每天上午都可以看到当天出版的新加坡中文报纸《海峡日报》，马来西亚的华文报刊如《诗华日报》、《美里日报》及《星洲日报》等也都在文莱设立办事处，每天都出文莱专版，深受华侨华人欢迎。2006年6月，《文莱时报》(Brunei Times)英语日报开始发行。

现在通过互联网，可以阅读自我定位为"通向文莱的网上大道"的《婆罗洲公报》(Borneo Bulletin)电子版。人们从这份报纸可以了解地方新闻、文莱新闻、读者来信、反馈与评论、斯蒂夫漫画世界等内容。如2004年6月30日的"文莱新闻"报道了海关人员查获一批禁售的新潮物品，其中有酷似手枪和触目的大麻毒品形状的打火机；在7月2日的"斯蒂夫漫画世界"(Stephff's world)，刊登的是讽刺美军虐待伊拉克战俘的一幅漫画。也许人们从中能感受到文莱固守传统的心态，同时也能感受到文莱正在走向世界的步伐。

相对于报纸而言，文莱的电视和广播业比较发达，普及率也比较高。1980年，开始启用的位于斯里巴加湾市中心的广播电视大厦设备齐全，拥有3个电视制作室，1个配备全套录音设备的剧场，备有流动摄像器材，设有电影、录像的剪辑室、配音室和1个彩色电影研究室、3间播音室。此外，广播电视大厦内还设有控制室、零备件修配室、图书参考室和节目管理办公室等。文莱电视台采用三波段、高频率、彩色画面，通过五频道和八频道传送。此外，文莱还建有电视转播台，使全国各地电视收视效果良好，并使得邻近的马来西亚的沙捞越和沙巴地区的居民也能看到文莱的电视台节目。在文莱也能看到马来西亚电视台的节目。文莱的广播电视人口覆盖率比较高，电视机已在文莱得到普及。现在大部分居民家庭拥有二三部彩色电视机。晚上看电视节目已成为文莱居民的主要娱乐方式。苏丹王宫的众多房间一共有1 800多部彩色电视机。文莱的广播电视台由政府主办，创建于1957年5月，是文莱唯一的广播电视台。文莱电台拥有两个广播网，一个用马来语和方言广播，一个用英语、华语和廓尔喀语广播，现每天播音超过30小时。

文莱电信业比较发达，建有卫星地面站3个，拥有全国性的数字交换网络。据文莱政府提供的数据，截至2011年12月31日，固定电话用户79 839个，互联网用户50 457户，移动电话用户443 161户。全国设有6个邮政局和1个邮电代理处。

文莱政府对新闻媒体的政策是严格管理。2001年，制定了新的报业法。新的报业法规定，文莱本国的报业每年进行一次审核，取得许可政才允许经营；报业公司的负责人必须是文莱公民或文莱永久公民；本地报业有关从业人员，不经内务部批准，不得从国外接受资助；要取得报纸营业执照，必须交纳一定的保证金；如违反新法律，最高罚款可达4万文莱元和判3年监禁；内务部部长有权拒绝发放、撤回执照或暂停报纸出版，或撤消进口报纸，而当事人不得起诉。

第七节　人力资源概况

一、劳动力资源

劳动力资源指一个国家或地区，在一定时点或时期内，拥有的劳动力的数量和质量劳动者的生产技术、文化科学水平和健康状况的总的的劳动适龄人口。根据文莱政府规定，从18～60岁为劳动力年龄。据文莱政府2011年公布的数据，从18～60岁的劳动力总数约20万人。但文莱当地劳动力资源短缺，主要原因是本国接受良好教育的公民普遍愿意供职于政府及事业部门，一般劳动力素质不高，而且不愿意到其他领域特别是苦力的行业就业。

二、劳动力结构

据文莱政府2011年提供的数据，在现有的20万个劳动力中，农业占4.2%、工业占62.8%、服务业占33%。

三 、劳动力就业情况

由于文莱本国劳动力普遍愿意供职于政府及国家事业部门，所以，文莱就业形势不乐观，失业率比较高。据文莱《联合日报》2013年11月4日报道，文莱文化青年体育部常秘哈芝·穆罕默德·哈密发表的讲话称，目前文莱待业人员接近1.8万人，相对文莱较小的人口（不足40万）来说，文莱失业率接近9%，数据令人触目惊心。近1.8万待业者全部为文莱籍，绝大部分只有小学或中学教育程度。据文莱媒体报道，到2013年，文莱有约6 000名失业者，拥有高等教育学历的人占32%，拥有中等教育学历的人占30%，这些人并非无事可做，他们自我优越感强，对工作挑三拣四，要高收入高待遇，工作往往干一段时间便辞职回家。正是因文莱一些服务业缺乏专门人才，造成了菲律宾、印尼、孟加拉国、巴基斯坦等国外劳的涌入，这些外劳主要从事家政、建筑、运输、维修等职业。

目前，文莱的就业情况是，除了在政府部门及公共事业单位就业外，其他劳动力在企业就业。根据文莱经济发展规划局2013年6月3日公布的最新统计，文莱全国现有98 987人在私人企业工作，但文莱公民或永久居民仅42 812人，约占43.3%。其中建筑业就业人员最多，共22 720人，约占23%。批发零售业共雇用22 564人，占22%。统计还指出，私营企业雇佣男性68 284人，占总量的70%。

总的来说，文莱缺乏劳动力。为解决文莱一些行业经营问题，多年来，文莱一直大量引进外籍劳务。文莱内务部劳工局是文莱劳务输入的主管部门。在引进劳工的问题上，文莱对外宣称实施的是开放的政策，但为了确保劳工的流入不会影响文莱本地人的生活习惯和价值观，实际操作中实行一事一批、个案处理。基本操作程序是：

1. 由需要输入劳务的本地公司将公司经营情况、所需劳务的数量、国别及申请理由上报到文莱劳工局。

2. 由劳工局、移民局等相关部门组成的审查委员会审批后下达劳务输入配额。

3. 申请单位获得配额后须在政府认可的银行开设专门账户，按照输入劳务的数量存入相应的劳务保证金（按法规要求此数额应相当于回到派出国的机票款），东盟国家劳务每人600文莱元（与新加坡元同值，按照当时比价兑换美元），东盟以外国家（包括中国）1 800文莱元。

4. 申请单位获取配额后直接招工或委托招工，招工时应该出示的文件包括：劳工局配额批准函、已交纳保证金的证明。

5. 申请单位到移民局申领劳务人员工作签证后，劳务人员到文莱使馆申办签证。

6. 劳务人员抵达文莱后接受文莱卫生部的体检，体检通过后办理为期1年或2年的工作准证。卫生部将疟疾、肺结核、爱滋病、性病、乙肝、羊癫疯、精神病和毒瘾等疾病列为"不适合工作"病症，除疟疾患者外，其他患者均需遣返。

7. 劳工工作准证到期须回国或申请工作准证延期（BUR555表格）。根据上述流程，从申请到获得配额一般需3个月或更长的时间。另外，专业人士短期来文莱可以办理有效期3个月（可以延续3次，最长1年）的专业工作签证，由雇佣公司持申请信函和护照、执业证书等到移民局申请，此手续办理较快，但从2013年4月起已停办。建筑公司申请劳工时须出示有关项目的清单，如不能证明项目能超过1年，则只能得到1年的配额，如此后再获得新的项目，则可以申请延续配额的有效期。目前，在文莱的外籍劳动力分布在建筑业和餐饮、家政、环卫等服务领域，外籍劳务占到整个就业人口的1/3。外劳总数超过10万名以上。

为解决本国人的就业问题，文莱政府正在采取适当的措施，分阶段推行"文莱化"的政策，鼓励本地的私人机构优先聘请本地人，以便减少本国人失业，一些领域如秘书、会计、服务员、收银员、保安人员、仓库管理人、营业代表及其他等，将不再发出外劳配额，只限本地人担任。银行业限外籍工作人员不得超过员工总数的一半。文莱政府正在努力提高本地就业规模和劳动技能，计划到2017年本地就业人数为3万，到2035年达到5万。据文莱就业与劳动力发展署（APTK）2012年1月16日表示，文莱企业，主要是商业、批发零售企业，应改变观念，同APTK密切合作，积极吸纳本地待就业人员。之前，文莱政府已宣布削减或废除7个行业外国劳工配额，分别为管理员、工人、销售员、司机、烘焙师、收银员、屠夫和类似职位，具体配额发放将视待就业人员申请情况而定。2011年，文莱苏丹在新年致辞中也宣布，政府将向为本地劳动力提供技能培训的企业发放培训期间每天5文莱元的补贴，培训期间65%的财政优惠政策，以及本地劳动力实现长久就业期间第一年1 000文莱元，第二年1 500文莱元的奖励。从2014年开始，文莱开始收紧外籍劳工准入政策。文莱内政部劳工局在2014年5月25日举办的本地企业员工答谢晚宴上，内政部部长丕显·巴达鲁汀宣布，文莱政府开始收紧外籍劳工准入政策，进一步鼓励企业雇用本地员工。巴达鲁汀指出，据文莱劳工局调查统计，2013年，文莱正常运营的10 612家企业共有雇员141 852人，其中92 007人为外籍劳工，比例高达64.9%。如果再加上20 371名外籍家佣，文莱当年各类外籍雇员已达112 378人。此外，2012年还有71 282个已批准的劳工配额尚未使用。为避免过多外籍劳工对本地就业市场造成冲击，进一步提高本地居民就业率，内政部决定立即收回所有已批准但尚未使用的劳工配额，如企业希重新要回配额，则必须遵守新的劳工雇佣政策。新劳工政策于2014年6月30日起逐步实施，内容大体包括：批发零售、酒店服务、通讯技术等领域的诸多岗位，如收银员、司机、监督员、售货员、屠夫、面点师等，必须雇佣本地员工；已经使用的劳工配额和现有的经营许可在申请延期时将适度削减；企业如不提高本地员工雇佣率，将较难获得经营许可；非本地居民申请开办咖啡馆、快餐店等传统餐饮业将受限，并无法在乡村地区开办企业等。作为上述政策的配套措施，文莱政府将加大与企业合作力度，共同实施本地员工培训计划。

第三章　第一产业的发展和布局

第一节　农业发展概述

一、农业发展情况

文莱位于北纬5度，属热带雨林气候，常年高温，雨量较充沛，文莱地理环境适合农业生产。但国土75%的土地为森林覆盖，耕地面积只占国土面积（5 765平方千米）的5%，而且土壤贫瘠。因此，文莱农业基础薄弱，生产力水平较低。20世纪70年代以后，由于石油、天然气成为文莱经济支柱以及公共服务业的发展，很多人弃农转业，使传统的农业受到冲击，而现代化农业又远未发展起来。根据文莱官方公布的数据，到2012年，文莱从事农业生产的逾5 000人，农业用地逾5 000公顷，水产养殖用地230公顷。传统农作物以水稻为主，也生产少量蔬菜和水果。第二次世界大战以前，文莱水稻生产完全自给，并有部分出口，同时还有橡胶、胡椒、椰子等热带农作物。文莱的农业在国民经济中不占重要地位，农业比较落后，如：2000年，文莱的农业产值为1.40亿文莱元，2001年为1.46亿文莱元，2001年比2000年增加2.9%。2011年，农业产值为1.05亿美元，仅占国民生产总值0.5%。从总体上看，现在文莱内需农产品的80%依靠进口，其中大米自给率为25%，蔬菜、牛肉、蛋类、家禽等已实现自给或近于自给。长期以来，为了解决国内的农产品的需求，文莱对农产品的进口实施零关税，也没有非关税壁垒，只是对某些食品实行比较严格的穆斯林检疫，不交个人所得税、增值税、销售税。

二、农业发展措施

（一）重视农业生产

由于文莱农业基础薄弱，全球粮食供应危机和国际市场粮食价格飙升对文莱冲击较大，高额粮价也加重了政府财政负担，粮食安全已成为文莱面临重要的经济社会问题，引起文莱政府高度关注。2008年以来，文莱政府多次强调要重视农业生产和强调粮食安全。2008年3月5日，文莱苏丹在第一届立法会第四次会议上、7月15日庆祝其62岁华诞之日发表讲话和7月30日出席回教先知升天日庆典活动发表讲话时，一再强调重视农业和国家粮食安全，要制定国家粮食安全战略和农业发展政策，确保国家粮食供应。苏丹表示，所谓经济就是对资源的有效使用和创造更多有利机会，而农业正是重要的基础。"农业对经济多元发展的重要性是无庸置疑的。"苏丹指出，世界各国没有一个国家可不重视农业的影响和关系，无论是自给自足或从国外进口，因为这（农业）关系人们食物的充足与否。苏丹说，农业发展第一个目标是让国民吃得饱，吃得好，跟着而来的是把产品在国内或国际市场商业发展，开拓农产品更大经济价值。

（二）制定到2030年发展计划

2008年，文莱制定到2030年农业发展计划。根据计划，到2023年，文莱农业经济效益将增至27.16亿文莱元，其中，18.49亿文莱元来自加工项目，另外8.67亿文莱元来自非加工项目。包括肉鸡、鸡蛋及红肉在内的禽畜品非加工项目之经济效益将增至6亿文莱元，其中，肉鸡产量4万吨、鸡蛋产量12万吨、红肉产量600吨。以蔬菜水果为主的农作品加工项目之经济效益将增至2.67亿文莱元，其中，蔬菜产量5.8万吨、水果产量2.5万吨。稻米产量900万吨。

据文莱农业局总监哈之莫哈末·尤索夫博士在公布该农业发展计划时说，发展农产品加工业方面，文莱已有整体计划。他说，由于看好农产加工业的发展潜能，目前，积极鼓励农民投身该领域。"为了吸引更多农民投身农产加工业，我们为投身此领域的农民提供更多奖励。"他说，在推动农业发展的同时，该局也负责农产技术研发，推行农耕保健，植物保护及品管计划，提升农产品质。"目前，我们已使用资讯科技进行农业技术研发，我们希望引进新技术，协助农民减少成本，增加收入。"他说，政府也积极关注农产品的食用安全，近年来，政府大力推行以加强农产品使用安全为目标的农产品管计划。他说，政府将采取更多可行措施以增加农产量，力求实现农产自供自足的宏愿。

（三）加强农业生产和保证国家粮食安全措施

据《文莱时报》2008年12月29日报道，根据文莱苏丹的指令，2008年以来，文莱政府采取了一系列应对措施，缓和全球米价波动冲击，确保国内市场大米供应。主要措施有：

1. 文莱政府增加农业投资和鼓励外国企业进行投资。文莱鼓励外资参与农业生产，文莱允许外资参与农业生产的项目有：家畜饲养；蔬菜生产；培植药用植物；种植果树，种植香料，种植稻米；花卉栽培；种植咖啡；种植饲料作物；水果加工；香料加工；药用植物加工；饲料作物加工；咖啡加工；肥料；动物饲料的配制；蔬菜、花卉等的防护；香肠的制作；加工果脯。文莱实行水栽法，在第九个五年国内发展计划（2006—2010年），文莱政府拨款7 000万美元发展水栽产业，水栽产业的发展也成功地促进了渔业的发展。

2. 逐步扩大水稻种植面积。除计划扩大粮食储备、建立食品囤积制度外，文莱将逐步扩大水稻种植面积，计划至2015年，全国稻米种植面积将从目前的600公顷扩大到3 000公顷，大米自给率达到30%，并加强水稻种植国际合作。为提高农业生产，调动国内农业生产积极性，文莱农业局出台5项激励措施。一是基本鼓励政策：加快引进和推广新技术，提高农业产量；鼓励在农业领域与外国企业开展合资合作；政府在土地、基础设施及病虫害控制等领域加大投入。二是特别鼓励政策：对农业物资继续提供价格补贴，种子、化肥、杀虫剂、除草剂、农业机械等基本农业物资均可获得政府50%的价格补贴。三是农业扶持补贴：根据第五个"五年发展规划"中的"水稻价格扶持计划"，继续采用补贴价收购国产水稻；对商业化蔬菜种植农户提供设备支持；由农业发展服务部门为企业提供技术服务，包括兽医服务、食品卫生及安全服务等。四是市场促进计划：推动农产品的国内销售和对外出口，指导农户科学安排生产计划。五是企业拓展计划：对为国家农业发展作出贡献的企业进行鼓励和支持，包括增拨用地，改善基础设施等。

3. 建设农业科技园。首先在文莱都东区拟设农业园吸引外资。据文莱《易华网》2010年3月20日报道，文莱农业局计划在都东区设立一个农业园，以进一步发展该县的农业。有关的农业园将座落在从峇当米杜斯（Batang Mitus）至帕奴诺（Padnunok）的一块农业发展用途的1 348.32公顷的土地上。工业与初级资源部部长叶海亚在立法议会会议上透露，计划中的工业园将开放给外国投资者。在提及都东区的其他经济多元化项目时，他说，德里赛地区双溪巴古第二期水产养殖计划下的40公顷土地，目前，正被发展用来以循环养殖系统养鱼。当地的基本设施如道路、电力供应、海水和淡水供应线等等已经完工。此外，德里赛第二期计划的459公顷土地的基本设施也已完成。目前，200公顷的土地正进行清芭以便兴建一座虎虾养殖场，该工程在2011年3月完工。在双溪巴古第一期工程下，10公顷的土地也被用来兴建一座研究及开发养虾系统的中心。这些养虾和养鱼基地除了将提高文莱的鱼虾出口和促进食品加工业之外，也有望为人民创造更多就业机会。二是吸引外国投资者落户。据文莱《婆罗洲公报》2012年8月16日报道，文莱工业与初级资源部清真产业创新中心8月15日同英国SQW（中国）公司签署文莱农业科技园（BATP）合作谅解备忘录。根据备忘录，SQW公司将在30个月内完成农业科技园二期总体规划和短期运营管理，主要包括国内外对接、为建立一站式服务和商业环境提供协助。签约双方均表示，现已有英国、加拿大和澳大利亚公司探讨来文投资入园事宜。文莱农业科技园位于加东东固区（Kg Tungku, Gadong），占地500公顷，主要通过建立科研、加工和物流产业推动文莱清真产业和旅游业发展，将创造9 000个就业机会。SQW亦表示，BATP也面临一些挑战，如一站式服务建设、海陆空等基础设施急需改善和人力资源不足等等。据文莱《文莱时报》2012年8月17日报道，目前，在建的文莱农业科技园一期工程占地50公顷，预计工期30个月。占地总面积500公顷的工业园项目将帮助文莱发展水稻种植、畜牧业、农业食品和清真产业发展，总产值有望达到27亿文莱元（约合22亿美元）。

4. 文莱农业局推行转型计划。据文莱《联合日报》2012年7月5日报道，文莱工业与初级资源部副常秘哈嘉·哈斯娜发表讲话称，为加强农业领域生产力，该部农业局正在推行转型计划，从传统生产模式转型为以技术为主导的生产模式，从而发展大规模农业活动，生产高品质食品及建立严格的食品安全监管制度。在中期计划下将推行数项计划，如设立食品发展中心、中小企业本地产品加工培训发展中心及招聘技术专家参与相关领域研发分析工作。当局还将推行大规模农业生产计划，加强食品和饮品工业竞争力。

5. 努力实现文莱2008—2013年农业中短期计划。据文莱《联合日报》2012年7月30日报道，文莱工业与初级资源部（MIPR）农业与农业食品局局长艾达表示，当务之急是实现文莱2008—2013年中短期计划，文莱国内农业生产总值到2013年将从2011年的2.41亿文莱元增至6.12亿文莱元（约合4.9亿美元）。按该中短期计划，MIPR将重点开发水稻种植、屠宰和农业食品三大领域。

6. 拟计划到海外扩大农业生产。据文莱《婆罗洲公报》2012年12月19日报道，文莱工业与初级资源部部长叶海亚18日接受采访时表示，目前，文莱正寻找合适机会，进行海外农业种植及清真食品生产，主要目标地为缅甸和越南等国。相当于将农业和部分农产品加工业外包。此前，文莱曾在澳大利亚购买了面积为5 860平方千米的土地用于养牛，所产牛肉主要供应文莱市场。

第二节　种植业

一、粮食作物

大米是文莱人民的主食，以2007年为例，文莱国内粮食消费，大米累计31 241吨，其他粮食累计消费11 500吨，大米在国内粮食市场中占主导地位。文莱水稻种植面积和产量以1999—2003年为例，1999年，水稻种植面积为381.325公顷，产量为306.4吨；2000年，种植面积463.48公顷，产量为459吨；2001年，种植面积为491.42公顷，产量为538吨，每公顷平均产1.16吨；2002年，稻米产量为372吨；2003年，产量为547吨。全国每年需要3万吨大米，人均73公斤，98%以上缺口需要进口，目前，文莱进口大米97%来自泰国。据文莱农业局提供的数据，到2007年，文莱各个区从事种植水稻人数、面积及产量为：文莱—穆阿拉区310人，面积5 257公顷，稻谷产量344.6公吨，大米产量224公吨；马来奕区469人，面积1 349公顷，稻谷产量530.3公吨，大米产量344.7公吨；都东区192人，面积6 273公顷，稻谷产量230.3公吨，大米产量149.7公吨；淡布隆区382人，面积4 354公顷，稻谷产量406.9公吨，大米产量264.5公吨。从中可以看出，种植水稻的人员、面积、产量太少。为改变这种状况，在八五计划期间，文莱农业局计划争取达到大米的自给率由目前的不足2%提高到4%，即由目前的300～400吨达到1 300吨。为达到此目标，文莱政府采取了许多鼓励措施，主要有：1.由文莱和中国企业合作于2001年在瓦山开展水稻种植计划，在文莱政府的大力支持下，已经取得了突破性进展，2003年瓦山生产的稻米已经上市。2.改善稻田的基本设施。3.提出更有效保护农作物的策略。4.采用高品质稻种。为了提高加强大米生产的宣传力度，文莱农业局计划举办数个活动如稻米收割节，作为常年活动之一。主办稻米收割节宗旨是：（1）培养互相合作文化，密切政府与农民之间的关系；（2）提高公众对种稻的认识；（3）展示政府对本地农民的关怀。除了推动性的活动外，文莱农业局在认真评估水稻业的经济发展，在稻米种植法多元化的过程中注重对自然环境、经济、文化、社会及安全食物影响的考虑。在稻米收割后种植其它农作物如玉米、花生、大豆、胡椒等，不但改善地质，也增加农民的收入，降低土地对农药的依赖。此外，文莱农业局还鼓励稻农使用综合方式提高经济效益，如在稻田中养鱼，稻田旁种植香蕉等水果。文莱政府2002年拨出75万文莱元给农业局，以提高大米产量，2001—2002年，文莱政府共拨出240万文莱元支持农业，其中60万文莱元分配给购买稻米援助基金，20万文莱元用于改善灌溉系统及道路等。

为解决本国的大米供应问题。文莱把提高水稻产量为文莱农业长期目标。2010年，在文莱苏丹的亲自督促下，发展水稻种植成为农业领域工作的重中之重，政府继续采取措施来具体落实。2010/2011财年，政府财政预算开支把农业生产作为大的投资领域，政府给农业局的开支达2 916.274万文莱元。文莱工业与初级资源部于2010年11月1日举办2010年主题为"粮食自产，国家安全"的农民及渔民日庆祝活动，本次活动旨在通过自产粮食确保国家长期获得粮食供应。该部采取以下措施：一是将提高水稻产量作为文莱农业长期目标。2011年7月，农业局局长艾达曾宣布，计划将全国稻米耕种面积增长285%，从1 300公顷增至5 000公顷，2015年，自给率目标下调为20%；二是启动全国粮食发展中心建设。2012年2月14日，文莱工业与初级资源部农业局同加拿大一家顾问公司签署委托顾问协议，启动文莱粮食发展中心建设。设立粮食发展中心主要目的是提升国内粮食产量和食品加工的品质与安全水准，增强本地食品工业出口能力并培养本地食品加工和行销人才；三是文莱政府拨5 000公顷土地供水稻种植。据文莱《易华网》2010年3月16日报道，文莱工业与初级资源部部长叶海亚在第六届国家立法会议上表示，配合提升大米自足率的目标，已在4个区计划拨出近5 000公顷的耕地供水稻种植用途。这些土地包括穆拉区新拨出的620公顷土地。新计划增加稻种地后，文莱—穆阿拉区的稻种用土地面积变成4个区内最小的，这包括巴东170公顷、班卓姆莱的150公顷和里茂玛尼村的200公顷土地及朱琼安的100公顷土地。在马来奕区有2 560公顷土地已确定供稻种之用，包括洛山光区的700公顷、新那威的260公顷、布奥的1 000公顷及甘杜村的600公顷。淡布隆区有680公顷土地只用来种植高产量稻米，包括在斯拉本的200公顷、斯诺固新旧区的80公顷、利贵及柏拉达央区的400公顷。都东区有1 087公顷土地充作水稻种植区，这包括丹绒玛雅村的44.88公顷、巴耶布固希村的40公顷、邦卡兰姆奥村的48.8公顷及苏本村的955公顷土地。力争到2015年实现粮食自给60%的目标。2014年7月7日，文莱农业局与文莱本地公司Syarikat Pakatan Mekar Hijau Sdn Bhd签订10公顷稻田租赁协议，用以培育合格稻种提供给全国稻农。土地租赁期为3年半，一年种植两季，到期后农业局将视该公司种植和运营情况决定是否续约。农业局希望通过这一举措提高稻种品质，保证优质稻种供应，以达到2015年文莱稻米自给率目标。

为保证水稻生产计划的完成，文莱政府成立稻农田间学校。据文莱《联合日报》2010年6月23日报道，文莱工业与初级资源部今天宣布成立稻农田间学校，为稻农田间作业提供培训，提高稻农掌握稻田管理及耕作技术的能力。工业与初级资源部部长叶海亚在文莱—菲律宾开展稻米生产合作一周年纪念庆祝会上，为稻农田间学校主持了成立仪式。

与此同时，文莱还积极与有关国家进行农业粮食生产合作。目前，已有包括中国、韩国、菲律宾、新加坡等国参与各种形式的文莱的水稻实验和发展项目。泰国总理阿披实率团于2010年3月29～30日访问文莱期间表示，泰国愿意帮助文莱实现粮食安全计划。在2010年6月23日举行的文莱—菲律宾开展水稻生产合作一周年纪念庆祝会上，菲律宾水稻研究机构将"莱拉"水稻苗种及新的水稻种植手册，移交给文莱农业局。文莱还考虑在菲律宾南棉兰佬进行农业投资，涉及项目包括水稻、玉米、菠萝、香焦、芒果、海水养殖、家禽和牲畜等。而文莱与中国的合作成效最明显。2010年4月15日至10月，由中国广西玉林市政府和文莱工业与初级资源部农业局开展水稻研发合作，在为期6个月的研发过程中，中方人员在总共3公顷的荒地上试种了10个品种，平均每公顷干谷产量为6.86吨，其中文莱的莱拉品种平均每公顷干谷产量5.41吨，比文莱最高纪录高出2.41吨，获得文莱政府的好评，取得了圆满成功。中国专家称，按此趋势，文莱要达到粮食全部自给不成问题。经过两年来的努力，文莱在农业粮食生产方面取得了明显的进步，据2010年6月23日文莱政府发布的文莱农业局的数字，截至2009年年底，文莱的大米自给率仅为6%左右，2010年，达到了自给率20%的原定目标。

文莱实施该计划已经取得初步成效。据文莱《婆罗洲公报》2012年3月5日报道，文莱2011年全国水稻产量增长30%，达到2 143吨，为历史最高。但还不能够满足文莱每年大米需求量的3.2万吨，绝大部分仍需进口。

二、蔬菜、豆类作物及经济作物

文莱蔬菜主要分4类菜：叶菜、果菜、根菜和食用菌类。根据2000年的统计，这4类菜分别占52.4%、47.2%、0.3%、0.1%。八五计划目标为生产12 700吨蔬菜，产值3 500万文莱元，自给率争取达到94%，实现计划的途径是农民扩大蔬菜种植面积，政府提供技术、优质种子服务等。文莱的蔬菜主要靠国内生产。2000年蔬菜总产量为8 863吨，2001年为8 820吨，2002年为9 593吨，2003年为10 360吨。目前，文莱生产的蔬菜满足了国内80%的需求。其中绝大部分是叶菜类。文莱的蔬菜98.8%是用传统办法生产，其他则用水栽法和蘑菇培育方法生产。目前，文莱有500名菜农。

三、果木

文莱的水果主要品种有香蕉、西瓜、菠萝、榴莲。文莱的水果产量很小，2001年总产量为4 140吨，2002年为4 199吨，2003年4 654吨。目前，内需的80%从其他国家进口如，2001年进口总量为15 497吨。2002年进口总量为16 000吨，总价值1 900万文莱元。文莱八五计划的目标是年产8 000吨水果，产值2 000万文莱元，自给率达47%。为此，文莱大力扶持国内水果生产，将采取通过改善基础设施，增加机械设备等措施来实现。据文莱《经济日报》2011年8月11日报道，目前，文莱本地生产水果仅满足国内43%的自给率，另外57%需进口。文莱民众喜食水果，每年人均水果消费量高达55公斤，在东南亚国家中名列前茅。近年来，文莱政府采取多项措施大力扶持国内水果产业。为尽快实现水果自给自足目标并带动农业多元发展，文莱政府将以每公顷25文莱元（约合126元人民币）的超低价把土地租给农民，并为农药、肥料、种苗和水利灌溉等生产性支出提供高达50%的补贴，以此鼓励当地农民发展水果产业。到2013年，水果产量增加到24 649吨。

第三节　林业

一、森林资源的分布

文莱的林业资源丰富，在文莱国土面积5 765平方千米中，75%以上被森林覆盖，森林面积为469 046公顷，约占国土总面积的3/4，文莱政府划出了3.2万公顷为森林保护区以及5万公顷为国家森林公园。目前，文莱有11个森林保护区，面积为2 277平方千米，占陆地面积的39%，86%的森林保护区为原始森林。森林保护区分为五类：保护林、主要保护区、次要保护区、再生林区和森林生产区。其中原始林森林的面积有34万公顷，红树林1.8万公顷、淡水湿地林1.3万公顷、泥炭湿地林9万公顷、灌木林0.3万公顷、龙脑香混交林19.3万公顷、山地多雨林0.7万公顷、混合类型1.6万公顷、琊和次生林12.8万公顷。原始森林主要分布在淡布隆区（Temburong），该区有著名的淡布隆国家森林公园（Ulu Temburong Nature Park），该公园位于巴都阿波伊森林保护区，淡布隆河与柏拉隆河的合流之处，面积约50 000公顷，不过其中只有100公顷发展成为旅游区，目的是确保动植物的栖息及繁衍区域不受到人类生活干扰，堪称全球最完善妥当的森林保护区之一。该公园地理形势佳，拥有丰富的生物资源。在这里文莱人将天然和旅游和谐地结合在一起，文莱政府倡导生态旅游，为了保持原始森林的风貌，公园内几乎看不到人工斧凿的影迹，森林公园内只有爬山石阶和简易的救生、休憩、交通场所。这里为热爱运动的人提供了爬山、爬云梯的机会，人们还可到清凉的河水中游泳。

文莱森林以珍贵的龙脑香科树种为主。主要树种有棱柱木、指茎野牡丹、黄牛木及娑罗双等，它们可构成混交林、娑罗双纯林（树高45～60米、胸径40～80厘米，平均每公顷蓄积量高达440立方米）。灌木林主要是贝壳杉纯林，现已确定为保护区，其次是木麻黄林、低地辐射松林。文莱大部分地区是海拔400米以下的低地，低地龙脑香林的树种很多，主要有库氏娑罗双、漏斗苣苔、龙脑香、喃喃果等属的树种。

二、文莱政府的林业管理与政策

(一)文莱林业管理机构

文莱的林业管理部门为工业与初级资源部的林业局,下设营林署、林业中心,负责全国的林业管理和制定政策。

(二)文莱林业政策

林业在文莱经济中不占重要地位。文莱的林业主要是用于保护土壤、野生动物、水源及整个自然生态环境。长期以来,文莱的人口少,特别是文莱发现了石油和天然气后,文莱主要从石油和天然气中获取能源,因而对早已形成的森林几乎没有什么破坏。文莱政府非常重视保护本国自然植被,政策规定:森林归国家所有,由林业局管理,严禁砍伐森林。文莱的森林分为防护林、生产林、游憩林、保护林、自然保护区和科研林。政府规定国有土地(包括次生林、采伐迹地、荒地)的开发利用要从社会效益和综合利用的观点出发,凡属国家开发计划范围内的开发用地都必须经有关部、局审批。在文莱1978年颁布的《野生动物保护法令(1984年修订)》中,共有34种动物(23种鸟类、7种哺乳类和4种爬虫类)受到法律的保护。法律规定,禁止对34种野生生物狩猎和出口。受保护动物属稀有和濒临绝种的动物,保护范围涵盖了它们的栖息地,民众不得捕猎、伤害它们及干扰它们的生存环境。文莱于1990年加入《濒危野生动植物种国际贸易公约》(CITIES)。为更有效地履行公约下的义务,文莱于2007年12月31日实施2007年野生动植物保护法令,为出口和转口野生物的管理提供法律依据,并针对各种违法行为制定了刑罚。在该法令下,违犯者将被判处1年的监禁和2 000文莱元(折合1万余元人民币)的罚款。野生动植物保护的任务于2012年11月28日从博物管理局转移到了工业与初级资源部野生动物事务单位。

文莱实行以保护为主旨的森林管理政策,限制森林砍伐和原木出口。从1997年开始,为推动林业长期发展,保护自然环境,实行"砍1树,种10树"和每年10万立方米限额(价值2 700万文莱元以内)的伐木政策(主要满足国内市场需要)。文莱实行以进口木材来避免过度采伐的政策,政府只允许每年砍伐10万平方米锯木,作为建筑材料之用。木材是文莱林业部门的主要产品,但是,文莱的木材只用于满足国内的需要。其他需要使用的木材从进口木材来解决。文莱林业部门还经常在民众和学生中举办一系列活动增强民众环境保护意识，如出版有关国家自然环境的书籍、组织群众植树造林及在中学成立林业俱乐部。文莱林业局从1983年起，每年3月都会为配合世界森林日而举办庆祝会，如该局于2005年3月在淡布隆区的布吉巴多森林休闲公园举办了主题为"森林：我们的骄傲"的一年一度的世界森林日庆祝会，目的是要让民众了解维护和保护森林的重要性。文莱林业在国家开发计划中占有重要的位置，有关林业列入文莱的第五个（1986—1990年）国家发展计划的战略课题有：（1）采取各项措施将应保护的森林面积从23万公顷增加到33万公顷（约增加40%）；（2）提高森林抚育管理技术；（3）为搞好造林，开展以选定最佳造林树种为目的的森林资源调查；（4）改进采伐及制材方法；（5）普及有效且高附加值利用木材的技术；（6）利用劣质木材加工单板、胶合板；（7）引进纤维板制造技术，有效利用制材加工剩余物。

在经营方面也是实行保护政策。如：（1）天然林经营。文莱的天然林作业方式采用的是马来西亚试行的改良型择伐作业法（SMS）。该法是由传统的马来西亚式热带雨林渐伐作业法（MUS）改进而来，即将胸径48.5厘米以上的龙脑香科树木伐掉，然后切蔓、清除林下灌丛，30年后再次采伐。此法的最大问题是投入成本过高。文莱的天然林作业历史较短，加上采伐前后的详细记录数据不足，因此，采伐后的更新情况及树木生长环境的变化等都不是很明确。（2）木材生产。目前，文莱有24个木材加工厂，其产量仅能够满足国内需求的50%。 由于经济富足，文莱不需要开发热带林以换取外汇。因此，木材生产全部用于本国建设及家具业，原木、锯材、胶合板等木材产品均禁止出口，伐区建有移动式简易制材厂和木材加工厂。据联合国粮农组织发表的统计数字表明，1993年，文莱原木产量约29.5万立方米，薪材和木炭7.9万立方米，锯材和薄板材20.6万立方米。（3）人工造林。到1993年，文莱年造林1 000公顷，正在为实现人工造林总面积4万公顷而努力。将来计划以生产人工林木材为主，逐渐停止天然林采伐，搞好防护林、保护林建设。文莱林业中心拥有年产20万～30万株苗木的现代苗圃，生产造林用苗。主要造林树种有加勒比松、金合欢、马刺甲合欢、南洋杉、树状黄牛木、大叶团花、大叶桃花心木等。与此同时，大力发展经济林木。据文莱《文莱时报》2012年10月12日报道，文莱林业局局长赛义丁称，文莱已开展有计划地大规模沉香树种植，在10年后树木成材时沉香产业有望帮助文莱实现初级资源产值达到45亿美元的目标。目前，文莱的林业产值仅为4 000万美元，沉香树的种植，将为文莱在沉香产品，如沉香木、沉香精油和沉香香水等领域带来巨大商机。

为了保护森林资源，文莱正在采取现代化技术手段管理森林。如在2012年4月27日举办的2012年中国—东盟首次科技部长会议上宣布，中国与文莱、老挝将共同推动北斗卫星导航系统应用。

第四节　畜牧业

一、畜牧业的分布

牧场约占文莱国土面积的0.5%，主要集中在都东农业区。据《文莱时报》2014年3月7日报道，根据文莱工业与初级资源部统计数据，文莱平均每人每年消费9.7公斤红肉，61.8公斤鸡肉，在东盟成员国居首。

二、畜牧业发展情况

文莱畜牧业规模不大，从事畜牧业的人少，产量也远远不能满足国内的需求。目前，文莱牛肉年产量约250吨，其中，水牛肉占3/4强，其余小部分为菜牛和山羊肉，只能够满足国内市场的40%。近年来，文莱人对牛肉和猪肉的消费量年平均增长率分别为13.7%、8.8%。除了家禽蛋类等能基本满足国内需求外，牛肉、猪肉都得从国外进口，其中牛肉需求量的90%以上要依靠进口。文莱禁止养猪，所需要的猪肉全部进口，文莱主要是从马来西亚进口猪肉，每月还从泰国进口1 000吨猪肉。

为了满足本国居民的肉食供应，文莱政府开始重视畜牧业生产，并为此采取了一些措施。如：1978年，文莱政府与日本三菱商事会社合资在文莱—穆阿拉区建立了一个占地面积为486公顷的牧场，饲养奶牛和菜牛，向当地居民提供牛奶和牛肉。此外，近年来，文莱政府还鼓励发展畜牧业，以满足国内的需要。为了满足国内的需要，1982年，文莱政府又在澳大利亚北部买下两个大型牧牛场，这两个牧牛场的面积共达5 868平方千米，用于养牛、羊，供应文莱国内市场。该牧场1998年生产小牛犊6 000头、1999年生产8 000头、2000年生产9 000头。现在该牧场已经成为供应文莱哈拉肉的主要渠道。2001年，文莱从该农场进口了10 054头活畜（约2 599吨），进口了125吨冻、冰鲜牛肉。2002年，文莱进口黄牛肉3 517吨，水牛肉347吨，羊肉34吨。为了进一步增加肉类供应品种和减少进口，文莱政府计划在文莱再建一些养殖山羊和鹿的农场。文莱现有106个养鸡场，年产鸡蛋约9 000多万枚，经过多年努力，目前，文莱基本能够保证鸡蛋供应。八五计划的目标为年产鸡蛋9 700万枚，产值为1 400万文莱元。八五计划期间年畜牧业生产量争取达到6万吨，实现100%自给。

第五节　渔业

一、渔业发展情况

（一）丰富的渔业资源

文莱地处东南亚中心位置，濒临南中国海和文莱湾，不仅海洋渔业区内有丰富的渔业资源，还拥有几条大河，发展渔业具有得天独厚的优越条件。渔业是文莱政府推行经济多元化的主要领域之一，也是文莱最具有发展潜力的产业之一，是文莱实施经济多元化战略的重要组成部分。

文莱海域没有污染，又无台风、地震等自然灾害袭击，非常适宜开展海洋捕捞和鱼虾养殖。据有关专家研究显示，文莱海域仍有许多待开发的捕鱼区，这些深海地带蕴藏丰富海洋资源，属鱼群繁殖地。据了解，文莱正计划多元发展渔业以提高此领域对经济发展的贡献，包括通过推动钓鱼、潜水及海洋休闲活动来促进海洋生态旅游。文莱海岸线沿岸覆盖有18 418公顷的在东南亚保存最好的红树林，有大量的虾苗和鱼苗繁殖。另外，文莱海域还是金枪鱼徊游的途经之路，有丰富的金枪鱼资源。

据文莱渔业局统计，文莱海域最大可捕捞量（MEY）约21 300吨，其中沿岸资源3 800吨，底层资源12 500吨，浮游资源5 000吨（见图3-1）。

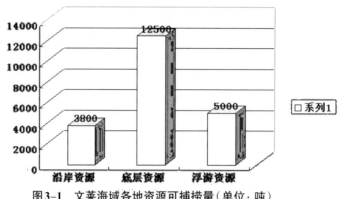

图3-1 文莱海域各地资源可捕捞量（单位：吨）

资料来源：文莱渔业局统计公布的数据

（二）渔业生产情况

自文莱1983年1月1日宣布200海里的水域设定为专属经济区后，文莱渔业取得了迅速的发展。目前，渔业收入占文莱国内生产总值的0.5%。2005年，文莱渔业总产量为17 258吨，其中，捕捞量为16 060吨，水产养殖量为540吨，加工量为657吨。全年渔业捕捞、养殖和水产加工等总收入达到了8 640万文莱元（约5 400万美元）。据文莱渔业局统计，文莱人口近40万，年均消费海产品17 100吨，人均消费量为45公斤，居区域内诸国之首。目前，文莱水产品需求约有50%的缺口，需要通过进口解决。

根据文莱渔业局估计，文莱国内的渔业年均增长率为17%，文莱的渔业发展潜力估计保持在每年2亿文莱元的水平。预期到2023年，文莱渔业产量可达4亿文莱元，为1 500多人提供了就业机会。文莱现有1 226名全职渔民，4 362名兼职渔民，大多为岸边手工作业或舢板作业。全国有约25艘较小作业渔船，吨位在30～60吨，其中有拖网船14艘，围网船5艘，延绳钓船1艘，多数集中在20海里内作业。文莱渔港主要是摩拉渔港，有2个渔船码头，附近有制冰厂和加油码头为渔船服务。海水养殖业是文莱渔业中发展较快的行业之一。由于文莱气候温和，海水无污染，比较适合发展海水养殖业。文莱利用水池养虾始于1994年，至2007年，有13家企业投资养虾业，文莱全国现共有50个鱼虾养殖场，养殖著名的虎虾和蓝虾，总面积230公顷。2005年，文莱养虾业总产量394公吨，价值300万文莱元，除本地销售外，还出口到美国、中国台湾省、日本、马来西亚和新加坡。随着全球市场对虾需求增加，文莱工业与初级资源部已开始研究引进国外投资和技术，增加养虾产量，现已在都东区规划459公顷新地作为海水养殖专用。文莱海产品加工业规模较小，目前，有66家国内企业和一家合资企业从事海产品食品加工，都为中小型企业，产品主要是虾片和鱼干类，主要在本国销售。文莱海产品品质优良，符合区域内安全和清真食品要求，存在需求市场和巨大商机。

二、文莱发展渔业的措施

文莱政府在制定2007—2012年发展规划中规定：要在这个期间促进农、渔、林业发展，主要包括：市场开拓、食品安全、农业和生物技术开发、相关基础设施建设、清真食品开发、发展渔业捕捞产业、海水养殖、相关服务、实验室建设。将拨款总额为2.83亿文莱元用于以上领域的77个项目，其中，农业拨款1.02亿文莱元，林业拨款0.65亿文莱元，渔业拨款1.16亿文莱元，高于其他农业领域的拨款。据文莱《联合日报》2013年12月30日报道，文莱政府推行的经济多元化发展战略中，渔业被列为重点发展领域。为发展渔业生产，文莱政府正在采取如下措施：

（一）鼓励更多投入

为促进渔业发展，文莱政府已批准更多地点作为养殖场，并在这些地点兴建水产养殖用途的基本设施，也在瑟拉沙建设海产加工设施，推行多项奖励计划，以鼓励文莱人投身渔业发展。目前，文莱工业及主要资源部为投身渔业领域发展的本地人士提供一系列奖励，包括财务援助等，希望借此渔民善用财务援助计划来扩展业务，加强竞争力。

文莱政府已经确定的投资项目有：

1. 都东区（Tutong）区特里塞（Telisai）分配了40公顷土地用于陆基海鱼生产，采用闭路循环系统；

2. 都东区（Tutong）达摇（Dannau）分配了40公顷土地陆基海鱼生产，采用闭路循环系统；

3. 在Pelung Ruckc划定用于近海笼箱养殖的潜在场地面积约200公顷；

4.开发观赏鱼,以代替每年进口各种品种120万吨。

(二)鼓励发展螃蟹养殖业

文莱沿海地区红树林沼泽地适合养殖小螃蟹,把每公斤10~12只小螃蟹放入红树林沼泽地开发的池塘,以什鱼作为饵料,经2~3个月养殖至每公斤4~5只便捕捉出售。螃蟹生长快,每隔18天蜕壳一次,体重100克蜕壳后,便增至130克。是项利大本小的养殖业,但仅适于家庭式养殖。而目前文莱在Kg.Serdang一片很大红树沼泽区,总共有5家业者在15公顷红树林养螃蟹,产量只足够内销。

文莱政府曾聘请了外国专家到文莱沿海地区各养殖场研究附近红树林生态情况,作为日后大事发展水产养殖施政方针的指导。政府也曾委任一间环境土壤探测咨询公司进行一项为期几个月对各海域养殖场做一详细对水质及土质测定的工作。水质分析包括旱天和雨季在各养殖海域进行物理因素的调查,如养殖区的水质的混浊度、温度、海流涨潮退潮速度;水质化学因素的pH值、溶氧、硝酸盐、磷酸盐、氨、盐度、生物耗氧量(BOD)、重金属如水银等;水质生物因素包括各类浮游生物,如赤潮双鞭毛藻,等等。另外,也分析养虾排出的池塘废水的各种化学成份。

(三)鼓励浮网箱海鱼养殖上等海鱼

文莱海湾水域地理环境非常优良,风浪不高,非常适合浮网箱海鱼养殖。目前,文莱分别位于Buang Tawar、Keingaran、Sg Bunga和Anduki的海域进行浮网箱海鱼养殖。文莱在这些不同海域所养鱼品种包括金目鲈、红曹、红鸡、白鱼、金鲳、银鲳、老虎斑、老鼠斑和青斑。文莱的五星级旅馆酒楼餐室都喜爱选用网箱海鱼养殖的品种烹制喜宴,因人工养殖的海鱼体重均一,新鲜度及品质上等,是五星级酒楼名厨烹饪料理的好海鲜材料。

浮网箱海鱼养殖作业者鱼苗供应只依靠渔业局一间繁殖场。该繁殖场技术人员教育水平很高,政府鱼苗繁殖负责人都是从外国知名度高学府毕业的大专毕业生所担任。由于鱼苗供应不足,使得许多鱼排空着。目前,文莱渔业局也开放了外国鱼苗进口,主要来源于中国台湾、泰国、新加坡、马来西亚及印度尼西亚。一些渔夫也捕捞天然海域的鱼苗出售,每尾100文莱元。

(四)鼓励淡水鱼养殖

据文莱《联合日报》2011年8月22日报道,文莱工业与初级资源部部长叶海亚指出，考虑到海洋资源逐渐减少，政府鼓励私营企业投身发展水产养殖业，主要措施包括向公众大力推介淡水鱼，同时，通过双边合作向印度尼西亚寻求淡水鱼养殖技术及管理知识。他说，文莱水产养殖业仍处于萌芽阶段，基于政府财力及技术所限，长期以来，大部分水产养殖场无法取得突破性的业务进展。但文莱有能力利用内陆河流引导水源进行水产养殖，政府将探讨更多可行的方案，协助私人发展水产养殖。

文莱淡水资源丰富，政府鼓励淡水鱼养殖。目前，文莱淡水养殖面积只有16公顷，业者90家。2004年，文莱渔业局统计，全年总生产110公吨淡水鱼。文莱的外国劳工多来自孟加拉国，菲律宾和印度尼西亚，这些淡水品种如土杀、八丁、红非洲鱼、鲤鱼及白须公很受外国劳工的钟爱，是一种廉价蛋白质。一些文莱马来风味餐馆、酸辣土杀鱼、咖喱八丁、干煎黄姜红非洲鱼也非常受食客的欢迎，因此，每个月淡水鱼消耗量约10吨。此外，政府也鼓励养殖生产观赏鱼如日本锦鲤、金鱼及其他胎生品种。出口价值高的金龙鱼及当地特有的Bettamacrostoma鱼也是政府鼓励的养殖品种，主要供外销。文莱将大力发展水产养殖业。据文莱《婆罗洲公报》2012年2月14日报道，文莱工业与初级资源部渔业局代局长萨布里13日在优良水产养殖规范研讨会上宣称，文莱已将水产养殖业确定为发展渔业、为国民经济作贡献的"主力军"之一。渔业局大力吸引本地和外国投资，在一些地区已建立养鱼和养虾场，还有包括道路、电力和海水供应的基础设施亦在建设中。至2023年，文莱水产养殖业总产值有望达到2亿美元，达到整个渔业的一半。

（五）加快海水养殖业

海水养殖业是文莱渔业中发展较快的行业之一，深受文莱政府重视。由于文莱气候温和，海水无污染，比较适合发展海水养殖业。文莱利用水池养虾始于1994年，至2014年，有13家企业投资养虾业，文莱全国现共有50个鱼虾养殖场，养殖著名的虎虾和蓝虾，总面积230公顷。随着全球市场对虾需求增加，文莱工业与初级资源部已开始研究引进国外投资和技术，增加养虾产量，现已在都东区规划459公顷新地作为海水养殖专用。文莱海产加工业规模较小，目前，有66家国内企业和一家合资企业从事海产食品加工，都为中小型企业，产品主要是虾片和鱼干类，主要在本国销售。文莱海产品品质优良，符合区域内安全和清真食品要求，存在需求市场和巨大商机。

（六）发展水产加工业

为解决渔民捕捞水产品的加工问题。文莱政府也开始重视投入建设水产品加工工厂。据文莱《婆罗洲公报》2012年12月14日报道，文莱耗资2 500万美元的首个现代化水产加工中心将投入运营，该中心由当地私营企业和外资合作建成，第一年营业额预计将达1 700万美元，第二年预计将升至2 200万美元，将有效解决目前文莱渔民70%～90%捕捞产品无法在当地销售，被迫丢弃的问题。

三、文莱渔业政策和相关规定

为了实现国民经济多元化，促进渔业的发展，文莱政府制定了一系列的优惠政策来鼓励开发商业渔场和海水养殖场，鼓励外资与文莱本地公司开展渔业和海水养殖业合作，希望凭借得天独厚的地理位置，将文莱建成区域海产品加工中心和海产品批发及进出口中心。渔业是文莱政府促进发展的重点领域，相关投资项目和企业可以享受免出口税、销售税、个人所得税，薪工税和生产税等优惠待遇。作为主管部门，文莱渔业局不断推动海产品加工业的发展，积极鼓励包括在渔船靠岸港附近建设鱼类储存及批发中心和地区海产品进出口中心等产业发展的开发项目，还通过推展多项具体工程，促进渔业和水上生态旅游的发展。

对于渔业合作的海区，文莱渔业局规定文莱海域共划分为4个作业海区：

第一海区：0～3海里（离岸）

第二海区：3～20海里

第三海区：20～45海里

第四海区：45～200海里

文莱政府为保护近海渔业资源，规定引进的外国渔船只能在第三、第四海区作业，而且从2008年1月1日起实行临时性保护措施，禁止在第一海区（0～3海里）区域内捕鱼。第三海区海深从几十米到近200米，第四海区为大海槽，深达上千米。

四、中国与文莱渔业合作

中国与东盟签定的《中国—东盟全面经济合作框架协议》下的"货物贸易协

议"和"服务贸易协议"对加强中国与东盟各国的渔业合作具有重要意义。落实中国—东盟自由贸易区有关协议，促进中国—东盟自由贸易区顺利建成，加强与包括文莱在内的东盟各国渔业合作，兴办独资、合资、合作企业，将更快促进区域内渔业的发展，提高区域内水产品在国际市场上的竞争能力，加快中国-东盟自由贸易区建设进程。

中国南部和包括文莱在内东盟各国在地域上属于一个自然地理综合体，海陆相连，交通十分便利，为渔业合作提供了基础。文莱与南中国海相接，有广阔的海域，蕴藏了丰富的鱼类和水产资源，南海海洋及其航线把中国与文莱联系起来。

近年来，中国与文莱进行渔业合作取得了积极的进展。2013年，应中国国家主席习近平邀请，文莱苏丹哈桑纳尔·博尔基亚在4月初对中国进行了国事访问。两国元首一致同意将中、文关系提升为战略合作关系，并鼓励双方企业在清真食品和渔业产业建立合资企业进行合作，共同拓展国际市场。

据2013年7月12日中国驻文莱大使馆经济商务处主任王嘉欣在接受《人民日报》记者采访时说。"中国文莱渔业合作深海网箱养殖基地对文莱的经济多元化发展战略作出了积极贡献。"2007年，文莱工业与初级资源部渔业局派官员到中国海南、广东等地参观考察。2009年11月，该局与广东省海洋与渔业局签署《渔业合作谅解备忘录》，双方指定企业组建金航（文莱）海洋生物有限公司（即国泰（文莱）海洋生物有限公司的前身），联合实施深海网箱养殖基地项目，双方在推进企业合作、网箱养鱼、赤潮研究、技术培训等领域开展交流与投资合作。文莱政府批给该公司约200公顷的海域用于深海网箱养殖，每年只象征性地收取50文莱币（1美元约合1.27文莱币）税金。2010年4月，第一批金鲳鱼苗和龙虎斑鱼苗下水投放。半年后，第一批养殖金鲳鱼上市供应文莱市场。2012年10月，首批45吨石斑鱼出口中国香港，文莱本地养殖的渔产品首次实现对外出口。目前，该项目已累计投资2 500万元人民币，现有方形网箱100口，圆形深海网箱30口，年产石斑鱼、金鲳鱼等名贵鱼种约200吨。据该公司负责人郑镇雄称，"作为第一家与文莱合作建设深海网箱养殖基地的中国企业，我们是摸着石头过河。在未来3年内，我们计划把总投资进一步增加到3 805万美元。还计划建设鱼苗培育和孵化中心、养殖产品加工和冷冻中心以及网箱加工中心等，将全部生产流程本地化。我们还希望能建立集深海网箱养殖、海上风能和太阳能发电、海水淡化于一体的生态养殖综合区。"现在该公司成为中、文渔业合作深海网箱养殖基地是两国渔业合作的典范。

中国与文莱渔业合作具有明显的互补性。

（一）渔业资源的互补性

在渔业方面，文莱处于热带地区，而中国海域大部分地区处于温带，双方主要的水产品种类不同，存在较强的互补性。正是这种渔业资源上的互补性，使得中国和文莱的渔业合作成为可能。区域内海洋渔业资源丰富，为中国与文莱渔业合作提供了广阔基础。

（二）渔业技术的互补性

中、文两国渔业发展的差异性和互补性，决定了双方贸易和合作领域的发展前景。从渔业资源开发角度来看，中国是一个人口大国，拥有丰富的人力资源和自然资源丰富，但人均资源拥有量相对稀缺，渔业资源相对有限，但中国沿海渔业捕捞和养殖技术相对成熟。文莱渔业、养殖业及热带生物资源都十分丰富，与中国在渔业捕捞、养殖、加工以及市场等方面具有明显的互补性，在渔业技术方面具有合作可能性。在合作方式上，文莱资源丰富，但技术水平不高，中、文在资源开发和加工业领域可以展开各种类型的合作。

（三）经济发展水平与市场互补性

中国与文莱的经济发展水平不一致。从经济发展水平看，文莱是东南亚较富裕国家，到2013年，文莱人均GDP已达到4万多美元。从产业结构看，文莱主要是以石油和天然气开采为主的产业结构，渔业生产不发达。文莱政府针对产业结构单纯的问题，提出要加大实施经济多元化战略，争取到2023年文莱渔业产值达4亿文莱元。中国在第三产业上与文莱存在着一定互补，在与海洋捕捞和海水养殖有关的产业上可以提供各种技术服务，这给文莱在发展海洋产业方面提供了合作的领域和空间。而广阔的中国内地市场更可以使中国与文莱结成垂直贸易与合作的紧密伙伴关系。

（四）对企业开展合作的具体建议

总体看，中国公司开拓与文莱渔业合作有很大发展潜力，本着合理开发利用、互惠互利的原则，应充分利用中、文友好、文莱海域渔业资源丰富等有利因素，鼓励中国渔业公司与文方展开更深层次的渔业合作。

对于准备前来文莱从事渔业合作的中国公司，中国驻文莱大使馆经济商务处特提出以下建议：

1. 全面掌握情况，在合作经营活动中争取主动。某些企业海外经营项目不成功的教训，主要原因之一在于不完全了解当地情况，对问题和困难估计不够，应对措施不足，同时轻信代理，盲目决策。建议企业在开展业务和实施项目前进行深入的调研，以减少决策失误。

2. 遵守当地法律法规。企业应遵纪守法，避免不必要的纠纷。应派会外语懂业务的人员负责项目管理，出了问题要及时同我驻外经商机构联络，直接同文莱政府主管部门联系。不能完全依赖代理，以免延误问题解决。

3. 尽量与当地有一定背景、实力和信誉的公司建立合作关系，掌握在当地打通关系的主动权。文方有的部门办事效率低，政策执行过程中受人为影响大，因此，寻找有实力和有公关能力的合作伙伴十分重要。

4. 选准项目。认真做好可行性研究，将投资风险降到最小。

5. 充分重视外派人员尤其是一把手的选拔，避免由于用人不当带来的风险。中方人员应少而精，实行雇员本地化，注重回馈社会工作和企业社会形象。加强境外企业现代管理制度化建设，建立一套行之有效的约束激励机制。

第四章　第二产业的发展和布局

第一节　工业发展概述

一、工业发展历程

历史上，文莱曾是东南亚一个贫穷落后的农业小国，几无规模工业。从20世纪初发现石油，到六七十年代石油、天然气的大量开采，文莱的经济结构发生了根本性的变化，石油和天然气开采业成为经济的支柱产业。但随着石油工业的发展，文莱经济结构过于单一的弊端日趋显露。石油、天然气属不可再生资源，总有一天将开采殆尽。文莱政府为了改变经济过分依赖石油、天然气开采的单一格局，从20世纪80年代中期开始大力倡导发展多元化经济，力求逐步增加非石油产业在国民经济中的比重。这样才发展了一些非石油工业产业。据文莱政府公布的数据，到2013年，工业产值占国内生产总值的50%，从业人员约占总劳力的33%。

二、工业部门结构和发展布局

以石油、天然气开采和提炼为主，建筑业是新兴的第二大产业，其他还有食品加工、家具制造、陶瓷、水泥、纺织等，但规模小。政府制定了系列计划发展工业，从高技术的半导体生产到劳动力密集型的食品加工、纺织、家具、建材等，但付诸实施的不多。工业发展受到劳动力严重缺乏的制约，包括熟练工人和一般工人。

国内企业多为中小型企业，工业设备、原料和生活资料均依靠进口。据中国驻文莱大使馆经济商务参赞处网站2014年1月报道文莱政府公布的数据，到2013年，文莱全国有5 486家中小企业，其中，小型企业共3 560家，占65%；中型企业1 787家，占33%；大型私人公司139家，只占总数的2%。全国私人企业中，

4 127家设在文莱—穆阿拉区，占总数的75.2%；马来奕区有885家，占16.1%；都东区有390家，占7.1%；淡布隆区84家，占1.5%。

第二节　能源工业

文莱的能源工业主要是油气工业。天然气和石油是文莱的两大经济支柱，文莱以"东方石油小王国"著称，是当今世界上最富裕的国家之一。其石油天然气工业产值占国内生产总值（GDP）的40%和出口收入的93.6%。到2013年，文莱石油已探明储量约为14亿桶（预计可采至2020年），天然气探明储量约为3 200亿立方米（预计可采至2035年）。石油产量在东南亚居第三位，天然气产量在世界排名第四位。目前，除陆地油田外，现有7个海上油田，90%石油和几乎全部商用天然气出自这7个海上油田。在世界石油供应市场中，文莱的石油日出口量约为18万桶，文莱既是东南亚第三大产油国，又是世界第四大天然气生产国，且文莱是亚洲第一个液化天然气出口国（见表4-1）。

表4-1　文莱2 009—2011年日产油气量

	2009	2010	2011
石油（万桶）	16.7	15.2	14.8
天然气（亿立方英尺）	9.5	10.6	11.1

资料来源：文莱首相府经济计划发展局统计公报

文莱重视能源工业发展。据文莱《婆罗洲公报》2012年11月8日报道，文莱能源部部长亚思敏7日在印度举办的第一届东盟—印度能源部长会议上表示，文莱已推出一系列措施支持新能源产业发展，其中包括成立新能源研究所并推出一系列政策鼓励新能源技术研发。据文莱《联合日报》2012年8月14日报道，文莱能源部公布了《长期战略报告》，将开发可再生能源列为国家能源政策长期目标，改变国家经济结构高度依赖石油天然气的局面。《报告》称，政府推行国家能源政策，分为短期措施及长期措施，短期措施以改善能源效益及节能为主，长期措施以开发可再生能源为主。文莱政府已指示能源部所属战略研究中心启动国家替代能源研究计划，探讨开发可再生能源可行性，同时该中心也开展国家能源效应及节能研究计划，探寻更多可行节能措施。报告书指出，近年来，文莱政府逐步加大经济多元化战略实施力度，但成效不大。据文莱《联合日报》2014年3月25日报道，为了确保能源的可持续性发展，文莱首相署能源部在日前能源展上，发布《2014年文莱能源白皮书》，苏丹哈桑纳尔亲自主持发布会仪式。《白皮书》旨在推动能源可持续发展，创造当地就业机会，计划从商业环境、本地劳动力、人力资源培训、网络建设及金融结构等方面着手，相继推出一系列措施，力争到2035年，在油气领域创造至少5万个就业岗位。其中，能源部负责4万个就业岗位，包括5 000名专业人员和3.5万名技工。《白皮书》设定多项目标，包括到2035年，可再生能源将供应10%全国电力；大力发展油气上下游产业；确保安全、可靠、有效的能源供应；促进能源衍生行业发展，提高能源领域对其国家经济发展贡献等。此外，文莱政府还将大力促进油气产业本地化，力争到2017年，油气产业本地成分提高至25%，到2035年提高至60%。

文莱国家能源发展战略目标及10项核心指标和战略目标分别为：

1. 大力发展油气上下游产业；

2. 确保能源的安全、可靠及有效供应；

3. 促进能源产业衍生行业发展。十大关键指标为：(1) 石油日产能翻番，达到80万桶；(2) 储量接替率超过1；(3) 下游产能突破50亿文莱元；(4) 降低能耗45%；(5) 减少断电事故数量6倍，保持"零"重大断电事故；(6) 建造5万千瓦可再生能源发电能力；(7) 扶持5家本土企业参与区域和国际竞争；(8) 能源领域创造5万个就业机会；(9) 员工本地化80%，雇佣5 000名专业人才；(10) 本土能源物资和服务支出增加10倍，达到60%。

为鼓励本土企业"走出去"，能源部宣布5项扶持措施，分别是：

1. 拟定资金支持计划；

2. 提供员工培训、企业家精神和领导力等能力建设培训项目；

3. 借助商业机构提供咨询服务，推动企业国际化；

4. 建立"桥梁办公室"，帮企业建立关系网络，提供知识和支持；

5 启动制度改革，创造有益于企业产业整合，程序改进，发展国际贸易的良好环境。

能源部强调，要实现上述目标，要充分做好5项基本保证，分别是：

1. 公平且公开的竞争环境；

2. 良好HSE（健康、安全和环境）体系和商业环境以及高素质本地劳动队伍；

3. 硬件投资能力、劳动者培训和内外网络建设；

4. 稳定金融结构和遵约守纪；

5. 良好制度、严格操作和优质执行。

此外，文莱还将积极参与区域新能源合作，加强与其他国家新能源技术交流。

一、石油工业

如上所述，文莱的蕴藏丰富的石油资源，分别很广，不论陆地、大陆架，还是近海，都有油层，其近海的油矿区达5 250平方千米。

文莱的石油业有悠久的历史。文莱于1903年在柏莲地区的一次偶然的煤矿起火中有石油自动流出，被商界注意。英国石油公司于1913年来到文莱，1914年，在马来奕区的拉比地区发现了石油矿，该公司认为该地区地藏油丰富，并租下其附近地区。1917年，许多外国公司涌到文莱进行勘探。英国益格鲁·萨克逊石油公司的子公司马来西亚石油公司（即后来的文莱壳牌石油公司的前身）于1924年在马来奕区西北10英里处的诗里亚地区发现新的油田。文莱政府在该地区划出980平方千米的土地供其勘探。1929年4月该公司开始勘探，开出了几口质地优良的油井，当年就产出原油3 000桶，1930年，产油2.5万桶。1931年，钻探获得全部成功，产油11万桶。1932年投产，共产油118万桶。第二世界大战前夕，英国为预防日军占领，将油田设备撤走，并破坏油田设施。1941年，日军进占油田，由于油田已被破坏，加上当地居民对日军占领不满，在这段时期，虽然生产继续进行，但产量已大大减少，到1945年时，年产只有7.4万桶，即1万吨左右。第二次世界大战后，英国石油公司重返文莱进行石油勘探和开采。到1974年，英国石油公司在诗里亚油田开采原油1 279.5万桶（合177万吨）。其后逐年增加，到1956年，已突破500万吨大关。后来陆地油田蕴藏日竭，产量下降。英国石油公司于1957年开始进行沿海大陆架和海底勘探，在安帕西南区、费利、钱皮恩和马格比4个地区发现了海上油田。1963年，在海上进行大规模勘探。1964年，新油田正式投产，1965年后，文莱石油产量迅速回升，1967年，达到509.9万吨，1973

年，突破1 000万吨大关，达1 128万吨，其后基本稳定在1 000万吨左右。20世纪80年代初（1981—1983年），由于国际石油市场供过于求，价格下跌，该公司为控制油价，压缩产量，每年维持在700万吨左右。1984年文莱独立后，文莱政府控制石油产量，从20世纪80年代中期以来，文莱的石油产量基本上是呈下降趋势，各年的平均日产量为：1984年15.5万桶，1985年14.9万桶，1986年14.9万桶，1987年13.9万桶，1988年13.3万桶，1989年13.2万桶。进入20世纪90年代，由于1990年8月伊拉克入侵科威特，文莱的石油产量又开始回升，1990年平均日产量达到15.2万桶。与此同时，由于文莱的石油探明储量又有大量增加，政府也减缓了对石油产量的限制。1991年上升到平均日产16.2万桶。1992年平均日产为18万桶。进入21世纪2001年以来，文莱政府对石油的日产量控制在每天生产20万桶左右。因保存和其他原因，近年来，文莱控制国内平均原油产量一直稳步下降，从2006年的每天21.9万的高位，降至2011年的16.6万桶，到2012年和2013年每天产量只有15万桶左右。文莱生产石油的90%以上、天然气的85%以上用于出口，其生产的原油主要出口泰国、韩国、日本、新加坡。出口的产品有轻原油、重原油和轻重混合原油。据文莱公布的统计数据，其石油天然气工业产值占国内生产总值近40%以上，每年石油和天然气出口为文莱政府创收的外汇占全国外汇收入总额的90%。

文莱政府专门设立石油天然气局，对石油天然气业进行管理。文莱国家石油公司（PB）有为政府制订石油天然气产业政策的政府职能，同时又是文莱政府在石油天然气领域的投资实体，所有文莱与外国的天然气合资的文方资产全部转到该公司名下并由其管理，文莱工业和初级资源部部长兼任该公司董事长。石油勘探与开发按照1963年制定的"文莱石油开采法案"和1969年及1983年的修正案进行管理。此法规定，文莱政府在任何石油、天然气和煤炭的商业开发中都占有50%的股份。文莱政府与国外公司在石油天然气开发方面的合作方式一直采用授予外方特许（Concession）的方式进行。2001年后，开始使用国际常用的PSC（Production Sharing Contract）方式进行，以此加强国家对其石油资源开发的参与和掌控。

PB在2005年成为东盟原油委员会（ASEAN Concil on Petroleum）-ASCOPE的官方成员。文莱沼气工程联合企业签署了联合声明。2006年，PB正式授予了陆上L区与M区的油田的勘探开采权，签署了关于L区与M区油田的PSC。

文莱的油田分布在陆上和海上，主要有以下几个油田：

诗里亚油田。这是文莱最早开发的油田，这个油田的探明蕴藏量为10.5亿桶，产油深度250～3 200米。1929年，由壳牌石油公司在文莱西部海岸的诗里亚地区开采，大部分油井在陆上，也有小部分延伸到海中。1932年，大规模投产，产量最高的年份为1956年，日产达到115 064桶，其后产量下降，1979年的平均日产量为39 067桶。到1980年年底，已累计开采8.95亿桶。

杰鲁东油田。1955年5月，由壳牌石油公司在首都文莱市（后改称斯里巴加湾市）以西16公里处发现的陆上油田。该油田1955年开始产油，1957年平均日产525桶，达到最高峰。以后便呈下降趋势，1964年成为废油田。该油田一共产原油71.7万桶。

安帕西南油田。1963年，由壳牌石油公司在文莱西部海面约12公里处发现的海上油田。估计蕴藏量有10.5亿桶，产油层深度为225米。1965年开始产油，1979年日产量达到79 987桶。到1980年6月为止，已开采出4.3亿桶。

费尔利油田。1969年，由壳牌石油公司在安帕西南油田的侧面约28公里处发现的海上油田，产油深度约3 230米。1971年开始产油，1977年产油量最高，日产达到29 586桶，1979年下降为19 652桶，1980年产量又略有上升，日产量达到19 733桶。

虽然文莱是一个产油大国，但长期以来以原油贸易为主，国内无石油加工能力，开采出来的原油全部用于出口，国内所需的成品油要依靠进口。文莱国内市场狭小，每年大约只有5%的石油和15%的天然气用于国内消费，其余的都用来出口。输入国内的天然气则大部分用于发电，小部分用于国内居民消费。据文莱《婆罗洲公报》2013年1月4日报道，文莱苏丹在2013年新年贺词中再次强调经济发展，提出要继续加大吸引外资力度，重点推动油气中下游产业发展。多年来，文莱积极发展下游石油产业，延长产业链，拓宽产品种类，壮大产业群。文莱政府为增加下游产业的附加值和多样化，建立了以文莱壳牌石油公司为中心的一系列下游企业。为了增加石油产品的附加值，目前，文莱建立了两座炼油厂，1984年，文莱壳牌石油公司投资5 000万美元，在诗里亚油田附近建立了一个日加工能力为1万吨的炼油厂。主要生产国内所需的汽油、煤油和柴油等，另外一座炼油厂日处理能力为750吨，主要生产动力汽油。1992年4月，该公司投资建立的以生产高乙锌含量动力汽油为主的炼油厂又投产。文莱政府、英国壳牌集团和日本三菱公司共同投资在卢穆特建立了世界上规模最大的液化天然气厂。1994年，文莱政府又投资1.2亿美元建造了两个巨型液化天然气油罐，并对卢穆特液化天然气码头进行了扩建，以促进石油和天然气生产的不断发展。这家炼油厂，由BSP公司拥有，由BLNG经营，该炼厂的处理能力为8 600桶/天。大约有5 000～6 000桶/天的炼油产品用于国内消费，主要产品包括汽油、润滑油、航空汽油、沥青和瓶装气。2010年2月10日，文莱经济发展局举办新闻发布会，邀请国际能源顾问公司WoodMackenzie机构发表大穆拉岛综合炼油厂项目可行性报告。该研究报告认为，文莱周边市场对炼油产品的需求日益增长，而文莱位于东西方贸易路线的战略理想位置。报告称，大穆拉岛炼油厂设施预计投资约43亿美元，最早可在2013年前动工。计划炼油能力为每天20万桶，采用进口中东原油和诗里亚原油，其目标市场包括中国、越南、菲律宾、马来西亚和印尼。报告认为，该项目还将极大推动文港口及航运物流的发展。此外，文莱政府正在研究如何开发除了天然气液化以外的其他用途，并制定了石油化工业的长期发展战略——"石油化工总体规划"。筹划建立炼油厂、化工厂、化肥厂，生产尿素和甲烷等石油化工产品的下游工业。

近年来，中国与文莱双边贸易发展迅速，中国能源需求巨大，文莱愿意同中国加强能源合作，将来对中国的原油出口数量将从目前的每天1.3万桶增加到1.6万桶，并积极吸引中国能源企业来文莱投资设厂。2011年11月20～21日，中国国务院总理温家宝对文莱进行国事访问，他和文莱苏丹哈桑纳尔举行双边会谈，双方就能源合作，包括海上石油天然气合作签署了协议。据文莱《文莱时报》2014年10月12日报道，在中国国务院总理李克强访问文莱期间，李克强同文莱苏丹举行会谈并签署两项海上能源合作协议。会谈后，两国领导人共同出席了《中华人民共和国政府与文莱达鲁萨兰国政府关于海上合作的谅解备忘录》、《中国海油和文莱国油关于成立油田服务领域合资公司的协议》等双边合作文件的签字仪式。2014年5月初，中国与文莱正式启动油气开采合作。文莱中海油服合资有限公司在完成企业注册手续后顺利召开了第一次董事会会议，审议并通过了2014年合资公司运营管理计划，从而标志着中国与文莱在油气开采领域的合作正式启动。该公司由中海油田服务股份有限公司与文莱国家石油服务公司共同出资成立，是中海油服首家境外投资企业。公司将为文莱Champion油田建造6座新平台，包括4座井口平台、1座钻井平台和1座天然气压缩平台。中海油服负责为合资公司提供技术指导，并协助培训当地员工。2011年11月20日，浙江恒逸集团在文莱首都斯里巴加湾市和文莱壳牌石油公司签署原油供应备忘录，这是中国国务院总理温家宝当年的重要成果之一。此外，2011年7月初，文莱苏丹批准浙江恒逸集团有限公司投资60亿美元在文莱大摩拉岛建设炼油厂和芳烃裂解项目第一期工程（25亿美元）。计划在2012年6月动工建设，2014年投产。届时炼油厂和芳烃裂解厂投产将会增加文莱下游石油加工和化工多样性，恒逸的综合石化炼油厂是文莱目前最大的外国直接投资之一，同时也是文莱第二个石化项目，有利于文莱国家扩大石油和天然气行业产业链的目标。

文莱的主要石油天然气公司有：文莱壳牌石油公司（Brunei Shell Petroleum Sdn Bhd简称BSP）、文莱液化天然气公司（Brunei Liquefied Natural Gas Sdn Bhd简称BLNG）、法国道达尔公司（Totdl）、壳牌深海（婆罗）公司（Shell Deepwater Borneo Ltd）。1979年，文莱又成立沙比鲁石油销售公司，文莱王子瓦兹尔·穆达·穆罕默德·博尔基亚拥有该公司60%的股份。该公司的成立打破了在销售方面由英国资本独占的局面。

除了文莱自己公司进行石油天然气勘探和开采生产外，还允许一些外国石油公司在文莱从事石油天然气勘探和开采生产，目前，主要有如下外国集团：

1. 荷兰皇家壳牌集团（Royal Dutch/Shell Group of Companies）。是最早进入文莱与文莱政府以50:50组建的合资企业，主要从事石油勘探、开发、提炼和销售的公司。该集团与文莱政府共同成立了4家公司，即：文莱壳牌石油公司（BSP），该公司拥有文莱陆地和海洋近万平方公里的石油和天然气的勘探和开采权、原油的精炼和销售，此外，该公司还拥有文莱唯一的一家小型炼油厂；文莱壳牌销售公司（BSM），负责石油产品在文莱的境内的销售，包括汽油、柴油、润滑油、沥青、液化石油气等，还负责润滑油、化学品、沥青的进口；文莱壳牌油轮公司（BST），拥有8艘液化天然气运输船，负责运送出口日本、韩国等国的天然气；文莱液化天然气公司（BLNG），它从文莱壳牌石油公司和道达尔公司购买天然气，进行液化加工。2003年12月，文莱政府与文莱壳牌石油公司签署协议将文莱壳牌公司的陆地石油开采以及第一和第二大陆架石油开采权协议延长至2022年年底。文莱的石油工业完全受文莱壳牌石油公司（BSP）控制。BSP在文莱有11个油田，共有约772口油井，其中9个为海上油田，包括Champion油田（约占文莱石油储量的40%，石油产量为5万桶/天）、Southwest Ampa油田（文莱最老的油田，拥有文莱天然气储量和产量的一半以上）、Fairley油田、Fairley-Baram油田、Gannet油田、Magpie油田（自1977年开始生产，当前产量为1万桶/天）和Iron Duke油田；同时还有两个陆上油田：Rasau油田和Seria-Tali油田。此外，BSP还有一个油田正处于开发之中，这个叫Egret的油田将在2006年投入生产，并将在未来15～20年内生产大约3 000万桶石油。

2. 法国道达尔公司（Total Fina ElfE & P Borneo B.V）。1986年开始在文莱经营，1989年与文莱政府签署包括393平方公里的岸外B区块石油开采协议。B区块所占权益37.5%，另外35%由壳牌深海（婆罗）公司拥有，文莱政府占27.5%。20世纪90年代，获得部分岸外石油勘探开采权。1999年，商业化开采成功。所产原油和天然气，销售给文莱壳牌公司和文莱液化天然气公司加工。2002年年初，以道达尔公司为首的国际财团被文莱政府授予文莱深水区J区块的勘探许可证，道达尔公司作为该区块的作业者拥有60%的股权，澳大利亚的必和必杨（BHP Billiton）石油公司拥有25%的股权，美国阿美拉达赫斯（Amerada Hess）公司拥有剩余15%的股权。

3. 荷兰壳牌深海（婆罗）公司。2002年，壳牌国际的分公司壳牌海外集团以超过10亿美元的价格购买壳牌深海（婆罗）公司（以前称佛莱彻挑战公司Fletcher Chllenge）。这一并购将壳牌在新西兰、澳大利亚和文莱的油气运营整合起来，它与美国优尼科（Unocal）（26.95%）和文莱政府（46.10%）建立的合资公司共同开发A区块（Bendehara Selaian油田）和 C、D区块（Laksanan Uiara 油田和East Egret油田），它拥有26.95%股份。

4. PB石油化学公司（Brunei Methanol Company Berhad），该公司2006年成立。

二、天然气工业

文莱的天然气蕴藏量也很丰富，根据文莱官方公布的数据，到2004年，已探明的天然气含量为3 900亿立方米。文莱很早就进行天然气的开采，1932年开始投产，当年产量为22万立方米，1940年增至1 600万立方米。在第二世界大战后，天然气生产的速度不断加快，1947年就超过战前水平，年产2 100万立方米，1950年突破年产1亿立方米大关。1964年，文莱在开发西南安帕油田时，发现了大量的伴生天然气资源。1969年，文莱建立了液化天然气公司。文莱液化天然气公司是荷兰壳牌集团与文莱政府共同成立的合资公司，主要业务是对天然气进行液化加工。1970年，日本提出希望能从文莱大量进口天然气。文莱政府、文莱壳牌石油公司和日本三菱商事会社3家各出1/3股份合资在鲁木兴建天然气厂，共计6亿文莱元。该厂于1973年投产。其后，文莱的的天然气产量迅速增加，1972年为9.22万立方米，1973年增加到18.44万立方米。1981年全年产量达97万立方米，液化后共达600万吨。文莱的天然气主要出口到日本和韩国，少量出口到西班牙和美国。1973年，文莱与日本签订了一项有效期为20年的协定。按照这个协定，从1974年到1993年文莱每年要向日本出口500万吨的天然气，为了保证对日本的出口，文莱不得不提高天然气的产量，2001年文莱的天然气产量约为366万立方米，是文莱历史上生产天然气最多的年份。照这样的速度下去，不到10年，文莱的天然气就会开采殆尽。文莱政府已经意识到这个问题的严重性，2002年以后，文莱实行限制天然气产量的措施，目前，文莱的天然气日产量控制在3 000多立方米左右，年均产量135.42万立方米。如：2002年天然气日产量11.43亿立方英尺，2003年为12.28亿立方英尺，2004年1～3月为12.76亿立方英尺。此后每年的日产量一直保持这种额度。

文莱除了出口天然气外，近年来，文莱政府还计划使用天然气来发展石化产业和能源产业。文莱政府已与美国铝生产商公司在2003年9月签署一份谅解备忘录，共同研究在文莱新工业园新建一座投资15亿美元的铝熔炼厂。2004年，又相继签订了建设以天然气作为原料的化肥厂和甲醇厂的备忘录。作为这些工厂的配套工程，还将建设一座以天然气为燃料的发电站。

近年来，文莱政府日趋重视油气公司人员本土化的问题。据《文莱时报》2013年3月28日报道，文莱能源部部长亚思敏表示，经过文莱政府推行油气产业本地化政策的长期努力，目前，文莱油气公司70%的高级职位由本地人担任。下一步，能源部的目标是实现整个油气产业雇员70%的本地化比例。据文莱《文莱时报》2013年12月31日报道，文莱著名的文莱天然气运输船有限公司（BGC），积极推行员工本地化计划，至2013年年底，该公司岸上作业员工已达100%本地化水平，岸外作业员工则达到85%本地化水平。该公司表示，将持续加强推行员工本地化计划的力度，预计2020年实现员工100%本地化目标。

经过多年的开采，文莱的石油和天然气正面临着日益减少的趋势。为了增加石油和天然气的储量，以保证文莱经济的长期发展，进入21世纪以来，文莱重视继续勘探油气资源和实施一些相关项目，与西方一些发达国家合作，积极寻找陆地和海上的油气资源。根据初步探测，文莱有3万多平方千米的区域（包括200海里经济专属区）可供寻找油气。2001年年初，文莱政府将200海里经济专属区内的1万平方千米深水区海域和2 624平方千米的陆地首次实行公开招标。2003年3月，文莱国家石油公司代表文莱政府与法国道达尔（Total Fina Elf）、澳大利亚（BHP Billiton）以及美国阿美拉达尔赫斯（Amerada Hess）3家外国组成的集团就在水深800～2 100米面积为5 000平方千米的海区进行石油勘探和开采签订了PSC合同。据文莱《婆罗洲公报》2012年11月22日报道，法国道达尔公司所属E&P婆罗洲深海公司总经理伊维宣布，道达尔公司在文莱近海B区块新开发的2口钻井已成功试运作，在基础设进一步完善的情况下，该油田将于2015年正式生产，预计将至少延长5年B区块开采寿命。此外，伊维还表示道达尔公司正积极响应文莱政府号召，全力投入本地化进程，在近期与本地工程公司Petrokon签约合作，并为该公司培养出一批优秀技术人才。据文莱《联合日报》2012年11月14日报道，文莱能源部部长亚斯敏近日发表讲话称，为确保油气产业保持较快增长，到2035年实现日产油当量80万桶，文莱政府决定推出石油增产计划，在陆地和海上进行一系列油气探勘，开发新油区，加强油气资源开发。2013年，文莱壳牌石油公司计划开启总额27亿文莱元（约合22亿美元）一系列开发计划，法国道达尔、马来西亚国家石油公司等也将分别投入数亿文莱元推行相关计划。壳牌公司还有意在文莱加大深海油田开采力度。据文莱《婆罗洲公报》2013年3月8日报道，壳牌执行副董事长马丁表示，壳牌正积极在文莱海域进行勘探，并计划在文莱继续加大深海油气开发投资。同时，壳牌还将对文莱投资愈3亿美元完善目前设备，确保现有油田在未来20年保持正常运转。文莱政府在2011年9月21日在首都斯里巴加湾市举行的国际能源展上推出文莱能源白皮书草案称，文莱将推行能源发展的"三叉戟"战略，到2030年，文莱日产油当量将达到80万桶。据中国驻文莱大使馆经济商务参赞处网站2014年7月9日报道，近日，道达尔在文莱启动总投资14亿美元的油气开采项目，文莱马哈拉惹·雷拉南油气田项目（简称MLS）举行开工剪彩，标志着该国一个新的油气增产平台开始建设。该项目由道达尔、壳牌和文莱国家石油公司合资，计划投入14亿美元开采位于B区块的ML5和ML6号两个勘探井所发现的天然气资源。项目预计2016年年初投产，建成后有望开采共计5 000亿立方英尺天然气，价值达75亿美元以上；届时，该油气田将增产25%，日产气量达500万立方米。目前，文莱年GDP为160亿～200亿文莱元，其中能源产出为100亿文莱元。到2030年，按年均增长6%计算，文莱GDP将增至640亿文莱元，因文莱油气上下游产业以及相关服务业的共同发展，能源产业的贡献将近450亿文莱元。据文莱媒体2012年7月10日报道，文莱能源部常秘贾梅尔发表讲话称，为了增加油气生产，到2030年，文莱油气产业总支出将达到88亿文莱元（约合70亿美元），本地成分力争达到60%，以便将更多资金留在本地经济系统内。但目前本地成分仅3亿美元，不足15%，要完成上述目标，本地支出今后20年要增加10倍，其中上游增加25亿文莱元，下游增加48亿文莱元。贾梅尔要求油气运营商延长与本地企业合同期限，同时，能源部计划新建数个工业园，并发展本国钻井平台等。

如果上述勘探成功和实现相关项目生产，将为文莱带来丰富的石油和天然气储量，以石油和天然气为经济支柱的文莱将继续保持发展，继续成为富甲一方的国家，人民的生活也将继续保持较高的水平。

三、电力工业

文莱的电力主要由电力供应局负责提供，该局在葛顿、穆阿拉、腊扬、诗里亚、卢穆特和邦古尔等地建有自己的发电站。文莱的电力主要靠火力发电，用石油和天然气作燃料。由于文莱有丰富的石油和天然气，文莱的电力供应充足。如1971—1980年，每年平均增长8.2%，同期发电量由1.38亿度增加至3.75亿度。独立后，随着科技的发展，文莱的电力得到了较快的发展。1984年，文莱各发电站的总装机容量为24万千瓦，当年发电量为8.3亿度。现在，文莱的发电能力能够满足国内的需求，各行各业和居民生活用电是敞开使用，而且政府提供电费补助，电费便宜，每千瓦时仅0.5文莱元，文莱天气炎热，文莱人家里24个小时开着空调每个月电费还不到100文莱元。但文莱政府还是未雨绸缪，宣布在2005年和2006年年内，文莱将需求200兆瓦的电力和2010年前还将需要390兆瓦的电力。为了满足文莱未来对电力的需求，文莱政府正在采取措施进一步发展电力，文莱政府把电力局等政府部门改为企业化，鼓励私人参与电力服务，在第八个五年计划（2001—2005年）中拨出5.297亿文莱元发展电力服务，占文莱财政总预算的7.26%。文莱政府于2003年年初宣布，计划在马来奕区投资4亿美元兴建500兆瓦（MW）的发电厂，该厂建成后，将能够满足文莱未来的电力需求。在文莱《2007—2017年发展战略和政策纲要》中对电力发展目标是：提供充足电力，继续改进电力供应质量，全国三大电网并网，满足特别经济区域电力需求，提倡节约能源和提高电力使用效率。文莱正在按照这个计划建设电力工程。据文莱《婆罗洲公报》2012年5月16日报道，文莱能源部宣布文莱政府将投入约2.4亿美元扩建目前供应文莱油气产业的鲁木发电厂计划。根据该计划，鲁木发电厂（该厂成立于1987年，成立后由文莱壳牌石油公司运营至今）目前装机容量将由180兆瓦提高至246兆瓦，升级后预计可为文莱油气产业未来15年发展提供充足供电能力。该项扩容投资将同时提升发电技术，提高热点转换率，预计未来20年可为文莱节省9 400万美元，同时减少25万吨二氧化碳排放。为进一步增加电力使用效率，文莱将在2～3年内建设智能电网，同时引进上网电价政策。政府希望通过实施上网电价政策，鼓励民众在屋顶安装太阳能光板，将生产出来的电出售给政府。文莱政府还计划实现10%电力由可再生能源供应。据文莱《联合日报》2012年12月10日报道，文莱发展部部长苏约俨出席在多哈举办的第18届联合国气候变化公约会议中表示，文莱计划到2030年时，全国10%的电力由可再生能源供应。目前，文莱电力供应绝大部分依靠天然气发电，仅建成1个1.2兆瓦的太阳能发电示范站，未来新能源发电发展空间广阔。

第三节　建筑业

文莱独立后，国家和人民富有，百废俱兴，大兴土木。建筑业发展较快，已经成为石油和天然气业之后的第二大产业。进入21世纪以来，文莱政府和民间及外国投资者都加大了对建筑业和基础设施的投资力度。2000年，文莱制定并公布的2001—2005年第八个五年计划，详细列了8个领域的749个发展项目，涉及总资金达73亿文莱元，约合40亿美元。2004年5月31日，文莱斯里巴加湾市中华商会理事长许和杰在接待中国对外承包工程商会代表团时说，虽然受到区域经济不景气的影响，但文莱建筑业仍然可以说是欣欣向荣。他还说，长久以来石油和天然气给国家带来丰富的收入，由于人口不多，加上富裕，未来文莱的建筑市场商机无限。根据文莱经济计划发展局（BEDB）2009年公布的资料，建筑业在文莱国内生产总值（GDP）中所占比例保持在4%左右，如2009年总产值为3.46亿美元（按不变价格计算）。当前，文莱建筑承包工程市场由政府主导推进，以低收入者住房及基础设施建设为重点。

文莱建筑业主要特点表现在：1.市场容量有限。丰沛的油气收入使文政府财政宽裕，但文莱国小民寡，目前，全国人口约40万，2010/2011财年政府预算支出总额仅35.6亿美元，相比东盟地区其他国家，文莱在建筑工程领域的政府投入总量不大，市场潜力有限。2.依赖政府投资拉动。文莱大型项目主要由政府投资拉动，私人或外国投资规模很小。根据有关规定，政府投资项目必须采用投标方式，项目招标需要漫长的法律和审批程序，启动及执行效率都相对较低，政府支付程序也较慢。3.许可证和劳工配额限制。承包商承揽当地工程需要得到主管部门颁发的承包工程许可证，并具备一定的建筑企业分级资质。外国建筑公司一般采用与当地企业合作、合资或者分包方式参与政府工程项目。另外，文莱劳工准证管理非常严格，外国企业申请配额须提前做好充分准备，非东盟国家比文周边国家更难获得人员工作准证。4.税收环境相对宽松。外汇出入境控制不严。公司税为当地主要税种，如2011年下调至22%。进口施工设备可办理临时进口手续，并按照租赁方式支付税金，施工结束后办理出境注销。

根据文莱政府公布的发展计划，未来文莱的建筑市场将有如下项目：

一、政府项目

在文莱第八个五年计划中，政府每年的建设项目预算有10亿文莱元，主要是一些小型的道路改扩建工程、给排水、海岸工程和房屋开发计划等。2005年年初，文莱政府传出准备建设的项目有：新的王宫（王储结婚后用）、新的会议或议会大厦、道路、给排水、市政大厦、数千套安居住房工程。文莱政府宣布在八五计划期间拨款5.297亿文莱元来建设能源项目，以满足到2010年以前的电力需求。文莱公路网络建设尚有较大发展空间，公路建设是2 007—2012年文莱国家发展规划重点之一，总预算分配达4.12亿美元，占总预算支出的6%。2014年是文莱独立30周年，国内大兴土木，隆重举办庆典，而东盟共同体建设也是绕不开的话题，这些都给工程承包企业带来很多机遇。到2014年6月，中国企业在文莱的工程承包合同金额达13 453万美元。可见文莱建筑业仍有商机。但总的来看，文莱建筑市场容量有限，相比东盟地区其他国家，文莱在建筑工程领域的政府投入总量不大，市场潜力有限。

二、现代化首都建设

文莱斯里巴加湾市市政局委托MVAAsia有限公司拟定了未来城市发展蓝图，重点涵盖环境和谐、文化内涵、旅游发展、经商便利、基础设施、完善行政管理能力等10大发展目标，大型基础设施建设工程包括一条连接市中心与国际机场的10千米长轻轨项目。另外，市政局开展的在线民调结果显示，95%的公众支持发展高层住宅，以解决低收入者住房需求与可用土地资源稀缺之间日益突出的矛盾。

三、经济多元化产生的项目

（一）经济多元化产生的项目

2003年年初，文莱宣布大力实施其经济多元化战略，准备实施"双向战略计划"，主要内容包括：一是，吸引外资建设文莱大穆拉岛（Pulau Muara Besar）深水集装箱码头。此项目将耗资17亿美元，开发资金70%来自政府，其余30%将由其他投资方提供。该计划于2005年招标后建设。二是，在靠近文莱液化天然气公司的双溪岭工业区吸引外国资金建设炼铝厂、废旧轮胎处理回收厂、化肥厂、甲醇厂和为上述厂供电的发电厂和装卸货物用的码头等项目。

（二）石油工程服务项目

文莱每天的石油产量为20万桶，以平均每桶3美元的工程成本计算，文莱每年在石油工程服务上的支出超过2亿美元。

文莱采用英国的投标承包制，政府各部门在其公告栏刊登招标公告，并同时在每周的政府公报上刊登。承包企业可以向有关部门索取或购买招标文件，大的项目还要进行资审。文莱政府工程项目均无预付款，支付方式一般采用按工程进度支付，将滞后3个月左右。因此承包商须垫资在500万文莱元（2004年12月1美元约合1.64文莱元）以下的项目，一般会发标给第一标即最底标，而500万文莱元以上的项目则不一定是第一标中标，还要考虑其他因素。在文莱承包工程，可以采用两种方式：一是直接向政府招标，投标公司必须是本地注册的公司并拥有政府颁发的建筑公司执照。另一种是向已经中标的承包商分包。

文莱发展部及其下属的公共工程局是文莱建筑业的行业管理部门。

文莱财政部设有招标委员会，负责对大型政府项目进行招标，它是由各部门官员联合组成的，主要任务是对投标的公司和标书进行了解和分析，提出项目授标的建议。

文莱建筑商协会（Brunei Building Contrarctors Association）是文莱建筑业商会，成立于1964年5月23日，目前，有成员约60名，主要成员均是华人企业。该协会在20世纪80年代随着文莱经济高速发展曾辉煌一时，其成员企业参与了文莱当时大部分建设工程。

文莱反贪局对公共工程招标进行监督，任何承包商向公务员提供金钱或财物都被认为是向有关公务员提供报酬，是行贿行为。任何公务员，不论是直接或是间接接受承包商或供应商的贿赂都是触犯法律的行为，承包商或供应商所签合约将被中断，不给任何补偿，承包商或供应商将被列入黑名单，永不得参与政府项目的招标。因此，行贿作为在其他少数国家盛行的获取项目的特殊方法在文莱是行不通的。

（三）开拓建设高科技工业

由于文莱高科技人才缺乏，直至2004年还没有比较像样的高科技工业，文莱政府已经认识到，要进一步发展文莱的经济和实行多元化经济政策，特别是在当今高科技信息时代，离不开高科技的支持。为此，文莱政府已经着手制定了高科技的发展计划，其主要措施：一是，下大力气培养本国的高科技人才，鼓励本国符合条件的青年学生出国留学，为他们提供优厚的奖学金和学成回国工作的待遇；二是，引进国外高科技人才；三是，吸引具有高科技的外国公司和跨国公司到文莱投资，与文莱有关公司合作来发展高科技工业。目前，文莱的高科技工业还处于开拓阶段，文莱是一个富有的国家，只要认真落实已经制定的高科技发展计划，文莱的高科技工业将得到较快的发展。这个领域将为文莱建筑业提供许多项目，带来巨大效益。

（四）建设工业区

如上所述的经济区划，文莱正在建设10个工业区，这为建筑业提供了巨大的建设工程，商机无限。此外，2002年，文莱经济发展理事会（Brunei Economic Development Board）提出了"双叉战略"来推动文莱经济多元化，由文莱经济发展理事会牵头组织实施双溪岭工业园和大穆阿拉岛大型港口项目。作为多元化战略的一个重点，"双叉战略"正在付诸实施，着重寻找并吸引外资来投资建造重要油气下游工业和基础设施。其中，在西部油气产区建设一个依托石油天然气资源的石化工业园（双溪岭工业园，Sungai Liang Industrial Park），发展油气下游产业和制造业、电力等基础设施。目前，来自日本、澳大利亚等国的企业已经与文莱政府签订了合作建设甲醇、尿素厂的谅解备忘录，将落户该工业园。项目近期目标是到2008年年底能吸引45亿美元的新投资并创造至少6 000个永久性工作职位。

另外，文莱政府计划将大穆阿拉岛（Pular Muara Besar）建成一个适应下一代新型集装箱货轮的深水港，同时，在岛上规划设立出口加工区。目前，该项目已完成可行性研究，正在向全球招商。

以上新增加项目，都为文莱建筑业带来许多项目。要想在文莱建筑业得到项目，必须了解文莱工业区工业区相关的法律、法规。

文莱鼓励和吸引投资的法律主要有2001投资促进法（the Investment Incentives Order 2001）以及所得税法中的部分规定（the Income Tax（CAP 35））。

文莱免税促进模式如下：

1. 先驱工业

凡有限责任公司达到以下要求的可以获得先驱产业资格证书：

（1）符合公众的利益

（2）该产业在文莱未达到饱和程度

（3）具有良好的发展前景，产品应具有该产业的领先性。

免税期（见表4-2）从生产日开始计算。

表4-2 先驱产业免税期

注册资本金额	免税期
50万～250万文莱元	5年
250万文莱以上	8年
高科技园区内	11年
免税期延长	每次3年，总共不超过11年
（高新区）免税期延长	每次5年，总共不超过20年

资料来源：文莱工业与初级资源部

投资促进措施：

（1）免所得税

（2）先驱产业免30%的公司税

（3）免公司进口机器、设备、零部件、配件及建筑构件的进口税

（4）原材料进口免税

（5）为生产先驱产品而进口的原材料免征进口税

（6）可以结转亏损和津贴

2. 先驱服务业公司

（1）符合公众利益

（2）应当从事以下经营活动：①涉及实验、顾问和研发的工程技术服务；②计算机信息服务和其他相关服务；③工业设计的开发和生产；④休闲和娱乐的服务；⑤出版；⑥教育产业；⑦医疗服务；⑧有关农业技术的服务；⑨有关提供仓储设备的服务；⑩组织展览和会议的服务；⑪金融服务；⑫商业顾问、管理和职业服务；⑬风险资本基金业务；⑭物流运作和管理；⑮运作管理私人博物馆；⑯部长指定的其他服务和业务。

免税期：8年免税，可延长，但不超过11年。

投资促进措施：① 免所得税；② 可结转亏损和补贴。

文莱政府批准的先驱产品：① 航空食品；②搅拌混凝土；③ 制药；④铝材板；⑤轧钢设备；⑥化工；⑦造船；⑧纸巾；⑨纺织品；⑩听装、瓶装和其他包装食品；⑪家具；⑫玻璃；⑬陶瓷；⑭胶合板；⑮塑料及合成材料；⑯肥料和杀虫剂；⑰玩具；⑱工业用气体；⑲金属板材；⑳工业电气设备；㉑供水设备；㉒宰杀、加

工清真食品；㉓废品处理工业；㉔非金属矿产品的制造。

所得税中规定的其他促进措施：

折旧是不允许的，但是可以以资本减让的形式，从资本支出项下开支：

1. 工业建筑：支出当年可以减让10%，以后按每年2%的比例减让，直至减让完毕。

2. 机器和设备：支出当年可减让20%，以后根据其属性按3%～25%的标准进行减让。

文莱不征收资本收益税，无出口税、工资税和制造业税。

工业区的优惠政策：文莱目前尚无专门针对工业区/工业园的优惠政策。

工业区规划方案：根据目前情况，文莱全国10个工业区的分布比较合理，可以满足要求。以后如现有工业区内企业出现饱和，文莱工业发展局可向发展部的城乡规划司提出增加新工业区的申请。

此外，据文莱政府估计，文莱每年私人房产开发约5亿文莱元，还有上升趋势，主要是住房和商业区的开发。

第四节　制造业

文莱制造业基础薄弱。国内企业多为中小型企业，工业设备、原料和生活资料均依靠进口。机电产业是文莱政府鼓励投资的产业，目的在于引进资金和技术，扩大市场，提供就业。

文莱独立后，为了发展自己的民族工业，成立了工业与初级资源部，这个部负责工业发展和提高原料产量的任务。该部与其他政府有关部门一道，负责在文莱各地开辟场地，改善投资环境，为国内外工商企业投资创造良好条件。

文莱的加工制造业比较落后，到20世纪80年代，文莱共有企业2 013家，其中3/4是雇工10人以下的小型企业。这些企业技术落后，以半手工半机械操作为主，主要是对农渔产品和木材进行初加工，生产食品、饮料、纺织品、烟胶片、铁器、木器家具、鞋以及其他国内所需的商品。席子箩筐、民族服装、金属器皿等物品的制作也很普遍。其中部分产品，主要是传统的民族用品出口到国外，而大部分产品主要供应当地居民消费。但这些产品的种类和数量不多，还不能满足国内市场需要。在手工业中较为发达的有织布业，以伊班人织出的布最为精美。此外，用竹、藤以及稻草制成的编织物、手饰陶器和木器等手工业也相当发达。1984年独立前建成的美术工艺馆是传统工艺品制造和训练人才的中心，其所制造的产品闻名东南亚地区。1985年，整个加工制造业的总产值中的比重仅为6.45%，其中以石油、天然气为原料的加工制造业产值仅占5.92%，非石油、非天然气为原料的加工制造业仅占0.59%。近年来，特别是21世纪初以来，文莱政府制定优惠政策吸引外资来发展本国的工业，为中小型企业创造商机。其主要措施和做法：一是，通过与外国签署双边投资保护协议和避免双重征税协定，提高投资者的信心；二是，简化手续，缩短审批时间；三是，对于出口型、高科技等企业给以更加优惠的政策，免收进口原料税；对"先驱工业"或"先驱工业产品"如轧钢厂、玻璃厂、造纸厂及医药制品、水泥、金属制品、工业用化学材料、纺织品与食品等加工厂，可以在一定期限内免缴30%的公司税，根据投资多少，享受不同免税期，可免缴公司税2～8年。个人所得税和资本盈利不征收所得税，利润汇款不加限制。由于政府的扶持，文莱的中小型企业发展很快，到2000年，注册的中小型企业就有5 784家。目前，文莱的制造业和加工业正在得到快速发展，未来将成为文莱的重要产业。

文莱工业和初级资源列出10大项工业是：飞机食品服务（飞机上的各种食品）；水泥；药品制造（各种药品、维生素丸、糖浆等）；铝质墙砖（铝质墙砖及其他装饰产品）；轧钢（制造及装配用之各类钢铁、铁条等）；化学工业（主要提供石油及其他工业用的化学产品，如防锈剂、杀菌剂、净化剂以及各种清洁剂等）；造船（船的修理及保养）；棉纸（薄纸、餐巾）；纺织（各种服装）；罐头、装瓶及包装（各种罐头、装瓶及包装食品饮料等）。

文莱吸引外资参与加工制造业的项目有：1.矽砂的加工与生产；2.陶器；3.金属制品；4.金属线（电线除外）和围栏的制造；5.小五金；6.建造材料（水泥、石灰）；7.矿物产品制造；8.衣饰生产；9.纺织品；10.塑料产品；11.皮革；12.鞋；13.电子机械；14.电信机械；15.家用电子器材；16.印刷品；17.颜料、油漆、清漆等原料；18.化学原料；19.肥料；20.药品的生产；21.香水；22.肥皂、清洁剂；23.造船；24.玩具和体育用品；25.金器、银器和珠宝饰物；26.旅行用品。

第五节　消费品工业

一、纺织品、服装行业

根据中国驻文莱大使馆商务参赞处提供的资料显示，目前文莱的纺织品服装行业情况如下。

（一）文莱纺织品工业发展历程

为摆脱国民经济高度依赖油气资源的现状，多年来，文莱致力于经济多元化战略的实施。鼓励和吸引外来资本投资于其他加工制造业，成为文莱经济多元化战略的重点之一，文莱先后制订了一系列鼓励外国投资的法律法规。优惠措施主要包括免征所得税、免征原材料、机器设备、零配件进口税、免征出口税、免征公司税、无外汇管制，资金可自由流动等。

由于美国和欧盟市场对文莱纺织品服装产品没有配额限制，因此，自20世纪80年代末期起，以加工贸易为主要内容的服装制造业成为外国直接投资的热点，得到了比较迅速的发展。据国际商报——《中国·东盟商务周刊》2010年11月22日报道，从1989年设立第一家服装厂至今，目前，文莱共有17家服装厂，其中从事出口服装加工的共13家。各工厂工人总数约2万人，主要来自印度尼西亚、菲律宾、马来西亚、孟加拉国等周边国家。文莱暂无纱厂、织布厂、染色厂（仅有一家工厂拥有染色设备）。中国劳务人员从2003年下半年起开始获得批准，进入文莱服装制造业，目前，中国在文莱从事服装制造的劳务人员约为300人，分布在5家工厂。

（二）文莱服装加工厂现状

文莱的服装厂多由新加坡、马里西亚和中国香港特区、台湾省的商人独资或合资设立。在文莱投资的服装厂多为跨国投资集团，同时在其他国家也设有服装加工厂，如在中国、马来西亚、印度尼西亚、孟加拉国、斐济等国。目前，上述13家服装加工厂中有两家是由中国香港企业投资的，尚无大陆企业到文莱开办服装，但中国大陆是文莱服装加工企业所需的面、辅料的主要来源地之一。

文莱服装产品多为美国、欧洲知名品牌定牌生产，产品主要为休闲服、针织运动衫T恤、童装、衬衣等。文莱服装产品绝大部分直接或经新加坡出口到美国和欧盟，服装出口已经成为文莱继石油、天然气之后的第三大出口产业。如2004年，服装出口总值达1.9亿美元，占当年出口比例3.3%。

（三）文莱政府调整政策，不再增设服装加工厂

服装加工业在文莱的发展引起了文莱政府的关注。服装加工业带动了文莱经济的发展，是文莱实施经济多元化战略的成功实践。但实际上服装加工业给文莱带来的好处并不明显。文莱当初为了吸引服装加工企业，给予了这些企业长期的税收优惠，包括机械设备和原辅料进口关税优惠等，服装企业最红火时也没给文莱增加多少税收；在服装企业就业的绝大部分是外劳，对文莱就业没有大的贡献，也谈不上技术转移和技能培训；大量的外国劳工还给文莱社会和伊斯兰文化带来了一些冲击，产生了过去鲜有的社会问题。

为了鼓励和引导国外投资向其他产业转移，减少配额取消后服装企业中外国劳工就业的风险，文莱政府对服装加工业的政策进行了调整。2002年起不再批准服装加工企业进入政府工业园区，新的服装厂只能进入开发过剩的商业区，需额外投资将商业用房改建为工业用房，这样既利用了闲置的商业用房，也控制了服装厂的规模；随后服装加工业不再享受"先驱工业"的优惠待遇，虽然原料进口可以免税，但开厂所需机器设备需缴纳5%～10%的进口税；2004年6月起，文莱政府停止接受设立新的服装加工厂的申请，不再发放新的服装加工厂执照，现有工厂的"关停并转"也只能在现有执照拥有者范围内进行。

尽管如此，文莱政府负责招商引资的机构之一——文莱工业发展局仍然欢迎中国企业来文莱投资服装业的上游领域，来文莱投资设立纺纱、织布、印染工厂，以帮助文莱建立完整的纺织、服装工业体系，增强其整体竞争力。

（四）全球纺织品贸易一体化对文莱的影响

随着纺织品贸易一体化进程的开始，文莱服装加工业的发展也充满了变数。

业界普遍认为，《多种纤维协议》终止后，文莱等其他发展中国家的纺织、制衣行业将面对来自中国和印度的激烈竞争，文莱服装加工业赖以生存的无配额优势将不复存在。加之文莱劳动力资源匮乏，从业人员几乎全为外劳，劳动力成本较高，虽然各工厂采取各种措施加大劳动强度提高工作效率，但总体上说没有竞争优势，比如孟加拉平均月薪60文莱元，而在文莱平均月薪500文莱元（1文莱元约合5人民币或0.61美元），管理层则在1 000文莱元以上。

同时，欧美国家强行推行社会责任标准，对文莱服装制造业成本上升起到了

推波助澜的作用，不断有采购商以取消订单等相要胁，要求厂家达到一定的社会责任标准，以保护外劳的劳动环境、劳动条件、维护外劳的劳工权利等。这些都在一定程度上增加了工厂的生产成本。

虽然很多人认为文莱服装业前景堪忧，但乐观派也认为，现在预测文莱服装加工业在后配额时代的命运还为时尚早。文莱服装业有其自有的优势，主要表现在以下几个方面：

1. 良好的品质。经过多年的发展，文莱服装加工技术达到了一定水平，有了比较成熟的管理经验，从而保证了品质的稳定。

2. 消费者的采购习惯。消费者对于文莱产品的信心将保证文莱服装厂今后继续获得订单。

3. 文莱服装业多年来和采购商建立的良好合作关系。文莱服装厂严格遵守采购商制订的员工福利标准，基本符合社会责任标准要求，因此，深得买家的信任。

4. 采购商的多渠道采购安排，将使得文莱服装厂获得足够的订单。

5. 文莱服装业者已经积极应对新时代的到来，将在降低成本、保持优势方面做继续努力。有些工厂也计划在保留文莱厂的同时，到其他劳动力和技术水平占优势的国家（如中国）设立分厂，以增强自身的竞争力。另外少数厂家通过采购半成品再加工的做法，一方面扩大生产规模，另一方面降低了生产成本，变相地将部分加工转移到其他国家。

6. 文莱政府开始和东盟其他成员国一起寻求加强合作、共同应对竞争的办法。在越南召开的东盟首脑峰会上，纺织品被列为优先议题加以讨论。计划到2007年，实现东盟内部纺织、服装工业的整合，以保持其相关产品的市场份额和竞争优势。事实上，后配额时期的到来已经开始影响到文莱的服装工业。据文莱工业部官员介绍，从2004年下半年开始，已经有工厂订单减少，2005年上半年，订单较往年减少了20%。规模较大工厂比小厂更能从容面对目前的局面。13家工厂中已有一家中型厂转让，另有一家机器设备已打包，似已做好外迁的准备，还有一家较大规模的工厂从去年开始裁员，并寻找转让的机会。

（五）中国与文莱纺织服装业合作前景展望

文莱服装加工业总体规模较小，对中国无竞争优势。虽然文莱鼓励外来投资，税收政策优惠，且无外汇管制，资金流动便利，但本国劳动力缺乏，在引进外国劳动力尤其是具有较高素质和劳动生产率的中国劳动力控制较严，因此，在后配额时代，文莱暂不会成为中国纺织服装加工企业大规模"走出去"的首选之地。在配额取消后，中国似可考虑鼓励我企业利用文莱的各种优惠政策，与现有的服装加工厂开展投资合作，建立纺织、印染等配套企业，将纺织产品深加工或制成服装后出口欧美市场，一方面可以绕开欧美国家在配额取消后针对我采取的其他贸易保护措施，另一方面，有利于带动中国原料、设备、技术以及劳动力的输出。

二、食品工业

由于文莱居民是以伊斯兰教为主的国家，其食品工业以清真食品为主。清真食品因绿色、纯净、无污染的特点，不仅是穆斯林消费群体的主要食品，也符合现代人对健康食品的消费需求，在世界各地均拥有巨大市场。

清真食品在文莱属于重要产业，对促进文莱经济增长起到了重要作用。进入21世纪以来，文莱政府积极发展清真食品。文莱计划拥有本国伊斯兰合法禽肉食品即清真食品的标准，以驱散对穆斯林消费品的迷惑和怀疑。工业与初级资源部号召当地企业携手创造出文莱伊斯兰教优质品牌，这个计划主要由文莱宗教委员会、宗教事物所、卫生部与工业和资源初级部合作。

2006年8月，开发文莱优质清真食品品牌的工程正式启动。文莱政府抓住时机加强与相关国家的合作以建立清真食品的质量品牌。如今，新的品牌的已经形成，即文莱清真（Brunei Halal），它还拥有了自己的标志。Brunei Halal品牌工程分两个阶段：在第一个阶段，文莱将通过使用了Brunei Halal品牌的发达国家来证明产品的优质，在澳大利亚使用Brunei Halal的地区得到了积极正面的答复；第二个阶段，将Brunei Halal应用于当地的产品上，反过来，当地的产品需要提高标准以保持Brunei Halal的形象。文莱Brunei Halal计划推向全球，分两个区域：一是海湾国家；二是西方国家。

文莱政府高度重视推介清真食品，主要通过展示来推介宣传，从2006年起开办文莱清真食品展，目前，已是文莱最有影响力的展会。此展会自2006年开办以来，每年都有来自东盟、中东和亚洲其他国家的企业前来参展。文莱苏丹哈桑纳尔、王储比拉和外交贸易部部长默罕默德、工业与初级资源部部长叶海亚都出席了每届展览开幕仪式。2006年8月7～11日，文莱举办了首次国际清真食品博览会（IHPE），博览会以"与清真食品一同走向世界"为主题，并且作为文莱苏丹60岁生日庆典的一部分。此次博览会作为唯一让国际清真食品参与者们聚集讨论相关问题的平台，很好地提升了当地产品在国际市场上的知名度。随着世界穆斯林人口的增长，世界清真食品产业估计将会具有大约1 500亿美元的价值。2006年10月21日，文莱工业与初级资源部部长叶海亚在一场文莱清真食品推介会上表示，该部将与文莱宗教部、卫生部等相关部门合作，设立文莱自己的清真食品标准。工业部还计划成立一个包括企业参加的委员会，推动"文莱优质清真Brunei Premium Halal Brand"品牌的发展。此外，工业和初级资源部还计划开发一个清真食品工业园，鼓励和扶持文莱清真食品加工生产企业的发展。2007年，文莱经济发展中的一个亮点是发展清真食品。2007年8月15日，文莱工业与初级资源部正式提出发展文莱清真倡议（Brunei halaljnitiative）谅解备忘录，其他活动还包括贸易配对研讨会等。8月16～19日，第二届文莱国际清真食品展览在斯里巴加湾文莱国际会议中心举行，这次展览由文莱工业与初级资源部举办，来自澳大利亚以及东盟国家的食品和贸易商参加了此次展览。8月20日，文莱Mavimin公司生产的虾片装箱启运，发往迪拜，这是文莱清真食品首次出口中东市场。为了打造文莱成为国际清真食品中心，文莱政府斥资2 300万文莱元创建农业技术园。文莱农业局总监哈嘉·诺玛8月20日接受《联合日报》记者访问时说，计划中的农业技术园占地263公顷，首期计划已展开。"首期计划的开发工作进展顺利，以目前的工程进度来看，首期计划将在18个月内完成。"她说，农业技术园兴建在衔接东姑岭大道与遮鲁东大道的空旷土地上，首期计划将开发50公顷地段。"在农业技术园发展计划下，政府将负责兴建供投资者业务运作的基础设施。"她说，政府开发农业技术园的目的在于吸引外资参与农业发展，进一步开发文莱清真食品商机。"计划中的农业技术园落成后，将成为外资或本外地商家合资开发清真食品工业的投资基地。""政府鼓励在农业技术园设立研发及支援服务，以迎合文莱发展清真食品工业的长远策略。"

经过多年努力，文莱清真产业成果逐现。文莱政府重点扶持和发展的项目"文莱清真"（Brunei Halal）和"文莱优质清真"（Brunei Premium Halal）在穆斯林世界市场享有良好的声誉。文莱政府在2008年8月1日起实施清真认证及商标条例后，迄今逾200项产品达到文莱清真认证标准，获得文莱清真商标注册。目前，仍有大约50项产品的清真认证及商标注册申请仍在审理中。估计不久将能够通过。据《文莱时报》2012年2月17日报道，自文莱清真品牌2008年问世以来，文莱清真产业稳步发展，31种产品现已在新加坡市场销售。为开拓欧洲市场，文莱政府还将在英国伯明翰建立品牌基地。目前，已在市场上销售的"文莱清真"品牌产品多达20余种，包括杯面、面、黄金鸡块、巧克力、薯片、虾饼、曲奇饼干、果汁汽水等。

中国与文莱在清真食品产业合作方面已经开始有良好的发展趋势。从2010年以来，每届中国东盟博览会，文莱政府都要推介清真食品产业，并希望与中国合作，向中国推介清真食品。2010年7月19日，中国（宁夏）·文莱达鲁萨兰国国际合作论坛在宁夏回族自治区首府银川市举行，与会双方代表期待能在清真食品产业、旅游方面开展合作。文莱工业和初级资源部高级官员依祖丁·阿巴斯表示，随着中国与东盟各国经贸往来不断加强，双方在食品加工产业上可以形成资源、制造和技术上的优势互补，进而促进两国贸易增长。文莱·中国友好协会秘书长陈家福介绍说，期待宁夏与文莱能在清真食品认证等方面展开合作，共同开拓国际清真食品市场。2010年6月3日，中国新疆的西域盛大果蔬有限公司等4家企业参加在文莱首都斯里巴加湾市举办的"2010文莱清真食品展"。据文莱媒体报道，中国吉林长春皓月集团与文莱Mulaut Abattoir清真食品公司加强合作，努力开拓文莱清真肉食品市场，著名"吉林皓月牌"牛肉产品获得文莱清真食品主管部门审批许可，首次进入文莱市场，销售情况良好。Mulaut Abattoir公司将进口更多中国产优质清真牛羊肉，并合作出口到其他伊斯兰国家和地区。

第五章　第三产业的发展和布局

第一节　第三产业发展概述

一、第三产业发展历程

第三产业包括：交通运输、仓储和邮政业，信息传输、计算机服务和软件业，批发和零售业，住宿和餐饮业，金融业，房地产业，租赁和商务服务业，科学研究、技术服务和地质勘查业，水利、环境和公共设施管理业，居民服务和其他服务业，教育，卫生、社会保障和社会福利业，文化、体育和娱乐业，公共管理和社会组织，国际组织。但由于传统上，文莱是一个经济结构比较单一的国家，其经济主要建立在传统农业和沿海渔业的基础上。随着20世纪初文莱境内发现石油和天然气后，经济主要依赖于石油、天然气的出口。近年来，文莱政府逐步加大实施经济多元化战略部署的力度，力求改变经济过于依赖石油和天然气的单一经济模式。经多年的努力，虽然目前其经济结构还以油、气收入为主，但正逐步开始由传统的单一经济，向渔业、农业、运输业、旅游业和金融服务业等多种行业组成的多元化经济模式转变，并取得了一定的效果。文莱的第三产业发展不平衡，有的发展比较完善，如石油天然气服务业，有的比较薄弱。2008年1月，文莱政府宣布启动"文莱2035宏愿"，计划拨出95亿文莱元，大力发展旅游业，改善交通和通讯基础设施，实现经济持续发展，争取使人均国民收入进入世界前10名。经过多年发展，文莱非油气产业即第三产业发展较快，非油气产业在GDP比重逐渐上升，非油气产业已占整个GDP的32%左右。文莱国民经济对油气产业的依赖已开始减少，其他产业在国民经济中比率已有所提高，文莱经济多元化的成果已初步显现。如文莱2011年按官方汇率计算的GDP为161亿美元（按购买力平价计算为210.3亿美元），真实增长率为2.2%。其中，第一产业占比0.8%；第二产业占比67%；第三产业占比32.3%。据中国驻文莱经济商务参赞处网站2014年4月16日报道文莱统计局的公告，2013年，文莱GDP总额为201.6亿文莱币（约合159亿美元），其中，油气行业产值同比下降7.2%，非油气行业产值增长2.7%，服务业产值增长3.2%，其中贸易和政府服务业增长最快，均为3.8%，交通运输业增长3.4%，金融业增长3.3%，房地产业增长2.0%。

二、第三产业部门结构

目前，文莱第三产业主要有交通运输业、金融业、通讯邮政业、旅游等。而主要的企业有：

1. 文莱第二大公司：QAF控股公司。下属近20家王室独资或合资的企业，经营范围非常广泛，包括石油业咨询、近海钻探、工业用天然气的生产和销售、新闻出版、商业印刷、零售业、餐饮业等。王室重要成员、外交与贸易部部长穆罕默德亲王拥有QAF公司65%的股份，不过他已经把手中的股份大量地卖给了私人投资者。

2. 文莱液化天然气公司（LNG）。该公司由文莱政府控制50%的股份，荷兰皇家壳牌石油公司与日本三菱公司各占25%的股份，是世界上最大液化天然气公司之一，产品由三家日本公司经销，主要销往日本。1993年1月，当时的日本首相宫泽访问文莱，签署了LNG再向日本提供20年液化天然气的协议，平均每年提供590万吨。

3. 文莱冷凝气公司。股份比例与LNG相同，产品也主要销往日本。

4. 贾拉斯-Eif公司。由文莱政府与法国的两家公司合资组建，近年来，参与近海石油开发，打破了文莱壳牌石油公司（BSP）的垄断局面。

5. 文莱轮船公司（BSC）。为官营公司，董事长为财政大臣杰弗里亲王担任。

6. 皇家文莱航空公司（RBA）。

第二节 交通运输业的发展和布局

文莱交通运输主要依靠公路、水运及航空。除诗里亚到巴达斯仅有19千米属于文莱壳牌石油公司专用的一小段轻便铁路外，其他地方都还没有铁路。

一、公路运输

文莱拥有东南亚地区最好的陆路交通系统，全国有四通八达的公路交通网。

截至2011年年底，公路总长为3 127.4千米。高速公路连接摩拉—杰鲁东—都东—诗里亚直到马来奕，全长1 712千米。文莱的公路60%为国家公路，由文莱公共工程局直接管理；30%为地方公路，由地方政府管理。公共交通服务极少。主要居民点都有现代化道路网沟通，是世界上拥有私车比例最高国家之一。据《文莱时报》2012年12月26日报道，目前，文莱达到每2.65人拥有1辆汽车，根据世界银行排名，文莱位居全球第九位。据统计，文莱2011年注册车辆达14.8万辆，并以每月1 600辆的速度增长，截至2012年年底，预计将达16万辆，人均汽车保有量进一步提高。

二、水路运输

文莱濒临大海，水运是重要的运输渠道，文莱出口的石油、液化天然气，进口的绝大部分货物、消费品，都要通过海运。

距首都斯里巴加湾市20多千米的穆阿拉深水港是文莱最大的深水港，该港于1973年建成深水港，占地24公顷，码头长861米，泊位8个，吃水深12.5米，另有一个87米长的集料码头。可停靠万吨以上海轮，200米长的船可在这里靠岸。港口有专用集装箱、杂货船、特种用途泊位。船只通过122米宽的航道入港。主要码头西南—东北向伸展，长427米，有5个深水10米的顺岸泊位。此外，东北端5号泊位背后还有一个长87米、沿边水深5.3米的浅水泊位。港区有装卸设备、集装箱场地、冷冻设备和水泥密封库。该港已经成为文莱商品进出口的重要海上门户，每年进出这个港口的船只达数百艘，日处理货物数千吨，文莱约90%的进出口货物都要通过该港。文莱政府在穆阿拉深水港建立了一个自由贸易区，称为穆阿拉出口贸易区（MEZ），它促使文莱成为这一地区的贸易中心，也是建立其他自由贸易区的先导。此港停靠货船经常来往于东盟各国、中国香港和台湾省等国家和地区。2010年，港口货物装卸量为104.8万吨，同比增加13%

此外，还有斯里巴加湾市港（该港有混凝土货物码头，长220米，宽22.5米；客运码头长38米，宽20米。但因文莱港航道水深较浅，仅允许吃水6.5米以下的中小型船只进港）、马来奕港和卢穆港等，主要供出口石油和液化天然气使用。与新加坡、马来西亚、中国香港、泰国、菲律宾、印度尼西亚和中国台湾省有定期货运航班。2010年，共有各类注册船只253艘，但主要为小型客运船只。

从2003年起，文莱致力建设海港基础设施，特别是对穆阿拉港的扩大建设，目前，该港有能力每年处理500万吨货物及35万箱货柜。文莱政府2003年宣布计划在大穆阿拉岛发展新的造船中心和有关的工业，计划在该岛修建大型深水港口，将投资约15亿美元，将该岛建成世界级的超级货运港，并计划在马来奕区新工业区内兴建一座耗资15亿美元的炼铝厂。

为适应经济全球化和地区经济一体化的需要，进入21世纪以来文莱政府致力打造航运中心。2007年1月底，文莱交通部发布文告称，该部将于2007年4月1日起将从2000年起一直由新加坡港务集团（PSA）和文莱Archipelago Development Corporation合资的PSA Muara公司负责经营管理的文莱穆阿拉港集装箱码头的经营权收回，重新交由该部港务局经营。文莱还积极向外国推介文莱的港口，与外国进行合作，努力打造航运中心。文莱经济发展局于2007年10月20～23日在参加中国广西南宁举办的第四届中国—东盟博览会时出席了"中国—东盟港口发展与合作论坛"，并向中国以及东盟客商推介大穆阿拉岛计划。为了适应世界航运业的快速发展，将文莱大穆阿拉岛建设成为适应下一代集装箱船舶需求的港口，成为世界一流的深水港，该计划项目总投资将高达15亿美元。其中，文莱政府将承担70%的投资。此外，文莱政府还将在大穆阿拉岛上设立出口加工区，以促进国内外制造业和物流业的互利合作，推动参与各方的共同发展。近年来，文莱各港口共装卸货138.8万吨。第三届中国—东盟博览会期间，在同期举办的中国—东盟商务与投资峰会上，中国国务院总理温家宝提出了"积极探讨开展泛北部湾经济合作的可行性"的倡议，得到了包括文莱在内的东盟各国领导人积极响应。中国与东盟10国正致力于泛北部湾次区域合作，交通合作是双方确定的10大重点合作领域，港口合作是区域经济合作的牵引机。文莱是泛北部湾经济区域的国家，泛北部湾地区港口间航运距离短、港口基础条件好，可通过加强港口物流合作，形成一批互补互利的港口群、产业群和城市群，打造临海型经济发展模式，成为区域内最活跃、最具潜力、效益最优的经济增长极。泛北部湾海域港口群合作将进入全新的"黄金期"，文莱政府将致力与中国和东盟各国在港口方面的合作。据《文莱时报》2014年3月14日报道，文莱交通部将扩建现有的穆阿拉港集装箱码头，包括将码头延展150～200米，工期预计18个月。12日，文莱交通部宣布委任本地KR Kamrulzaman and Associates公司承担扩建工程的咨询工作，包括设计、规划、监管以及编制招标文件。码头扩建计划被列为《文莱第十国家发展规划》的重点项目之一。穆阿拉港集装箱码头2013年吞吐量为111 817个集装箱，较过去5年增加31%。扩建工程竣工后，集装箱码头将拥有最先进的设施，为国际集装箱大型运输船提供包括货物转载、集装箱卸运、物流及船运衔接等服务。

此外，文莱河、马来奕河和都东河均可以通航，可以作为内河航运。

三、空运

位于首都斯里巴加湾市北郊的文莱国际机场是一个现代化机场，也是文莱的主要航空港和文莱皇家航空公司的基地。该机场于1974年建成，有3 700米长的跑道。目前，世界上大多数型号的飞机都可以在该机场升降。机场候机大厅宽敞明亮，设备齐全。有分别为穆斯林和非穆斯林旅客开设的饭店，还附设有工艺品商店和免税商店。6条登机通道直接通到机舱外，加快了乘客登机的速度。该机场每天有班机飞往新加坡，并有班机来往吉隆坡、雅加达、中国上海、中国香港、中国台北、马尼拉、古晋、澳大利亚、中东、德国法兰克福和英国伦敦等地。机场的货运处理设备也很先进。此外，在诗里亚油田附近有安达肯机场，该机场由文莱壳牌石油公司投资建立，归该公司自己管理。这个机场主要为海上石油开采提供直升飞机服务。文莱皇家航空成立于1974年，现有10架客机左右，开辟了18条国际航线。2011年，客运量201万人次，货运量28 125吨，空运邮件量279吨。文莱皇家航空拥有大约1 900名高水平培训的工作人员，包括飞行员、工程师和乘务员。提供包括亚洲、中东、澳洲和欧洲的22条航线。

为适应对外开发融入国际经济和加快发展多元化经济的需要，文莱政府决定扩建首都和机场。2007年，经文莱苏丹博尔基亚批准，文莱首都斯里巴加湾市的面积将从2007年8月1日起，由现在的12.87平方千米扩大至100.36平方千米，增幅近10倍。此计划的目的是把斯里巴加湾市建设成为一个在保持原有历史文化特色的同时，具有竞争力和先进管理水平的商业和经济中心。文莱国际机场于20世纪80年代和2000年进行过改造，目前，每年接送旅客能力为200万人次，年货物吞吐能力50万吨。但已经不能适应未来发展的需要，为此，文莱政府决定扩建国际机场。11月5日，文莱交通部民航局与PETAR PERUNDING公司签署协议，委任该公司和其他5个公司组成咨询组，为文莱国际机场改造项目制定总体发展方案。总体发展方案将为文莱国际机场一期（2008～2012年）和二期（2022～2024年）

改造项目制定项目内容和进度框架，最后方案递交时间为2008年7月。通过一、二期的改造扩建，把文莱国际机场建设成为一个现代化的国际机场。第一期整个扩建工程计划将于2014年11月完工，预计建成后年客流量可提高至300万人次。

四、邮电通讯

文莱全国拥有良好的电话系统，堪称国际一流。目前，文莱的通讯服务主要由3家公司提供：Telekom Brunei Darussalam（TelBru）、DSTCom和B-Mobile。2006年4月1日，JTB改组成立为TelBru，TelBru进行了系统升级，使用微软和太阳能电话，甚至连偏远的农村都能使用。与其他许多发展中国家相比，文莱的邮电通讯业比较先进，1992年4月28日，连接文莱和新加坡的数字光纤海底电缆体系开通，它与先期于1992年完工的文莱—马来西亚—菲律宾光纤电缆系统连成一体。1993年5月，文莱政府又与美国电报公司签订一项价值2 000万美元的协定，由该公司向文莱提供10部5SS—2 000大容量电话交换机，以便形成全国性的数字交换网络。文莱已有两个卫星地面站，又与日本一家公司签订协定，投资680万美元再建一个卫星地面站，已于1993年完工。目前，文莱通过卫星传送和接收电视节目的需求得到了满足。从1997年开始，文莱政府就大力推进信息现代化的建设，邮电通讯部启动了建立国家信息高速公路AWAN（Advanced Wireless Network）计划。同年3月开始启动最先进的邮电通讯系统工程，以便成为国家实现使文莱成为地区贸易与服务中心设想的有力支持。2002年，文莱政府投入10亿文莱元，以实施电子政务和其他信息通讯技术项目。JTB作为文莱唯一的固定网络运营公司，曾于2003年6月28日与中国华为技术有限公司签订总容量为13万线的全国交换机改造项目商用合同，合同总金额2 000万美元，以达到JTB的交换网络全部实现数字化的目的。到2013年，文莱已基本上普及固定电话，现在文莱95%以上的家庭有电话，每100人拥有电话20.3部，远超过世界平均12%的水平，在东盟国家中位居第二。通过两条国际线路、两套卫星系统和一个海底光纤电缆网络，JTB国际直拨电话可到达156个国家。从2003年3月开始，文莱全国电话号码由原来的6位数升级到7位数。移动运营公司DSTCOM提供手机服务，到2014年3月，文莱全国累计手机用户443 161个。根据联合国开发计划署的调查表明，文莱的手机普及率在东南亚地区名列前茅。

文莱有两个网络服务站，它们是Brunet（www.burnet.bn）和Simpur.net（www.Simpu.net.bn），到2014年3月，全国互联网用户约50 457个。电子化的文莱已广泛地使用互联网作通讯。文莱并不满足于现有的通讯技术设备，还非常注意跟踪引进通讯先进技术。为配合2004年世界电讯日的庆祝活动，文莱交通部和资讯通讯技术局于2004年11月17～19日举办文莱国际通讯技术展览会及研讨会。此次展会的主题为"数码世界的科技"，30家来自文莱和其他国家的电讯、科技、电脑等公司参加了展览。中国华为技术公司与文莱电讯局合作参加了展览，展出"下一代网络"和3G技术，受到好评。华为公司正在文莱实施"下一代网络"项目，该项目的实施将使文莱成为该地区最先使用该技术的国家。文莱政府计划到2005年实现无纸化电子政府。B-Mobile首次为文莱提供了3G的移动电话服务。文莱也拥有良好的邮政服务系统，全国共有23个邮局，分布在4个地区：文莱—穆阿拉区14个、都东区3个、马来奕区5个、淡布隆区1个，此外还有8个邮电代理处、53个邮票点和2个小型邮局。

五、文莱2008—2017年十年交通通讯发展战略规划

2008年4月28日，文莱交通部推出《2008—2017年战略规划》。规划共分13章，介绍了未来12年文莱交通运输和信息通讯的任务、政策方向和具体目标，提出了为多元社会创造有贡献和活力的环境、建立和保持通讯中枢活力、提供安全、高效、便利的通讯和交通运输体系、增强国家竞争力和知识经济生活质量等远景目标。为配合文莱国家发展计划目标实施，规划提出了6大相关战略目标：

1. 加强政府职能部门角色转换，从原来服务提供和基础设施经营变成政策制定、管理和商业促进。

2. 支持和鼓励本地私营部门的参与。

3. 发展和充分利用基础设施。

4. 加强机构执行能力。

5. 发展有竞争力和创新能力的产业队伍。

6. 增强安全，促进清洁友好型的产业建设。

在相关政策方面，规划提出：

（1）交通领域。要把文莱建设成物流中心和客流中心的目标：在航空运输方面，将推动更多航线联接文莱，改善机场后勤服务，升级扩建现有航站楼，兴建

一个新机场，发展航空货运中心，建立文莱国际机场自由贸易区等；在海陆运输方面，加大对交通设施的投资，改进跨境货物和人员运输，鼓励轻型和中型汽车装配工业，支持穆阿拉港发展及穆阿拉港自由贸易区建设，把货物国际中转和物流配送作为核心产业发展，支持海运产业发展，发展与旅游业相关运输服务。

（2）通讯领域。实现邮政服务公司化，加速开放邮政服务业，提高社会信息化程度，鼓励私人投资电子商务，加强信息基础设施建设，鼓励政府与私人企业主要经营商之间合作，促进科研与创新等。

规划就相关领域提出了具体目标：提高网络系统覆盖率（包括互联网，WiFi，GSM，3G）；增加公共运输、航空运输量和港口运输能力，2011年，实现机场年旅客运输量150万人次、货物运输量24 682吨、货物运输最低年增长率10%；2011年，穆阿拉港集装箱码头标准集装箱吞吐量达到161 051 TEUs、使用率达到73.21%；员工培训率（每年100小时）2010年达到100%；2024年，交通通讯领域对文莱GDP贡献率将从目前的3%提升至10%。

第三节　旅游业的发展和布局

一、文莱旅游发展概述

文莱是一个历史悠久的海岛国家，它所处的加里曼丹岛（旧称婆罗洲）是世界第三大岛，是东南亚的中心地带，地理位置十分优越，气候宜人，土地肥沃，河流纵横交错，海岸线较长，物产丰富，水陆交通十分便利。文莱人民勤劳朴实，精明能干，创造了文莱繁荣、昌盛的社会文明，这些优越的客观条件，为文莱发展旅游业创造了有利的条件。

（一）文莱有优美的风景，旅游景点较多

文莱旅游资源丰富，文化、历史遗产、自然风景、独特的文化信仰以及高度的富裕等构成了极富当地特色的旅游资源。文莱有着众多的旅游景点，其中较为著名的有世界最大的皇宫"世纪性宫殿"——努鲁·伊曼王宫，有金碧辉煌的清真寺，有着被誉为"东方威尼斯"的文莱水村，有"亚洲迪尼斯"之称的杰鲁东游乐场，以及建造时耗约13亿文莱元巨资的水晶公园（也称杰鲁东公园）、苏丹纪念

馆、奥玛尔·阿里·赛福鼎清真寺，文莱湖天一色的美丽天然湖——美林本湖公园；文莱博物馆；邱吉尔纪念馆；占地约5万公顷拥有丰富的生物资源的淡布隆国家公园。文莱旅游资源丰富且质量较高，为国际旅游业同行所赞誉。

（二）文莱采取措施，促进旅游业发展

旅游业是文莱近年来除油气业外大力发展的又一产业，政府采取多项鼓励措施吸引海外游客赴文莱旅游，特别是重视发展高品质旅游业。文莱政府积极采取一系列海外促销活动，力争将入境外国旅客人次逐年提高，如组团参加更多国外旅游博览会、在国外主办更多旅游巡回促销活动、与国外伙伴合作，推出吸引人的观光配套、邀请更多国外传媒访问文莱，撰写文莱旅游报导、印发更多文莱旅游宣传小册、在国外印刷媒体及电子媒体刊登更多广告，推介文莱旅游潜能。在文莱制定的2011—2015旅游发展规划中把自然、文化和伊斯兰旅游作为发展旅游重点。文莱工业与初级资源部部长叶海亚向媒体透露，为发展文莱旅游，该部确定了7大发展动力、13个领域和69个项目。7大动力包括户外、文化和伊斯兰旅游、健康、海上、教育、商业。69个项目包括升级现有博物馆、导游培训，等等。根据统计，超过90%的来文莱游客都对文莱文化和自然景点饶有兴趣，其中51%的游客参观过王室陈列馆，20%到访文莱博物馆，余为马来科技博物馆9%，油气探索馆7%，水村文化旅游馆6%，淡布隆国家公园4%等。这些措施效果明显，2012年，访文莱游客达24.1万人，旅游业收入3.7亿文莱元（约合3亿美元），但仅占文莱GDP的1.8%。据《文莱时报》2014年1月7日报道，文莱旅游局官员透露，2013年，文莱外国观光游客约21万人次。政府计划未来5年大力发展旅游业，其中力争实现2016年吸引40万外国旅客入境的目标。政府希望5年计划期间，至少可落实国家旅游发展总体规划的70%，为该领域创造大量就业机会。

二、在文莱的居、食、行及购物

（一）居在文莱

虽然文莱是一个小国，但是它是一个相当富有的国度，这里的旅游基础设施相当完善。一旦游客踏入这座美丽的热带小岛国，不仅将领略到美丽富饶的热带风光，也将亲眼目睹这个国度的富有。

文莱有多家酒店，其中著名的有：

1. 帝国酒店（Empire Hotel）：位于杰鲁东地区，占地面积超过180公顷，被喻为亚洲最富丽豪华的度假村，各国政要来访均下榻此处。帝国酒店是一家号称"六星级"的超级豪华饭店，是一家皇室成员投资建造的酒店，据说酒店的投资达10亿多美元，主要用于接待外宾。从外表看仿佛一座巨大的花园，处处流光溢彩，富丽堂皇。酒店里拥有淡水和海水两个泳池。酒店内还设有歌剧院、戏剧院、千人影剧院以及高尔夫球场等娱乐设施，而且价格还非常便宜。

2. 兰花园酒店（Orchid Garden）：邻近机场和国际会议中心（ICC）。

3. 丽坤酒店（Rizqun Hotel）：位于加东商业区（The Mall, Abdul Razak Complex, Gadong），购物、就餐等非常方便。

4. 雷迪森酒店（Radisson Hotel）：位于斯里巴加湾市中心地区（Jalan Tasek, Bandar Seri Bagawan），国际连锁酒店，楼上有会员制酒吧。

5. 斋蒲尔酒店（Centerpoint Hotel）：位于加东商业区（Abdul Razak Complex, Jalan Gadong），购物、就餐等非常方便。

6. Kiulap Plaza Hotel：位于Kiulap商业区（Kiulap Commercial Area），购物、就餐等非常方便。

7. 时代广场酒店（Times Square Hotel）：位于机场附近的时代广场购物中心二层，2010年开业，离机场很近，购物、就餐等比较方便。

8. 棕榈酒店（Palm Garden hotel）：位于Qiulap商业区附近（Lot 45 238, Spg 88 Kg Kiulap），酒店旁边是吴尊开办的健身房，楼上有会员制酒吧。

此外，还有泓景酒店（Riverview Hotel）、Grand city hotel、Holiday Lodge hotel、Brunei Hotel、Traders Inn等价格较低的酒店。

（二）食在文莱

虽然文莱地小人稀，居民构成却算复杂，加之文莱人对美食的非凡热情，文莱饮食文化所呈现出的多样性与这个袖珍小国的形象并不相符。马来餐、中餐、西餐、日餐、印度餐、泰餐应有尽有，满足顾客们的各种需要。

在文莱，吃是一件乐事，尤其是热带地区一些特色风味小吃以及美味菜肴更是深受外国游客的喜爱。近些年来，西餐酒廊、日本料理、东南亚风味、中西快餐等竞相亮相，海鲜馆、民族餐厅等大量兴起，各树一帜。珍、奇、精、美的饮食加上独有的民族风情，一定让游客胃口大开、乐不思归。

　　文莱的特色风味和菜肴一般以下面几种为代表：

　　1. 特色小吃（Hawker-Style Food）：到文莱的游客可以到首都斯里巴加湾市的 Tamu 食街品尝当地地道的品种多样的小吃。Tamu 是首都最有名和最有特色的食街。食街从每天早上开始经营，到了晚上更是另一番热闹非凡的景象，食客人山人海，尽情品尝各种不同风味的特色小吃。文莱的一些食街（实际是流动小吃摊）提供当地特色的价格适宜的各种小吃，包括沙爹（Satay）、面条、米饭、烤鸡以及烤鱼，等等。食街沿流穿首都斯里巴加湾市闹市的文莱河岸，以及水晶公园附近的一家综合市场内。都东 Persiaran Damuan 公园的汽艇宴及沙爹在当地颇富盛名。加东 Yaohan Megamart 购物中心地下层也是很繁华的食街，这里提供各种不同风味的小吃，从糕饼到 Sushi（当地一种独具特色小吃）。

　　加东夜市已成为文莱的旅游景点之一。每天夜幕降临，夜市灯火通明，烟雾缭绕。在那里可以品尝文莱各种特色小吃和烧烤，还可以买到价廉物美的蔬菜和水果。类似的夜市市中心 Bandar 也有，只是规模没有加东的大。

　　2. 马来菜系：在文莱，当地人喜欢马来菜系的饮食，尤其喜欢吃慢火焖熟的拌有花生酱的牛肉片和鸡块，这道菜在文莱深受食客欢迎。到文莱的游客不妨亲口品尝，说不定会有意想不到的口感。

　　3. 亚洲餐馆（Restaurant Dining -Asian）：文莱加东有一家专门提供亚洲风味菜肴的综合餐馆，这里有中国菜、黎巴嫩菜、印尼菜、印度菜、泰国菜以及日本菜等，同时特别经营海鲜与 Nonya。

　　中国菜在文莱享有盛名，文莱也有很多信誉很好的中国餐馆。文莱加东的两家餐馆皇帝苑（the Emperor's court）和川王府（the Szechuan Dynasty）就很有声望。皇帝苑是文莱第一家中国肉食餐馆，专供文莱皇家承办酒席，里面设有粤菜和西餐。同时，泓景酒店（the Riverview Hotel）内的翡翠园中国餐馆（Jade Garden）以及斯里巴加湾市内的丰满楼（the Phong Mun）餐馆也是颇有声名的。

　　4. 西餐餐馆（Restaurant Dining –Western）：文莱 Sheraton Utama 地区的许多餐馆都有价格昂贵的特色风味菜肴。马来奕地区一些餐馆也有提供英式的菜肴。

　　5. 快餐（Fast Food）：快餐在文莱也很受欢迎，必胜客、肯德基以及麦当劳在首都以及之外的其他城市都有连锁店。

　　到文莱的游客须注意，文莱法律禁止销售酒，因此，餐馆里没有含酒精的饮料销售。文莱的餐馆营业时间一般到晚上9：00或10：00。周末很多餐馆需要提前订餐，尤其是一些宾馆以及大的中式餐馆。

附文莱美食导航：

1. 斯里巴加湾市（Bandar Seri Begawan）

皇帝苑（Emperor's court）

地址：1 st，Floor，Wisma，Haji Mahd，Jlan Gadong

机场饭店（Airport Restaurant）

地址：首都国际机场

翡翠园中国餐馆（Jade Garden Chinese Restaurant）

地址：Riverview Inn，km 1 Jalan Gadong

必胜客（Pizza Hut）

地址：Block J，Unit 2&3 Abdul Razak Complex

麦当劳（McDonald's Restaurant）

地址：10-12 Block H，Abdul Razak，Simpang 137，gadong

2. 马来奕地区（Kuala Belait Seria）：

新中国饭店（New China Restauran）

地址：39/40 3 rd Floor，Angs Buding，Jalan Sultan Omar Ali，Seria

马拉奕饭店（Belait Restaurant）

地址：Jalan Bunga Raya

必胜客（Tasconli's Pizza）

地址：Simpang 19，Jalan Sungai Pandan

此外，文莱属于热带季风气候，热带水果品种多样，而且味道鲜美。如西瓜、木瓜、芒果和香蕉等水果随处可见，而且价格便宜。

（三）行在文莱

1. 陆路：文莱拥有本区域最好的陆路交通系统，有四通八达的公路，而且基本上是高等级公路。文莱有一条"友谊之路"将文莱、马来西亚沙捞越与沙巴的高速公路连结起来，是第一条连结北婆罗洲3国的公路。这条跨国之路在当地是一条黄金旅游线路，对发展文莱以及其他两国的旅游有着非常重要的意义。而从首都斯里巴加湾市经都东、诗里亚到马来奕的一条主干线长135千米，连结文莱

5个主要大城市，是一条良好的二级公路，有6条车道宽。乘坐快巴就可游完文莱所有的主要城市。

在文莱，各大宾馆、购物中心以及机场都有计程车。在首都斯里巴加湾市，计程车一般停在Jalan Cator的多层停车场内；如果游客想自驾车旅行可以在一些主要宾馆和机场租车，也可以雇一个司机给你驾车和做向导；首都斯里巴加湾市内有3条主要公交线路：中心线路、环城线路以及北方线路。公交车运营时间从每天上午6:30到下午6:00，中心线路每隔15分钟有一趟车，环城线路每隔20分钟有一趟车。北方线路分为1、2和3路车，这几路车都停靠在市内指定的停车场内。

到诗里亚、马来奕等城市可以在首都斯里巴加湾市的多层停车场乘坐巴士，费用至少都在1美元起价。

2. 航空：首都斯里巴加湾市郊的国际机场，拥有东南亚地区最长的商用机场跑道。文莱皇家航空公司创立于1975年，是文莱唯一属于国家所有的由私人经营的航空公司。文莱皇家航空公司有10架客机，开辟了从首都斯里巴加湾市飞往东南亚各个国家和地区，如新加坡、雅加达、吉隆坡、曼谷、中国上海和香港等26条国际航线。此外，主要航线还包括新加坡航空、泰国航空、印度尼西亚航空、菲律宾航空及马来西亚航空也提供定时服务，方便游客游览世界各大城市。

文莱皇家航空公司航班飞往东南亚主要城市所需时间：新加坡：2小时；马尼拉：2小时；吉隆坡：2小时15分；雅加达：1小时15分；曼谷：1.5小时；古晋：1小时40分；哥达基纳巴卢：35分钟；中国上海：4个多小时；中国香港：3小时；中国台北：3小时15分。

目前，已开通飞往文莱的航线有：新加坡航空（SQ）、菲律宾航空（PR）、马来西亚航空（MAS）、国泰太平洋航空（CX）和英国航空（BA）。

机场位于市区以北11千米处，1楼为到达大厅、2楼为出发大厅。旅客下了飞机，进入到达大厅，大厅内设有咨询处，机场旁边的银行可兑换外币。机场内有餐馆和快餐店。出了机场使用公共交通工具如计程车、出租车、巴士非常方便

机场每隔1小时有一趟巴士发往市内，行程30分钟，票价为1文莱元。乘坐出租车15分钟即可到达市内，车费约25文莱元，夜间增加到30文莱元。如果想自驾车旅行，机场有汽车出租，租金加保险费为120文莱元起价。首都斯里巴加湾市内一些高级宾馆也有此项服务。

3. 水路：在文莱，水运是重要的运输渠道。文莱有文莱河、林邦河以及文莱湾等水域，文莱河与林邦河在文莱可算得上是旅游黄金水路线路。穆阿拉深水港是主要港口，此外还有斯里巴加湾市港、马来奕港和卢穆港等，主要供出口石油和液化天然气使用。与新加坡、马来西亚、中国香港、泰国、菲律宾、印度尼西亚和中国台湾省等国家和地区有定期货运航班。首都斯里巴加湾市就依河而建，海滨绚丽风光是首都一大旅游特色。文莱河开辟有傍晚巡游观日落等旅游线路，沿林邦河可欣赏热带丛林风光。文莱湾是文莱通向邻国的水路通道，也是连接沙巴、沙捞越等地的旅游线路。

此外，文莱的水上出租车以及汽艇出租也不愧为一道亮丽的风景线。水上出租车为文莱的Kampong Ayer 地区最普遍的交通工具。常见的水上出租车以及汽艇一般到淡布隆、马来西亚的林帮、Lawas、苏打以及Labuan 等城市。到达淡布隆的汽艇一般从早上7:45始发，一直运营到下午的4:00。

4. 铁路：文莱的幅员较小，铁路线也很少，到文莱旅游要想乘坐火车的机会是比较少的，而且也没这个必要，因为到每个城市都是很短的路程，乘坐汽车走陆路很快就能到达目的地。

（四）购物在文莱

对于许多游客而言，到异国旅游能买到自己喜欢的东西作为礼物送给家人或亲朋好友，那是最美好的事情了。在文莱，有许多旅游购物商店可以满足游客买到当地的特色产品，同时也有许多现代化商场，到文莱的游客可充分享受到现代购物的乐趣。

文莱最大的购物中心Yayasan位于Jalan Mc Arthur，是近几年才建成的。这是一座壮观的建筑，内设宽敞的停车场。文莱的百货公司主要是Yaohan，在Abdul Razak Plaza 与Gadong Centrepoint 都有连锁店。此外，Jalan Muara 也有一个百货公司叫Tiong Hin，这是当地很有名的经营日用百货的商场。首都斯里巴加湾市、都东市、马来奕市和诗里亚市也有很多超市和购物中心。旅游特色商品琳琅满目，大到包括许多最新的电子产品、进口的豪华商品，小到一些家居用品和日用百货。文莱最富当地文化特色的旅游产品主要有大铜炮、波形刃短剑以及Kain Songket。"jong sarat"是到文莱的游客最想买的送亲朋好友的礼物，也是文莱最具特色的旅游商品。这些特色商品在Kota Batu的美术和手工艺品中心以及飞机场都可买到。

首都国际机场也有很多装饰现代的商场，如果你游玩了文莱，即将离开回国，可以在文莱国际机场的免税店购买到当地一些特色商品，如装饰品、外衣、珠宝、体育用品、香水、手工艺品、巧克力、文莱纪念品以及文莱旅游指南等，都是些精致漂亮、质量上乘的特色商品，而且价格并不高。

附文莱购物导航：

Kota Mutiara Department Stor

地址：Bangunan Darussalam，Bandar Seri Begawan

Lai Lai Department Store

地址：Mile 1 Jin Tudong，Bandar Seri Begawan

Princess Inn Department Store

地址：Mile 1 Jin Tudong，Bandar Seri Begawan

Wisma Jaya Complex

地址：Jin pemancha，Bandar Seri Begawan

Millimewah Department Store（BSB）

地址：Bangunan Darussalam，Bandar Seri Begawan

Seaview Department Store

地址：Jin Maulana，Kuala Belait

三、文莱的主要旅游线路

（一）首都观景

文莱首都斯里巴加湾市是文莱皇家航空公司总部所在地，当游客到达并安排好住宿后，第一站可进行海滨风光悠闲之旅，沿途可一边欣赏到处是金光闪闪的苏丹皇宫，相间无数光彩夺目的建筑物，在游客处处感受到这个国家的富有与平和之余，还可以深刻体验到当地古老的文化遗产与特色风情；参观苏丹纪念馆，馆内陈列苏丹登基时的传统服装、仪仗以及马车等，随后可参观文莱博物馆；晚上，在璀璨的霓虹灯光的掩映下，城市的建筑更是显得辉煌和气派，游客可参观绚丽多姿的夜景，游逛首都有名的小吃街，品尝富有当地特色风味的小吃，到规模最大的购物中心Yayasan购物，前往参观水晶公园和水舞花园，回程经过努鲁·伊曼皇宫时将会看到世界上最大的钻石。

（二）淡布隆（Temburong）之行

从首都斯里巴加湾市乘坐高速游艇，穿过富具热带美丽风光的水乡，沿着蜿蜒崎岖的水路前行还可享受原始森林风光的沐浴，途经马来西亚风景如画的沙捞越，当地的巴士或私人交通工具会带着你参观文莱闻名于世的神秘的长屋和比拉龙（Belalong）公园，一路上游客将可尽情的呼吸大自然赐予的清新空气，还可观赏原始沼泽红树林中的花鸟虫鱼，之后返回斯里巴加湾市。

（三）水乡之行

每个到文莱的游客都想目睹世界上最大的著名水乡。确实，文莱的水乡独具特色、风景优美，堪称世界少有的水乡景象。水乡的独具美丽与错综复杂的航道，曾让麦哲伦探险队留下深刻的印象。游客到达文莱后，选择游览水乡的最好路线是沿着文莱河两岸，欣赏水乡独具特色且装潢现代的建筑，虽然时光已赋予建筑物现代的色彩，但传统色彩依然得以流传下来，传统色彩与现代色彩融为一体，更令游客有耳目一新的感觉，置身其中，其乐融融，让游客乐不思蜀。

（四）诗里隆（Selirong）岛之行

到文莱的游客，如果是岛迷应不要错过诗里隆岛之行。从首都斯里巴加湾市泛舟约45分钟便可进入到红树林沼泽地带，小舟缓缓地穿梭在盘蹒着红树林的枝叶与根部大约3千米的通道中，蜿蜒曲折，有曲径通幽的感觉，一路上不时传来红木蛇与鸟群清脆的鸣声。整个行程就像泛舟于红树林的海洋中，别有一番情趣。但回程时要多加谨慎，以免遭到长鼻猴和蝙蝠的侵袭。

（五）诗里亚（Seria）油田之行

众所周知，文莱是一个小国，但石油资源极其丰富，石油已成为文莱的经济命脉。在文莱，油田也成为了游客观光之地。到了文莱，参观了首都斯里巴加湾市，可前行到诗里亚油田参观，在那里游客可参观油田工人采掘石油的情形，了解当地如何勘探开采石油，并可参观10亿桶石油纪念碑，前往诗里亚途中还可饱览当地优美的田园生活和乡村风光。这一行程似乎有点特别，但却给人异样的体验。

四、文莱国内一些主要旅游机构的名称和联系号码

1.斯里巴加湾市：

名称：Antara Travel & Tours Sdn Bhd　　　联系号码：673 2-448805/808

名称：Brunei Travel & Service Sdn Bhd　　联系号码：673 2-236 006

名称：Overseas Travel Service Sdn Bhd　　联系号码：673 2-445 322

名称：Orinental Travel Service　　联系号码：673 2-226 464

名称：Travel Trade Agencies Sdn Bhd　　联系号码：673 2-229601/228 439

名称：Intan Trade & Trading Agencies　　联系号码：673 2-427 340

名称：Wizen Travel Agency Sdn Bhd　　联系号码：673 2-234 738

2. 马来奕地区：

名称：Freme Travel Service Sdn Bhd　　联系号码：673 3-335 025

名称：Southern Cross Travel agencies Sdn Bhd　联系号码：673 3-334 642

名称：Overseas Travel Service Sdn Bhd　　联系号码：673 3-334 642

名称：Usaha Royako Travel Agency　　联系号码：673 3-334 768

五、如何办理赴文莱签证手续

中国公民赴文莱，无论持何种护照，每人都要填写签证申请表2张，交照片2张，提供邀请函原件。文莱驻华使馆发给3个月有效一次入境签证。写给使馆的照会或公函，文莱的国名必须写全称"文莱达鲁萨兰国"。在没有文莱大使馆的国家，可以向英国大使馆代办签证。

六、文莱旅游咨讯

（一）常识

语言：在文莱，马来语为国语，通用英语，汉语使用也较广泛。

货币：文莱货币名称为文莱元（简称文元）。文莱币与新加坡币等值，汇率与新加坡元实行1：1汇率挂钩，所以，新币在文莱几乎通用。美元兑换文莱元随行就市，按当时的汇率兑换。无货币出入口的限制。银行、酒店和许多百货公司均接受旅行支票或接受以国际知名信用卡付账。

（二）时差与旅游季节

文莱与中国没有时差，游客不用担心因倒时差而感到不舒服。文莱靠近赤道，属热带雨林气候，受季风影响，常年炎热多雨，每年11月至次年1月为雨季，5月至10月为旱季，年均气温在28℃左右，因此，文莱全年都可成为游客的旅游目的地。

（三）电话

在酒店客房可通过前台服务拨接长途电话或国际直拨（IDD），也可使用硬币或电话卡使用公共电话。从中国拨往文莱与从文莱拨回中国的一样，其拨打方式是：00+国家代码+地区代码+用户代码。中国代码为：86；文莱代码为：673。

（四）小费

悉随尊便，一些酒店在客房收费中附加10%的服务费。

（五）文莱与中国互设的使领馆机构

文莱驻华使馆馆址：北京市朝阳区建外齐家园外交公寓3号别墅，邮编：100 060。电话：86-10-65324 094，65324 095。传真：86-10-65324 097。

中国驻文莱使馆馆址：Embassy of the People's Republic of China，No.1，Simpang 462，Kampung Sungai Hanching Baru，Jalan Muara，BC 2 115，Negara Brunei Darussalam.电话：673-2-334 163（领事）、673-2-336 077（商务）。传真：673-2-335 710、673-2-335 163（商务）。

（六）注意事项

1. 文莱属于赤道区的热带国家，常年气候炎热，没有四季之分，只有雨季和旱季。因此，前往文莱旅游雨具是必备用品。在热带地区旅游，蚊虫叮咬是经常发生的事情，所以，最好备好并随身携带清凉油和风油精，高品质的防晒油、墨镜、遮阳伞以及宽边帽也是必不可少的。

2. 文莱为多种族国家，主要以回教为主，一路上可以看到很多女性（小孩或成年）都用头巾包头；男性则戴无边小圆帽。在文莱，最忌讳摸别人的头以及用食指来指对方，而是用大拇指来指，否则人家会觉得你很不友善，所以，游客到文莱应切记这些忌讳。

3. 在文莱异性不宜握手。男人也不像西方人用力握手示意，轻握则可。斋戒月中在日出到日落期间，在回教徒面前进食是很不礼貌的，最好在国际饭店的隔间或私人房间用餐。对别人拍照一定要事先征得同意，尤其是王室成员。

4. 衣着方面，女士衣着要端庄大方，要穿长袖衣服，裤、裙要掩过膝盖。进出清真寺要脱鞋，女性要包头巾、穿长裤（寺庙提供）。男士不可穿浴袍、短裤或宽松的T恤，在清真寺内禁止大声喧哗。

5. 文莱是个禁酒的国家，在文莱的各大中城市都没有卖酒的商店，不允许在公共场合饮酒。文莱海关明文规定：17岁以上的游客可以携带2瓶烈酒（1公升）及12罐啤酒本人饮用，必须报关，但不须缴税；允许携带200根香烟、60毫升香水、250毫升化妆水入境；文莱的机场离境税是12文莱元。所以，到文莱的游客要注意当地的这些禁令，免遭罚款。

6. 回教国家忌吃猪肉，只有少数餐厅接待中国游客才有，中国游客到文莱旅行要想吃荤的饭菜，要选择有中国菜系的餐厅或饭店就餐。

7. 文莱的各个大中城市很少有豪华的歌舞厅、酒吧以及大型室内娱乐场所，所以夜生活比较单调，游客前往旅行前要有心理准备。

第四节　财政金融业

一、财政收支

文莱财政部是文莱政府的重要部门，文莱苏丹直接兼任财政部部长，掌管全国的财政金融大权。

（一）财政收入

文莱的财政收入历来靠从对外贸易中征收关税。在第二次世界大战前，文莱的主要财政收入是关税、土地税与专卖税。其中，关税占总收入的40%，土地税和专卖税各占20%。以1930年为例，全年总收入为33.3 069万文莱元，其中关税为13.0 881万文莱元，土地税收入为7.2 595万文莱元，专卖税收入为5.2 974万文莱元。其他收入包括执照税、人头税、审判税、印花税、土地拍卖费和买卖费以及利息收入等。在第二次世界大战特别是文莱1984年独立后，由于石油和天然气的开采生产成为文莱的经济支柱，文莱的财政收入的98%主要来自石油和天然气的出口与矿区使用费。目前，文莱的财政收入的主要来源是：（1）公司税，主要是来自文莱壳牌石油公司和文莱液化天然气公司缴纳的公司税和石油矿区租让费，也包括其他公司缴纳的公司税；（2）政府财政收益，即政府在国内和国外投资及结余外汇储备长期存放在国外、投资或存入银行，每年收取一定利息（利率5%~6%）所获取的收益。这两项财源历年占文莱财政收入的98%。

（二）财政支出

文莱政府的财政支出，主要有3个项目：（1）固定支出：包括王室费、养老金费；（2）经常支出：包括国防费、教育费、公共事业费、医疗费、警察、宗教、电力和电讯、广播费等；（3）开发基金。这3项支出中以经常开支占比重最大，开发资金次之。两项开支占95%以上，而经常支出就占76%，如文莱财政部于2004年4月初经苏丹批准公布的2004—2005年财政年度预算，支出总额49.9亿文莱元，其中经常预算支出39.9亿文莱元，占67.97%，开发基金占20%。以后各个财政年度基本上一样。据文莱《婆罗洲公报》2014年3月23日报道，文莱政府2014/2015财年预算支出共计59.8亿文莱元，约合47.47亿美元。其中财政部9.27亿美元，教育部6.12亿美元，国防部5.71亿美元，卫生部2.96亿美元，发展部2.46亿美元，宗教事务部2.06亿美元，内政部1.32亿美元，外交与贸易部1.13亿美元，文化、青年和体育部0.81亿美元，工业与初级资源部0.72亿美元，交通部0.67亿美元，首相署0.64亿美元，能源局0.04亿美元。

从总的情况看，由于文莱的石油、天然气生产的不断发展以及文莱对外投资的扩大，文莱政府通过税收所得的财政收入逐年增多，并经常超过其财政支出。如1984年文莱独立时，与石油、天然气的公司税和矿区使用费的收入为26亿文莱元，外汇储备存入海外银行和投资收取的利金为47.6亿文莱元，两项合计为73.6亿文莱元，人均收入达到3万余文莱元，折合美金1.5万美元，位居世界前茅。20世纪90年代末以来，尽管受到1997年亚洲金融危机的影响，但文莱的财政收支也还有盈余。据文莱政府提供的数据，至2013年，文莱外汇储备一直保持为300亿美元，黄金储备30亿美元。无外债。

表5-1　文莱政府近年收支情况（单位：亿文莱元）

财年	2009/2010	2010/2011	2011/2012
收入	63.9	91.7	129.1
支出	66.4	63.5	68.1
盈余	-2.5	28.2	61

资料来源：文莱首相府经济计划发展局统计公报

二、金融业

文莱经济的一个显著特点是经济的"王族化"，另一个显著特点是合资企业相当多，而王室资本与国际资本又是紧密相联的。文莱政府在2011年年初正式设立了国家金融管理局，负责执行国家货币政策及监督金融体制运作，并且在6月份发行了该国第一张银联卡，开通了银联卡在文莱商户的刷卡支付。

（一）货币与银行

1. 货币

文莱自从沦为英国的保护国之后，在相当长的时期里没有发行本国的货币，只使用他国的货币，最初使用英镑，后来是使用新加坡和马来西亚的货币，作为本国流通和支付手段。1938年，在英国的操纵下，马来西亚、新加坡、纳闽及文莱4个国家联合成立一个货币基金管理局，管理货币的使用和流通。1952年1月1日，马来西亚、新加坡、文莱联合设立一个货币局，管理各国货币事宜。该货币局有权发行货币，在5个地区里流通，实际上是马来西亚货币。根据1952年的协定，该局发行的货币是文莱唯一合法的货币。1967年，文莱设立了本国的货币局，发行本国的货币。从1967年6月2日起，根据与马来西亚和新加坡之间设立的3国通货相互等价交换协定，文莱货币的票面价值与新加坡元、马来西亚货币林吉特相等，并可以自由流通。1973年5月8日，马来西亚废除同文莱相互通货等价交换协定，文莱决定从1973年6月21日起，也同马来西亚停止通货等价交换协定，但仍同新加坡保持两国间通货自由等价交换至今。

货币名称：文莱元（简称文元）

汇率：根据文莱与新加坡两国签署的协议，文莱元与新加坡元同等值，并可以在两国流通，实行1：1汇率挂钩。文莱元与美元在文莱可以自由兑换，货币比价随行就市，外汇可以自由汇入汇出，无外汇管制。

2. 银行

文莱未设国家中央银行，文莱财政部设货币局和金融局负责金融的管理，货币局负责国家货币；金融局负责监管金融体系运作，包括签发银行营业执照。目前，文莱共有7家商业银行和1家伊斯兰教银行及1家金融机构等9家金融机构即：汇丰银行、渣打银行、花旗银行、华联银行、马来西亚银行、拜杜里（也有译为佰都利）银行、文莱伊斯兰教银行、文莱伊斯兰教发展银行、文莱回教信托基金有限公司。

文莱9家金融机构一共有40多个分支机构。除商业银行外，文莱还有5家金融公司。目前，文莱有保险公司26家，其中最大的是文莱国家保险公司，其他多数是外国保险公司在文莱开设的分支机构或辅助机构。文莱伊斯兰金融及保险业务发展迅速，目前，全国40%的银行业务由伊斯兰教银行和金融机构经营，26%

的保险业务也伊斯兰化。1991年9月，文莱成立第一家伊斯兰教金融机构——文莱伊斯兰教信托基金（TAIB），1993年1月，文莱国际银行转变为文莱伊斯兰教银行（IBB），2000年7月，文莱发展银行改名为文莱伊斯兰教发展银行（IDBB）。文莱现有3家伊斯兰教保险公司：TAIB所属Takful公司（成立于1993年3月），IBB所属TakafulIBB公司（1993年5月）和IDBB所属TakafulIDBB（2001年）。文莱伊斯兰教银行（IBB）是目前文莱最大的伊斯兰教金融机构，该行资产总值从1993年的6.72亿文莱元增至2002年的18.62亿文莱元，10年之内增加了2倍。至2013年，已经接近30亿文莱元。

（1）在文莱成立国际银行的形式与运作

银行可以通过注册成为国际商业银行，以一个独立的个体的方式成立。根据国际银行法令，另一个可行的方法是在已经成立的机构下注册分行，成为外国国际银行，这种做法可避免资本分散。

目前，在文莱成立银行最低资本额为不少于500万文莱元。财政部部长还可以根据情况提出高于此数额的要求。

银行执照年审费，商业银行和回教银行的执照年审费均为5万美元；投资银行执照年审费为3.5万美元；有限银行执照年审费为2.5万美元。

（2）各种银行的业务

①国际银行业务

主要有：公众（非居民）存款，提供货款、开发信用卡和收款及汇款。此外，除按照传统方式进行业务交易外，还扩展到网上或者其他电子技术交易等各种业务项目，包括外汇交易、开发担保、贸易融资、业务发展融资和不同行业信贷、消费者信贷、投资银行业务、回教银行业务、经纪和风险管理服务。

②国际投资银行业务

包括：提供咨询与顾问服务，有关企业与投资事宜、工业策略和相关问题，合并与重组及收购事宜或代表任何人进行和管理投资项目；提供信贷服务，包括担保和承诺；参与发行股份或股票及进行中的服务；安排与认购债券和股票的发行。

③国际回教银行业务

所进行的业务项目，其宗旨与运作方面完全不涉及任何违背回教教义的事。

若国际金融中心的条文出现相互矛盾的情况，回教法条文有最后决定权，不过必须在不影响到银行优质运作之下行事。此外，也规定委任一个回教理事会。文莱国内回教银行法规所有权只限于当地人的条文，不适用于国际金融中心。

（3）银行机构职责

①接收需要审核的年度账户；

②进行现场检查；

③收到有关业主和关键人员涉及重大费用的通知（这笔费用亦须取得总部设在文莱的银行的同意）；

④就犯罪或非法行为的案件及当银行有必要进行干预时，展开调查和采取行动。

3. 金融中心

文莱实施经济多元化的战略中一直致力于建立金融中心，1997年，亚洲金融危机和文莱阿美杜（Amedeo）建筑公司的破产，促使文莱加紧实施这一计划。文莱发展成国际金融中心所具备的条件，要比其他地区有过之而无不及。虽然目前文莱没有转口贸易，也没有足够的国际金融方面的人才，但有丰富的石油和天然气、稳定的政治环境、和谐的种族关系，加上没有外债、外汇储备丰富。有良好的基础设施、优越的地理位置、便利的交通和宜人的环境。文莱政府免征个人所得税、预提税、销售税，没有外汇管制，在中心注册的岸外公司不需缴纳公司营业税，在加上文莱有完善的英国的普通法系统，以及金融中心应该具备的国际法规，如：（1）防范国际洗黑钱；（2）保障金融运作；（3）公司交易；（4）国际信托；（5）互惠基金；（6）伊斯兰基金等一应俱全的法规。因此，文莱有条件成为国际金融中心。

2000年7月15日，现任苏丹在其54岁诞辰纪念会上发表讲话时宣布，文莱将建立国际金融中心"旨在把文莱建成金融、银行、证券和保险中心。"文莱财政部副部长穆纳普对新加坡《商业时报》记者说，文莱金融中心将效仿"新加坡和巴林国际金融中心的模式"，与同新加坡、中国香港以及加勒比海的英属群岛一样提供岸外金融中心业务。为此，文莱制订了5项有关国际银行和信贷的法令，2000年出台了保险、证券和合股投资的法规。2002年，经文莱财政部批准，文莱成立第一家证券交易公司——国际文莱交易公司，交易公司在文莱经营的证券交易所不同于一般传统的交易所，它将成为首家泛亚洲交易所，即整个地区的公司及投资者可不必在文莱设立业务的情况下参与。这是文莱国际金融发展中的一个里程碑。要建成国际金融中心，文莱尚有一些问题要克服。文莱现有的金融管理法令尚未完善，虽然文莱设有银行IDB协会，并订出有关存、贷款的规定，但银行之间没有交换信用情报和票据的制度，故活期贷款长期未进行。虽然有银行法，但在办了开设银行的手续之后，完全没有行政监督。因此，当部分银行出现信用危机时，财政部门只能在口头上表示支持，而无实际行动。文莱政府已经采取措施整顿金融秩序，修改及制定更多法令，以弥补现有法令条文未尽善之处。诸如规范金融体制、制定有关文莱国际会计标准，防止洗黑钱法令及自由区法令，效仿新加坡于2002年成立了具有本国特色的文莱金融中心。

文莱国际金融中心的组织结构：

文莱国际金融中心隶属文莱财政部（Ministry of Finance），中心负责人为总监，总监接受财政部常任秘书的领导，常秘之上还有第二部长、部长，目前，部长由苏丹亲自兼任。中心共设有注册、银行监管、证券和共同基金、国际保险、国际信托、人力资源和推广等6个部门，员工约15人。

文莱国际金融中心提供的服务有：

（1）注册和组建离岸公司

（2）注册和组建国际合伙公司

（3）信托行政管理

（4）申请国际银行业执照

（5）申请国际保险业执照

（6）申请国际伊斯兰银行业执照

（7）共同基金

（8）注册代理和委托许可

文莱发展国际金融中心的特点：

（1）文莱政局稳定，民族关系和谐，社会安定，治安状况良好。

（2）文莱基础设施完备，道路、通讯发达。目前，文莱已建成"下一代网络"（Next Generation Network NGN），并已开通第三代移动通讯网络（3G）；文莱交通便捷，目前，已开通到新加坡、泰国、菲律宾、印度尼西亚、马来西亚、澳大利亚、中国、英国、德国、中东等地的直达空中航线。

（3）文莱税收低廉。文莱政府免征公司所得税、个人所得税、印花税、营业税等。

（4）文莱无外汇管制，资金进出便利。

（5）文莱法律体系较为完善。文莱实行英国普通法体系，国际金融中心的法规也比较健全。

文莱国际金融中心的主要目标有：

（1）提供金融增值服务，推动文莱及亚太地区经济多样化和增长。

（2）为地区和国际的法人及个人提供安全、低耗和调控灵敏的国际金融服务。

（3）为文莱提供就业机会及培养高素质金融专业人才。

（4）吸引国际专业人才，帮助提高文莱国际金融中心的运作水平。

（5）带动文莱相关产业，如中介、法律、咨询、运输等服务业以及旅游等产业的发展，从而带动文莱经济的整体增长。

（6）推动文莱以平等的身份参与全球经济活动，扩大文莱与其他国家经济的交流与融合。

文莱国际金融中心的重点发展领域有：

（1）银行业。

（2）证券业。

（3）保险业。

（4）信托和合作。

（5）发展伊斯兰银行业务是该中心的一个重点发展领域。中心成立之初，文莱苏丹就表示，文莱和其他穆斯林国家关系良好，通过发展伊斯兰金融业，要把文莱国际金融中心建设成为东亚和中东伊斯兰金融的桥梁。目前，文莱已经加入吉达伊斯兰发展银行组织（Islamic Development Bank, Jeddah）、国际伊斯兰金融市场（the International Islamic Financial Market, IIFM），以及伊斯兰金融服务理事会（the Islamic Financial Services Board, IFSB），同时，文莱还积极参加众多推动伊斯兰金融业发展的地区和国际会议以及相关活动。

此外，这个中心将和其他国家建立更密切的交往，进而发展为商业友好伙伴。而更重要的是，文莱国际金融中心有如催化剂，能使文莱成为区域和全球金融业的一份子。中心提供的设施，能吸引重要金融伙伴到文莱大拳脚，促进商业活动，并产生上述提到的所有益处。

4. 文莱生效的金融法律

文莱金融法律体系较为完善。文莱实行英国普通法体系，国际金融中心的法规也比较健全，目前，已施行的法规有：

（1）反洗钱法 Money Laundering Order，2000（MLO）

（2）刑事犯罪行为法案 Criminal Conduct（Recovery of Proceeds）Order，2000（CCROP）

（3）国际银行法 International Banking Order，2000（IBO）

（4）国际业务公司法 International Business Companies Order，2000（IBCO）

（5）注册代理和受托执照发放法案 Registered Agents and Trustees Licensing Order，2000（RATLO）

（6）国际信托法 International Trusts Order，2000（ITO）

（7）国际合伙公司法案 International Limited Partnerships Order，2000（ILPO）

（8）共同基金法案 Mutual Funds Order，2001（MFO）

（9）证券法案 Securities Order，2001（SO）

（10）国际保险法案 International Insurance and Takaful Order，2002（IITO）

5. 成立文莱公司的优点

（1）文莱的国际商业公司不需要支付所得税，资本利得税，印花税以及其它直接税收；

（2）没有外汇管制，资金可灵活调动；

（3）保密性良好，不需要向政府机关公开最终受益人的资料；

（4）文莱本身为 APEC、WTO、UN、ASEAN 等国际组织之会员国，国际形像佳，可提升企业形像及灵活度；

（5）公司名称：可中／英文并列；

（6）登记资本额：无上下限之规定；

（7）政府规费：不会因登记资本额之大小而有差异，较可配合时下公司投资额之灵活调整；

（8）美化财务账面、强化交易正当性、减少税务单位对交易对象过于集中或交易金额过大之疑虑；

（9）为新兴之境外设立区，故拥有较多漂亮之名称可供企业选择；

（10）语言无障碍，华文、英文皆可通；

（11）境外金融中心成立于2000年，国际形像较为清新。

6. 注册文莱公司的法律要求

（1）授权和发行股本：标准授权股本为US$100 000，所有股票都有票面价值。

（2）若大幅提高授权股本也无需支付额外费用。最低发行的股份为一股。

（3）董事要求：必须委任最少1名董事，拥有任何国籍和具任何居所地的自然人或法人都可同时担任董事；董事的资料必须向公司注册处披露，但这些资料不会被公开作公众查册。

（4）股东要求：必须委任最少1名股东，拥有任何国籍和具任何居所地的自然人或法人都可同时担任董事和股东；股东的资料只需存档于注册代理人。

（5）注册地址：必须由注册代理提供相应的位于文莱境内的地址。

（6）成立步骤：提交公司章程和大纲，以及经由注册代理确认符合公司法要求的证书。

（7）公司名称：不可带有Royal, Bank, Building Society, Insurance, Assurance, Trust Company, Trustee Company, Chamber of Commerce, Chartered, Cooperative, Imperial, Municipal 或具有相关含义的词语，或任何暗示苏丹王Yang Di-Pertuan，或皇室成员的名字，任何有关文莱或其他国家政府或地方当局的名字。

（8）有限责任公司名须以Limited, Corporation, Incorporated, Société Anonyme, Sociedad Anónima, Berhad, Sendirian Berhad, Gesellschaft mit beschrankter Haftung 或缩写结尾。

（9）财务报表要求：文莱当局没有提交审计完毕的报表的要求，但如董事认为必要，公司仍旧需要准备财务报表以反映公司的财务状况。公司的财务报表需保存在该公司位于文莱境内的注册办公室，并且任何董事有权随时审查。

第六章　对外关系和对外经济合作

第一节　对外关系

一、对外关系概述

历史和现实告诉人们，一个国家只有享有独立主权，才有外交权。而文莱在相当的时期里却无外交权，自16世纪中期起文莱相继遭受葡萄牙、西班牙、荷兰、英国等国的侵略和统治，特别是1888年沦为英国保护国后，其国防、治安与外交由英国管理，文莱无外交权。只是到了1984年1月1日文莱获得完全独立后，文莱才真正掌握对外关系事务权力。

文莱独立后，奉行不结盟和同各国友好的外交政策。主张国家无论大小、强弱，都应相互尊重主权和自主，反对战争和侵略，维护和平，重视维护地区和平、安全与稳定，对区域经济合作持积极态度，主张各国实行贸易、投资自由化和开展经济技术合作；积极参与和支持国际组织的活动，并积极扩大其对外关系，努力塑造一个新的国际形象。同时重视同中国、日本、美国等大国关系，努力发展同各国特别是东盟邻国的友好关系。

文莱视东盟为其外交基石，主张通过东盟实现地区稳定、繁荣与团结。1984年1月1日独立后就于当月7日加入东盟，成为东盟第六个成员国，与东盟各国关系密切。

近年来，文莱积极参与地区和国际事务，2000年，主办第八次亚太经济合作组织领导人非正式会议；2001年，主办第七次东盟领导人会议和第五次东盟与中、日、韩（10＋3）领导人会议；2002年，主办第九次东盟地区论坛（ARF）外长会；2013年，担任东盟轮值主席国，承办了东盟一系列会议及活动。

至2013年，文莱与160多个国家建立外交关系，在40多个国家和组织设有使领馆、高级专员署（英联邦国家对使馆的称谓）和常驻机构。

二、文莱的主要对外关系

文莱根据其国家的实际情况，在对外政策及对外关系的发展中主要表现在以下几个方面：

（一）与联合国等国际组织的关系

在对外关系中，文莱将联合国视为维护世界和平的重要力量，重视联合国的作用和影响，文莱独立后仅1个月（1984年2月24日）就加入了联合国（UN）。为庆祝文莱加入联合国，文莱苏丹向联合国儿童基金会捐赠了100万美元。此后又向联合国捐助了200万文莱元（约合110万美元），分别用于柬埔寨的战后恢复和波斯尼亚—黑塞哥维那的救援穆斯林工作，还派了一支12人的警察小组参加联合国驻柬埔寨维和部队。1985年6月，文莱加入了联合国的一个专门机构——世界卫生组织。文莱认为，进入21世纪以来，国际形势的变化对国际关系产生了深刻影响，联合国和地区组织应在维护和平、保持稳定和促进发展中发挥作用。支持联合国改革，希望通过改革加强联合国的地位和作用，提高联合国的效率和活力，认为安理会改革应多倾听中小发展中国家的声音，增加发展中国家的代表性。在2006年9月的联合国大会上，文莱外交大臣提出超越政府改革的建议，并重申了对不结盟运动所持立场的坚持。

文莱积极发展与国际组织的关系。文莱是伊斯兰会议组织成员国，系亚太经济合作组织（APEC）和亚欧会议（ASEM）成员及英联邦和不结盟运动等国际组织成员国。1993年12月9日，加入关贸总协定。1994年4月15日，在乌拉圭回合谈判最后文件上签字，成为世界贸易组织（WTO）成员国。

（二）与欧洲、北美洲及澳洲各国的关系

文莱积极发展同欧洲、北美洲及澳洲的关系，进行政治、经济等方面的合作。1988年1月，文莱—欧共体联合投资委员会宣告成立。同年5月，文莱外长到德国出席第七次东盟—欧共体外长会议，参与讨论了广泛的政治、经济问题。这次会议的成果之一是决定在文莱建立一个联合管理培训中心，由文莱支付600万文莱元（约330万美元）的建筑费用，欧共体则负责提供设备和200万文莱元（约110万美元）的日常开支。这个项目被列入东盟—欧共体联合合作委员会的议事日程。

1. 同英国的关系

文莱独立前曾长期为英国的保护国，自1888年起至1983年止的95年，文莱

的外交事务一直由英国掌管。独立至今，两国仍保持着密切的政治、军事、经济、司法联系。文莱仍然是英联邦的一个成员国。文莱苏丹哈吉·哈桑纳尔·博尔基亚在独立前夕就说过，文莱与英国之间有着特殊的关系，文莱独立后将继续维持这种关系。文莱在军事上与英国的联系最为密切，主要表现在：英国帮助文莱培训高级军官，并供应武器装备；文莱独立以来，一直让英军的一个营留驻文莱，负责守卫油田，文莱每年为此向英国支付300万英镑；在文莱皇家武装部队中也有130名英国军事顾问在指导工作。在贸易方面，英国向文莱出口的商品数量仅次于新加坡而居第二位。1992年11月，文莱苏丹应邀对英国进行独立以来的首次国事访问。1995年1月，文英双方签署了新的司法安排协议，规定自1995年1月31日起，文莱上诉法庭将成为刑事案件的终审庭，但仍允许民事案件上诉到英国枢密院。1997年2月，英国国防大臣波蒂洛访问文莱，同文莱苏丹和外交大臣进行会谈，双方就文莱购买英武器和英国廓尔喀部队留驻文莱事达成协议。4月，两国举行历史上规模最大的联合军事演习，参加部队约1万人。1998年4月，文莱苏丹在伦敦出席第二次亚欧首脑会议期间会见英国首相布莱尔。9月，英国女王伊丽莎白二世对文莱进行国事访问。1999年2月，英国外交国务大臣德里克·法切特访问文莱。2000年，英国国防部总参谋长查尔斯访问文莱。2001年5月，英国安德鲁王子对文莱进行工作访问；8月，文莱苏丹应英国女王伊丽莎白二世邀请参加英海军学院毕业典礼，并被英女王授予英国皇家海军上将军衔。2002年4月，文莱苏丹赴英国参加英国皇太后葬礼；5月，英国国防部高级代表团（副部长级）访问文莱；6月，英国军舰访问文莱，与文莱海军进行常规训练和演习；7月，文莱奥林匹克委员会主席苏弗里亲王和文化、青年和体育部大臣侯赛因赴英国出席英联邦体育部长会议及第17届英联邦运动会开幕式；10月，英国国防部高级代表团再次访问文莱。2004年5月，苏丹会见英国皇家海军参谋长艾伦威斯上将；6月，苏丹在伦敦向英国查尔斯王子颁发2004年回教国际奖；8月，英国军舰访问文莱；11月，英国安德鲁王子访问文莱。近年来，文莱仍然保持与其传统关系国——英国的密切交往与合作。每年，文莱政府高层领导都要访问英国。文莱苏丹于2011年5月3日访问英国，与英国首相卡梅伦会谈，表示将进一步加强双边关系。在教育、卫生、防务及环境保护等领域，两国通过经常的部长级会面不断加强合作。与英国加强教育合作是文莱与英国合作的重点。文莱教育部部长本·哈吉·阿朋于2011年1月9～12日到英国伦敦出席2011年世界教育论坛时顺访英国大学，拜访英国大学科学部长大卫·威勒，讨论文莱与英国教育合作事宜，两国教育部长就改进学生交换计划和年度海外计划以及高等研究领域中的合作进行交流。文莱文化、青年体育部长应英国政府的邀请于12月16日对英国进行访问，与英国讨论如强对文莱留学生的教育问题。在文化和教育上，英国对文莱也有很大的影响力。文莱在外国的留学生有将近一半在英国接受教育。

2. 同美国的关系

文莱重视与美国的关系，1984年独立的当天，美国就在文莱设立了大使馆，文莱则于同年3月在华盛顿设立大使馆，两国关系良好。1994年，两国开始互免签证。双方在军事和石油勘探开采上都有密切的合作。文莱和美国自1995年起，每年都联合举行一次海上备战合作与训练演习，目的是加强双方的合作，促进两国的友好关系，提升参加演习军官的技术与能力。近年来，美国积极发展与文莱关系，文莱与美国的交往与合作密切。2011年，美国新任文莱大使丹尼尔·希尔兹在向文莱苏丹递交到任国书时表示，希望加强两国在教育、军事和商业等领域的交流和合作，如在全球安全课题上合作、增加学生交流和建立新的商业立足点。他鼓励文莱人多到美国进行商业和休闲旅游，文莱是获得美国给予90天免签证待遇的国家之一。7月6日，美国舰艇在文莱参加了国际海上阅兵式，并于9日与日本、澳大利亚在文莱近海海域举行联合军事演习。据文莱《婆罗洲公报》2012年9月7日报道，美国国务卿希拉里6日抵达文莱，对文莱进行其2009年1月21日出任美国国务卿以来首次正式访问。美国国务院表示，希拉里短暂访问文莱，望同文莱苏丹陛下"重塑友好关系"，并开展教育和商业合作。文莱积极参加以美国为主导的于2006年成立的"跨太平洋伙伴关系协定"（简称TPP）。据文莱易华网2010年3月26日美国商务部的统计数字，目前，文莱是美国的第139位贸易伙伴国，美国出口到文莱的物品主要包括飞机、机械、电子机械及汽车。文莱是美国第124个主要供应国，文莱出口到该国的物品主要有编织品、石油、海产、成衣等。

3. 与欧洲、澳洲其他国家的关系

文莱独立不久就分别与德国（1985年）、法国（1986年）建立了外交关系。加拿大总理特鲁多1983年1月在文莱尚未独立时访问了文莱，是当时除了东盟国家外第一个访问文莱的外国政府首脑。近年来，文莱与加拿大加强了在教育方面的合作，文莱派学生到加拿大深造。

在澳洲，文莱与澳大利亚关系密切。1983年，澳大利亚在文莱设立了一个外交代办点，文莱独立后升格为大使馆。两国之间开展经贸往来，文莱在澳大利亚北部买下了两个大型牧牛场，其总面积比文莱本土还要大。两国之间的军事合作非常密切，每年都举行双边防务会谈，彼此向对方通报各自的长期防务计划。根据1985年11月两国签订的防务合作协定，文莱派步兵连队到澳大利亚昆士兰州的一个地面战训练中心进行丛林战训练，并派文莱军官到澳大利亚的几所参谋学院深造。自1986年9月以来，两国海军定期举行联合军事演习。

（三）与东盟各国的关系

文莱是东南亚的国家，与东南亚各国关系如何将涉及其国家的根本利益和安全问题，所以，文莱把东盟当作保持东南亚安全与繁荣的可靠支柱，视东盟为其外交基石，积极发展东盟各国关系。文莱在独立之后仅一周（1984年1月7日）即被批准加入东盟，成为东盟第六个成员国。这是该联盟1967年成立以来第一次接纳新成员，而文莱之所以能够如此迅速地被批准加盟，主要是因为它具备加盟的全部资格：在地理上，它处于东南亚地区的核心位置；在文化上，包括宗教、语言和风俗习惯等，也是马来族；更重要的是，印度尼西亚与马来西亚都已感觉到，本地区的安全和稳定，需要文莱参加到东盟这个组织中来。

文莱主张通过东盟实现地区稳定、繁荣与团结，重视维护地区和平、安全与稳定，对区域性经济合作持积极态度，主张各国实行贸易、投资自由化和开展经济技术合作。为此，文莱实施了一系列积极的行动，努力发展同东盟各国的关系。

在与东盟各国的国际交往中，文莱独立后加强了与邻国新加坡、印度尼西亚的关系，改善了同马来西亚的交往，巩固了在独立前就与泰国建立起来的外交关系，进一步发展了与菲律宾之间的友好关系；1992年，文莱又与越南建立了大使级外交关系。东盟组织扩大后，文莱与老挝、柬埔寨和缅甸的来往和交流逐渐增多。在1997年发生的亚洲金融危机中，文莱积极援助有关国家，分别向泰国、马来西亚、印尼提供了5亿、10亿和12亿美元双边贷款援助，足见富庶的文莱并没有忘记邻居的困难。目前，文莱的对外活动仍然以东盟为主，每年都有政府高层领导和各个部门领导及各个领域的代表团分别访问东盟各国，保持了政治与经济密切的关系，并多以东盟成员国的身份进行，在区域和全球性重大问题上与东盟其他国家保持一致。尽管文莱在东盟国家中人口少、资历浅，但仍受到其他成员国的尊重，并以其雄厚财力在东盟机构中发挥着一定的作用。

2001年和2013年，文莱任东盟轮值主席国，文莱主办了一系列东盟会议。此外，2002年5月，文莱还与刚独立尚未加入东盟的东帝汶建立了外交关系。

（四）与其他亚洲国家的关系

文莱与亚洲其他主要国家如日本、韩国、巴基斯坦、印度、尼泊尔等国家，都建立了友好的外交关系。近年来，文莱积极参加地区和国际事务，1999年以来，文莱苏丹每年出席了亚太经合组织领导人非正式会议、东盟领导人会议和东盟与中国、日本、韩国（10＋3）领导人会议及英联邦国家首脑会议等。

1. 同日本的关系

日本是文莱的最大经济贸易合作伙伴，是文莱石油和天然气的主要出口市场。文莱每年生产的大部分天然气和一半左右的石油都出口到日本。日本主要向文莱出口工业制品和进行大量投资，如协助文莱建立饲养肉用牛的畜牧场，协助制定造林计划，建立造纸厂和造船厂等，日本还帮助文莱投资局进行海外投资。日本外务大臣政务官菊田真纪子于2011年5月7～8日对文莱进行访问。文莱能源部部长亚斯敏于2011年12月13～20日访问日本。能源合作是文莱与日本合作的重点，文莱是日本重要的油气进口国。据文莱《婆罗洲公报》2011年8月30日报道，文莱苏丹批准日本三井集团在文莱投资28亿美元建设天然气下游综合产业基地。该产业基地选址在双溪岭工业园区内，将建立包括生产氨、尿素、二铵磷酸盐、硫酸铵、三聚氰胺和己内酰胺的6个工厂，生产制造化肥、纺织品和塑料的原料。

2. 与韩国的关系

1984年文莱独立时，韩国予以承认并要求建立外交关系。1986年7月，文莱外长访问韩国，与韩国外长讨论了发展和加强双边关系的问题，韩国方面答应让韩国的公司参与文莱1986—1990年五年计划中拟定的建筑和农业开发项目。1987年2月，文莱在汉城（今首尔）开设了大使馆。1988年6月，韩国贸促会在文莱首都斯里巴加湾市举办了韩国贸易博览会。

进入21世纪初以来，两国之间的贸易发展迅速。韩国出口文莱的商品种类繁多，其中包括汽车。文莱向韩国出口的主要是石油，其生产的石油有17%出口韩国。韩国在文莱的建筑业中有大量的投资，另外，还参与文莱的小型农业开发项目。

3. 与巴基斯坦的关系

文莱与巴基斯坦同属伊斯兰国家，在文莱独立前两国就已有友好往来，巴基斯坦派了顾问到文莱的财务部门帮助工作。1984年2月，齐亚·哈克总统应文莱苏丹的邀请，参加了文莱的独立庆典。在访问期间，两国决定建立外交关系，使现有的友谊得到巩固和发展。1985年3月，巴基斯坦在文莱开设了大使馆。

1992年9月，文莱苏丹哈吉·哈桑纳尔·博尔基亚对巴基斯坦进行了4天的正式访问，两国领导人同意在教育和农业方面开展合作，并由巴基斯坦向文莱提供劳动力。

4. 与印度的关系

文莱与印度有着悠久的历史关系。根据有关史料记载，远在公元4世纪时，印度人曾来到文莱，并带来了印度的文化影响。文莱独立后，文莱与印度逐步建立了关系。文莱与印度于1984年5月10日建立外交关系，文莱苏丹于1992年9月对印度进行国事访问，两国于1995年2月24日设立双边联合委员会以进一步加强双边合作。两国于1995年签署航空服务协定，进而于1997年8月5日签署在文莱设立一个遥测追踪及指令站的协定。目前，文莱还是印度石油的供应国之一。印度与文莱于2003年开始有原油贸易关系，当年采购了两船原油，2004年，采购量增加到200万桶，2005年7月初，文莱壳牌石油公司与印度第三大石油公司签订了180万桶原油贸易合同，即每天5 000桶诗里亚轻质油，占目前文莱日产量的2.5%。2011年9月26日，印度外交事务部国务部部长阿哈马德访问文莱，文莱苏丹在会见阿哈马德时表示要进一步加强文莱与印度的双边关系和各个领域的合作。

5. 与尼泊尔的关系

文莱与尼泊尔有着特殊的关系，这是因为驻扎在文莱负责保卫文莱油田的廓尔喀营的士兵全都是尼泊尔人。

1985年9月和1986年初，尼泊尔国王比兰德拉陛下和一个尼泊尔代表团先后访问了文莱，两国决定扩大贸易和旅游业方面的联系。1986年年底，文莱开始按国际市场价格向尼泊尔出售石油。

（五）与伊斯兰世界的关系

由于历史和宗教的原因，文莱非常重视发展同伊斯兰教国家的关系，这是文莱外交政策的另一个基础。文莱独立后不久即成为伊斯兰会议组织成员国。1984年2月，文莱苏丹亲自出席该组织在卡萨布兰卡召开的会议。1987年3月，文莱决定参加伊斯兰开发银行的长期性资助商业计划，以促进伊斯兰各国的之间的贸易。伊斯兰会议组织于1989年3月在利雅得召开会议，在会上文莱重申：它坚决支持巴基斯坦人民对其国家所拥有的主权和阿富汗人民决定其未来的权力。文莱同其他穆斯林国家一起呼吁人们谴责引起争论的著作《撒旦诗篇》，并支持"伊斯兰教徒与巴基斯坦人的团结"。基于以上原则，文莱于先后同约旦（1985年3月）、卡塔尔（1992年4月）、阿拉伯联合酋长国（1992年5月）等国家建立了外交关系。自从1984年以来，文莱苏丹及政府各个部门领导都分别访问伊斯兰教国家。

第二节　中国与文莱关系

一、历史上中国与文莱关系

中国与文莱都是亚洲有历史悠久的国家，自古以来两国人民之间就有着传统的友好往来，只是到了19世纪末期文莱沦为英国的保护国之后，两国交往才被迫中断。直到1984年文莱独立后，文莱才能有权独立自主展开对外关系。1991年，中国与文莱建立外交关系，从此中国与文莱关系翻开了新的一页，建交以来，两国在各个领域交往和合作越来越密切，两国关系进入了一个新的阶段。

据史料记载，早在中国的南北朝时期（公元420—589年），两国就有了交往。当时中国史书称文莱为婆黎（又称婆利）。据《宋书》卷97记载："元徽元年（公元473年）三月，婆黎国遣使贡献。"这是中国古代史籍中有关文莱国遣使进贡的最早记载。此后两国的往来不绝于书。《梁书》卷54也记载："婆利国，在广州东南海中州上。去广州二月日行。天监十六年（公元517年），遣使奉表曰：……伏惟皇帝（指梁武帝萧衍——编者注）是我真佛，臣是婆利国主，今敬稽首礼圣王足下，惟愿大王知我此心。此心久矣，非适今也。山海阻远，无缘自达，今固遣使献金席等，表此丹诚。"普通三年（公元522年），婆利国王频伽又派遣珠贝智来贡白鹦鹉、青虫、兜鍪、琉璃器、古贝、螺杯、药、杂香等几十种土特产品。与此同时，两国民间也开始进行贸易交流，把中国的丝绸和陶瓷器运到了婆利国。其后，在隋朝大业十二年（公元616年），婆利国又曾遣使来华朝贡。而隋炀帝派往赤土的常骏也曾渡海到文莱。唐朝贞观四年（公元630年），婆利国遣使随林邑使者来献方物。唐朝末年，中国史书把"婆利国"改称为"渤泥"。在中国的史书里，渤泥之称首见于樊绰撰写的《蛮书》。唐代后，大都沿用"渤泥"这一称呼。

中国宋朝的对外交往，特别是海路对外贸易比唐朝更加频繁和繁荣。中国与文莱的海路贸易非常活跃。据记载，当时中国商人蒲卢歇常年泛海到渤泥国经商。渤泥国人民知道蒲卢歇从中国来，都感到非常高兴。后来，渤泥国王向打派遣使节随同蒲卢歇来宋朝朝贡。《宋史》对这件事有详实的记载：北宋太平兴国二年（977年），渤泥国王向打派遣正使施弩、副使蒲亚里，判官哥心等来向宋太宗赍送表文并贡献象牙、龙脑、檀香、玳瑁等方物。渤泥国王在文表中说："渤泥国王向打，闻有朝廷，无路得到。昨有商人蒲卢歇船泊水口，差人迎到州中，言自中朝来。……此时闻自中国来，国人皆大喜。即造船舶令蒲卢歇等导入朝贡……臣本国别无异物，乞皇帝勿怪。"宋太宗接到表文之后，立即诏谕，将渤泥国使者安顿到礼宾院下榻，并优加赏赐。宋神宗元丰五年（1082年）二月，渤泥国王锡理麻诺，再次派遣使者进贡。

宋代蒲姓商人前往渤泥经商一事，不但文献上有记载，而且有历史文物佐证。1972年，在今文莱首都斯里巴加湾市的古墓中，发现一块中国墓碑，上面刻有"南宋泉州判院蒲公之墓"十个大字和"景定甲子男应甲立"一行小字。它立于南宋理宗景定五年（1264年）。这是迄今为止海外发现的最早的汉文碑铭，也是文莱所有墓碑中时间最早的。此外，在文莱曾经发现中国宋代的瓷器。这些充分说明了中国宋朝与渤泥有着密切的友好交往和商贸关系。元朝时，很多中国人前往渤泥经商。史书上有"优敬爱唐人，醉也则挟之以归歇处"的记载。

明代初期，中国进一步加强与南洋各国的联系，中国与渤泥的往来比前代更加频繁。明朝时，中国开始向渤泥派遣官员进行访问。据史书记载，洪武三年（1370年），明太祖派遣御史张敬之、福建行省都事沈秩出使渤泥。之后，渤泥国王马合谟沙即遣使同张敬之来中国奉表，并贡献鹤顶、孔雀、米龙脑、生玳瑁、西洋布等土特产。

到了明朝永乐年间（1403—1421年），中国和渤泥的友好往来空前繁荣，双方的关系非常密切。永乐三年（1405年），渤泥国王麻那惹加那遣使入贡。明成祖随即遣官封麻那惹加那为渤泥国王，并赐给印诰、锦绮、堪合、敕符、彩币等赐品。国王收到这些物品之后，极为高兴。永乐五年（1407年）冬，中国伟大的航海家郑和第二次下西洋时，曾率领宝船队访问过渤泥国。永乐六年（1408年）八月，渤泥国王麻那惹加那率领妻子、弟妹、子和陪臣来明朝都城南京市访问，受到明朝政府的隆重接待，让他们在礼待外宾的"会同馆"下榻。同年10月，国王患急症猝然逝世。他在弥留之际，嘱咐妻子和陪臣等人，希望死后"体魄托葬中华"。明成祖闻讯，极为悲恸，辍朝三日，并派官员致祭，同时命工部备办棺椁、明器，把国王遗体葬在南京安德外石子冈，树碑神道，有在墓旁建祠，派人守墓，还依照中国礼仪，赐给"恭顺"称号，以纪念他生前与中国的友好业绩。

中国明朝航海家郑和七下西洋时曾驻节文莱，并留下许多佳话。文莱斯里巴加湾市以郑和属将的名字命名的王三品路，中国南京的渤泥墓，已成为两国人民友好往来的历史见证。

国王病故后，明成祖立即册封其子遐旺为渤泥国王。待新王回国时，明成祖赠送丰厚的礼物，并派张谦、行人周航护送回国。国王生前，曾经要求明成祖封渤泥国的后山为一方镇。新王继位后再次提出要求。明成祖于是封渤泥后山为"长宁镇国之山"，并撰写碑文，命张谦等刻在碑上。永乐八年（1410年）九月，新王遣使随张谦等入贡，以表谢忱。第二年，明成祖又派张谦前往渤泥，回赐国王遐旺锦绮、纱罗、彩绢120匹，对其他官员也分别赏赐。永乐十年（1412年）九月，遐旺以国王的身份偕同其母来华访问，并祭扫其父之墓，直到第二年即永乐十一年（1413年），遐旺一行才回国。遐旺的访问受到了明成祖的隆重招待。永乐十三年（1415年）到明仁宗洪熙元年（1425年），渤泥国又先后4次入贡，后来贡使渐渐减少，但商人则往来不绝。

中国明朝嘉靖年间，渤泥国摆脱了麻喏巴歇王国的羁縻，拓展疆域到今巴沙、沙捞越以及加里曼丹岛西北部的三发和坤甸，而且把今菲律宾的苏禄群岛也纳入自己的统治范围。于是国力强盛的渤泥国王又派遣使臣来华进贡。

近代，随着西方资本主义列强的不断入侵，文莱国力和南洋其他国家一样逐渐衰落。1872年，英国殖民者在北加里曼丹成立殖民地公司，把北加里曼丹分割成文莱、沙涝越、沙巴三块殖民地；1888年，英国把文莱变成自己的保护国。经过殖民主义者的多次分割，历史上幅员辽阔的渤尼国逐渐缩小成如今的文莱国。从此，中国与文莱暂时中断了关系。

二、中国与文莱的民间交往与中国移民

中国与文莱两国人民之间的交往早于两国政府之间的交往。最初的交往形式是海上贸易往来。自古以来，文莱就是龙脑和贝壳的主要产地，其以丰富的产量和优良的质地而闻名于世。中国古代则是世界闻名的科技大国。中国闽粤沿海商人经常泛舟远渡文莱，以陶瓷、纺织品和铁铜器等产品与当地人民换取龙脑和贝壳回国销售。关于这些是有历史文物佐证的。例如位于今沙捞越的山都望就出土了中国唐宋时代各大名窑出产的陶瓷器皿。而据历史学家考证，中国古代西南地区广泛流通的贝币，很大一部分是从文莱输入的。

唐朝时期，随着经济社会的不断发展和两国贸易量的逐渐扩大，中国东南沿海的人民便开始向文莱移民和定居了，并且逐步与当地土著人民建立了姻亲关系。起初，中国人移民文莱主要是为了控制龙脑的贸易，后来文莱发现了铁矿，不少中国人就移居那里开采铁矿和建立冶铁基地。20世纪80年代，在山都望地区的宋加武儿发现一个规模宏大的工业遗址，经考古学家和历史学家的鉴定，该工业区是中国唐宋时期的泉州人前去开辟并建立起来的。宋末元初的战乱也迫使沿海地区的大批中国人和不愿投降元朝的一批宋朝水师逃往文莱躲避战祸，并在那里定居和繁衍生息。据说，现在当地的杜逊人就是那批水师与当地人结婚而生的后裔。他们当中以姓林者居多，疑系中国福建沿海一带的人。元朝皇帝忽必烈派大将史弼前往爪哇平乱时，路经加里曼丹，曾有大批华人留居该地。明朝永乐年间，中国著名航海家郑和下西洋（今南洋）时，也曾有部分福建人随行，后来留在文莱定居。据《明史》"婆罗传"记载，"万历时，为王者闽人也，或者郑和使婆罗有闽人从之，因留居其地，其后人竟据其国而王之。"文莱的《王室世系书》也谈到中国总兵王三品在基纳巴鲁山降龙夺珠，归顺文莱并继任苏丹一事。

到18世纪时，文莱苏丹为了发展胡椒和橡胶业，曾向中国招募大批华工前往工作和定居。据统计，当时在文莱的华侨共有2万多人，占当时文莱总人口的1/4。华侨来到文莱之后，不仅从事种植业，而且从事商业。他们为文莱的经济发展和城市建设做出了重要的贡献。当地人以"华人是文莱城的建造者"来赞誉他们。19世纪后期，英国殖民者的入侵使文莱的国土变得四分五裂，当地的华人也受到了强烈的冲击，文莱本土的华人数大量减少，只剩下约300人。他们大多

来自厦门东部列屿和小金门岛，以经营商业、农业（以种植橡胶和胡椒为主）和手工业为生。其中华人以种植胡椒而闻名，占全国胡椒总面积的80% 当代文莱华侨华人社会源于20世纪前期。1913年，英荷壳牌石油公司在文莱马来奕发现大量石油，由于石油的勘探和开采以及随之而来的城市商业的发展，华侨又开始大量地涌入文莱。据统计，从1930年到1960年，华侨人数从2 700人急剧增加到21 800人。他们主要分布于文莱的市区或郊区以及诗里亚、都东与马来奕等主要城市里。其中华人人数最多的是诗里亚，该地油矿区的华工共有11 000人。首都斯里巴加湾市的华人约有3 000人。在油田工作的华人多数来自香港。他们原籍广东省，其中以揭阳为最多。后来又有华人来到文莱谋生。目前，文莱各主要市镇的百货、商场、进出口贸易、批发零售等，不少由华侨华人经营。随着都市人口的不断增加，各种服务行业如餐馆、旅业、建筑业、航运、运输业等也大部分由华商投资经营。华侨华人在商业活动中既得到了利益，也为文莱的经济贸易发展和与中国发展贸易关系作出了贡献。

三、当代中国与文莱的关系

（一）建交前的中国与文莱关系

1949年10月1日，中华人民共和国成立后，由于文莱仍然是英国的保护国，文莱没有外交权，加上当时处于冷战时期的世界格局，中国与文莱没有建立外交关系。尽管这样，中、文两国之间还是开展了贸易来往。从1958年起，中国和文莱就建立了经贸关系。主要是经过新加坡进行转口贸易，而且以中国对文莱的出口为主，向文莱供应食品和轻工业品。据1978年统计，中国对文莱出口的产品在当地的市场占有率，蔬菜水果为20.2%，未列名非金属矿产品为8.3%，未列名杂项制品为4.9%，钢铁为0.7%。

（二）建交以后的中国与文莱关系

1984年1月1日，文莱摆脱英国的殖民统治宣布独立的时候，时任中国国家主席李先念和国务院总理赵紫阳分别致电文莱苏丹哈吉·哈桑纳尔·博尔基亚，通知中国政府承认文莱政府；同年10月，文莱外交大臣电贺中国国庆。1989年，中国经贸代表团首次访问文莱。1991年9月30日，中国外交部部长钱其琛和文莱外交大臣穆罕默德·博尔基亚亲王在纽约联合国总部签订了关于两国正式建交的联合公报，宣布两国即日起建立大使级的外交关系，两国政府同意在和平共处五项原则和联合国宪章的基础上发展友好合作关系。中文建交后，双方友好和合作关系发展迅速。

1. 双方高层往来密切

建交以来，两国高层互访频繁。每年均有高级别官员互访，文莱多数内阁大臣都已访华。以时间为序，1992年7月，中国国务委员兼外交部部长钱其琛应邀对文莱进行正式访问。1993年6月，文莱外交大臣穆罕默德·博尔基亚亲王对中国进行正式访问；1993年10月和11月，两国先后在对方首都设立使馆，随后双边互派常驻大使。1993年3月，文莱政府取消对公民访华的限制。1993年10月，两国正式通航。1993年11月，文莱国家元首苏丹哈吉·哈桑纳尔·博尔基亚对中国进行国事访问，受到中国政府隆重热烈欢迎，访问期间，两国签署了《民用航空运输协定》。1993年11月，文莱投资代表团到中国访问，洽谈在中国投资事项。1993年，两国外交部建立定期磋商制度，到2003为止，两国已经举行了10次磋商。1994年，文莱苏丹胞妹、外交部无任所大使玛斯娜公主访华。1995年1月，中国国务委员兼国务院秘书长罗干应邀对文莱进行友好访问；7月，副总理兼外交部部长钱其琛赴文莱出席第二届东盟地区论坛会议。1996年两国签署了《卫生合作谅解备忘录》。1997年6月，文莱外交大臣穆罕默德亲王应邀出席香港政权交接仪式。1998年6月，中国全国人大常委会副委员长谢非应邀对文莱进行友好访问。1999年8月22～26日，应中国国家主席江泽民邀请，文莱国家元首苏丹哈吉·哈桑纳尔·博尔基亚对中国进行工作访问。访问期间两国发表了关于双边合作关系发展方向的《中华人民共和国和文莱达鲁萨兰国联合公报》，签署了《文化合作谅解备忘录》。两国外交部已建立了定期磋商制度。双方在经贸、文化、体育、医疗卫生、民航等领域的交流与合作逐步扩大。

进入21世纪以来，两国高层来往更加频繁。2000年，江泽民主席对文莱进行国事访问。2005年4月，胡锦涛主席对文莱进行国事访问。2001年，李鹏委员长访问文莱。2004年11月，温家宝总理在老挝万象出席中国与东盟领导人等会议期间会见文莱苏丹哈吉·哈桑纳尔·博尔基亚。2001年，朱镕基总理到文莱出席中国与东盟领导人等会议。2011年，温家宝总理对文莱进行正式访问。2013年，李克强总理到文莱出席东亚领导人系列会议并对文莱进行正式访问。

其他领导访问文莱的有：吴仪副总理（2005年）、贾春旺检察长（2006年）、中纪委吴官正书记（2007年）、陈炳德总装备部部长（2007年）、中央军委曹刚川副主席（2008年），杨洁篪外交部部长（2008年和2012年）、周铁农副委员长（2009年）、葛振峰副总参谋长（2009年）、南海舰队苏支前司令员（2009年）、天津市委张高丽书记（2009年）、戴秉国国务委员（2010年）、华建敏副委员长（2011年）、全国政协陈宗兴副主席（2011年）、回良玉副总理（2011年经停）、全国政协副主席、全国工商联主席黄孟复（2011年）、全国政协主席贾庆林（2012年）、全国政协副主席孙家正（2012年）、解放军副总参谋长戚建国中将（2013年）、王毅外长（2013年）、国务委员兼国防部部长常万全上将（2013年）、解放军总参谋长助理陈勇中将（2013年）、解放军副总参谋长王冠中中将（2013年）、国防大学校长宋普选（2013）等。

　　值得一提的是，2013年是中国与文莱关系史上不平凡的一年。年内，中国和文莱高层领导及相关部门领导非常重视中、文两国关系，相互交往密切，把两国关系推上了新台阶，各个领域的合作不断深入，成果明显。2月28日，文莱苏丹携同主要皇室成员和内阁大臣造访当地华社新春团拜活动，并表示对中国春节的祝贺。3月15日，文莱苏丹分别向习近平主席、李克强总理致贺电，祝贺他们分别当选国家主席和国务院总理。苏丹在致习近平主席的贺电中表示，希望与习近平主席共同努力，进一步加强两国长期友好合作关系和地区伙伴关系。由此打开了中、文两国最高领导人密切交往的序幕。4月4～7日，文莱苏丹对中国进行国事访问。习近平主席与文莱苏丹举行会谈。两国元首积极评价中文关系发展，决定将中文关系提升为战略合作关系。会谈后，双方共同发表了《中华人民共和国和文莱达鲁萨兰国联合声明》。李克强总理、全国人大常委会委员长张德江分别会见文莱苏丹一行。7日，文莱苏丹出席在海南省举行的博鳌亚洲论坛2013年年会开幕式并致辞。4月22日，文莱苏丹就中国四川省芦山"4·20"7.0级强烈地震分别致电习近平主席和李克强总理，对中国政府和人民表示慰问和支持。5月4日，文莱苏丹在斯里巴加湾皇宫会见到访的中国外交部部长王毅。5月8日，文莱苏丹会见了正在文莱访问和出席第三次中国—东盟国防部长会晤的中国国务委员兼国防部部长常万全。6月20日，文莱苏丹参观正在文莱参与由18国组成的人道主义援助救灾和军事医学联合演练的中国海军"和平方舟"号医院船。7月15日，习近平主席致函文莱苏丹祝贺其迎来67岁生日。习主席表示，多年来，文莱坚持走符合本国国情的发展道路，国家建设取得显著成就，他对此表示诚挚祝贺。10月1日，文莱苏丹兼首相哈吉·哈桑纳尔·博尔基亚分别致电习近平主席和李克强总理，祝贺中华人民共和国成立64周年。10月9～11日，李克强总理出席在文莱斯里巴加湾市举行的第十六次中国—东盟（10+1）领导人会议、第十六次东盟与中日韩（10+3）领导人会议和第八届东亚峰会，并发表讲话。同时对文莱进行正式访问。访问期间，两国发表《中华人民共和国和文莱达鲁萨兰国联合声明》。双方决定进一步深化两国关系，并一致同意加强海上合作，推动共同开发。与此同时，两国有关部门也保持了密切往来。以时间为序，2013年1月27～29日，文莱皇家武装部队司令阿米努丁少将对中国进行为期3天的访问，28日，受到时任中国国务委员兼国防部部长梁光烈上将会见；1月30日，中国国务院副总理张德江在北京会见来访的文莱外交与贸易部第二部长林玉成；2月24～28日，应中国外交部部长杨洁篪邀请，文莱外交与贸易部长穆罕默德亲王正式访华，2月27日，时任中国全国政协主席贾庆林在北京会见穆罕默德亲王；4月1日，文莱外交与贸易部第二部长林玉成第三次访华，中国国务委员杨洁篪、外交部部长王毅在北京分别会见来访的林玉成；5月4日，中国外交部部长王毅访问文莱；5月7～8日，中国国务委员兼国防部部长常万全出席在文莱举行的第三次中国东盟国防部长会晤；6月17日，中国海军"和平方舟"号医院船参加了"10+8"东盟防长扩大会机制首次人道主义援助救灾和军事医学联合演练；中国外交部部长王毅率团参加在文莱举行的第四十六届东盟外长会议、第十四届东盟与中日韩（10+3）外长会议；8月19～21日，中国商务部部长高虎城率团先后出席了在文莱举行的区域全面经济伙伴关系协定（RCEP）经贸部长会、中国—东盟经贸部长会、东盟—中日韩经贸部长会和东亚峰会经贸部长会，会议期间，高虎城还会见了文莱外交和贸易第二部长林玉成；8月21日，中国国家发展改革委副主任杜鹰率代表团来文莱出席东盟—湄公河流域开发合作机制（AMBDC）第十五次部长级会议；8月28日，中国—东盟互联互通合作委员会中方工作委员会主任、商务部副部长高燕和东盟互联互通协调委员会轮值主席、文莱外交和贸易部代副常秘都迪亚蒂在文莱共同主持召开中国—东盟互联互通合作委员会第二次会议；8月29日，文莱外交与贸易部部长穆罕默德亲王出席在北京举办的"中国—东盟特别外长会"，以纪念中国—东盟建立战略伙伴关10周年；8月28～29日，中国国务委员兼国防部部长常万全出席于出席在文莱举行的第二届东盟防长扩大会议会议；11月11~14日，国防大学校长宋普选率团出席在文莱召开的第十七届东盟地区论坛（ARF）国防院校长会议（HDUCIM）；11月13日，文莱外交与贸易部无任所大使玛斯娜公主到北京赴华出席"APEC女性领袖峰会"。这是玛斯娜公主2013年第二次赴华。此外，2013年，一些地方及部门领导也相互访问，中国方面：1月21~23日，中国香港工业与贸易署署长麦靖宇访问文莱；5月23日，中国共产主义青年团中央书记处书记周长奎到文莱参加东盟青年部长会期间顺访文莱；5月24~26日，于2011年11月与文莱斯里巴加湾市结为友好城市的南京市人大常委会主任陈绍泽率团访问文莱斯里巴加湾市；5月19~22日，中国国家邮政局副局长王梅率代表团访问文莱；6月14日，南京师范大学附属中学陈亚君副校长一行访问文莱。文莱方面：9月3~6日，文莱工业与初级资源部部长叶海亚代表苏丹陛下和文莱政府出席在广西南宁举办的第十届"中国—东盟博览会"。

2013年4月5日，中国国家主席习近平在同来访的文莱苏丹举行会谈时强调，中、文双方要坚持优势互补，加强油气、石化、新能源等领域合作，中方鼓励中国企业积极参与文莱基础设施、农业等领域建设，支持文莱经济多元化发展。双方要加强人民往来，增加互派留学生，推动文艺团组互访和医疗卫生机构交往。自从1991年中、文两国建交以来，双方一直进行以上合作，2013年，双方在以上领域进行了卓有成效的合作。

2. 经济贸易合作迅速发展

自从1991年中国与文莱建交后，两国关系平稳健康发展，经济贸易合作迅速发展是两国关系的重要表现。

双边贸易额迅速增长。1991年，两国建交时双边贸易额才1 300万美元。进入21世纪以来，两国贸易迅速发展。据中国海关总署统计，2000年，中、文双边贸易额为7 400万美元，其中，中国出口1 300万美元，中方逆差4 800万美元。2001年，中文双边贸易总额为1.65亿美元，其中，中国出口1 716万美元，进口1.48亿美元。2002年，双边贸易额2.63亿美元，其中，中国出口2 100万美元，进口2.42亿美元。2003年，两国贸易额增至3.46亿美元。2004年，两国的双边贸易额为3亿美元，其中文莱对中国出口达2.5亿美元。2005年，两国的双边贸易额为3.48亿美元，创历史新高，其中文莱对中国出口达2.52亿美元，中国出口0.96亿美元。2006年，两国的双边贸易额为3.1亿美元，其中，文莱对中国出口达2.15亿美元，中国出口1亿美元。中国对文莱的主要出口有食品、纺织品、服装、纸制品、钢材等。据中国海关统计，2007年，双边贸易额达3.55亿美元，比2006年增长12.7%，创历史新高。其中，中国对文莱出口1.13亿美元，同比增长13.1%；中国从文莱进口2.42亿美元，同比增长12.5%。中国主要向文莱出口传统食品、零件、蔬菜和水果和日常用品，文莱主要是向中国出口原油，因为中国需要文莱原油而推动了中、文两国贸易额创新高。而近年来两国贸易迅速增长，据中国商务部2011年1月30日的统计数据，2010年，中、文双边贸易额10.25亿美元，同比增长142.8%，其中，中方对文莱出口3.68亿美元，同比增长161.8%；进口6.58亿美元，同比增长133.3%，贸易逆差2.90亿美元。逆差主要是中国从文莱大量进口石油天然气，特别是文莱新投产的年产能力为85万吨的世界级甲醇厂向中国出口。据中国海关统计，2011年，中国与文莱双边贸易额达13.1亿美元，增长27.1%；中国文莱出口额7.4亿美元，比2010年增长102.5%；中国对文莱进口额5.7亿美元，比2010年增长14.7%，再创历史新高。据中国海关最新统计，2012年，中国与文莱双边贸易额达16.08亿美元，同比增长22.6%，较2009年翻两番，实现历史新高。中、文贸易中，中国对文莱出口实现大幅增长，达12.52亿美元，涨幅达68.2%，中国自文莱进口受原油进口减少影响仅为3.55亿美元，同比下降37.3%。2013年，中国与文莱贸易额为17.9亿美元，比2012年增长10.3%，其中，中国出口17亿美元，同比增长36%，进口0.9亿美元，同比下降75.9%。随着两国不断增进友好关系，两国的贸易将继续发展，前景令人看好。

中国与文莱加强了经济领域的各项合作，主要有如下领域：

在农业方面：2007年10月23～25日，农业部副部长牛盾率中国农业代表团访问文莱。访问期间，牛盾拜会了文莱首相署高级部长、王储比拉，与文莱工业与初级资源部举行了双边会谈，就加强中、文两国在农业、渔业、清真食品、人力资源等领域的合作进行了深入探讨。从2010年开始，中国与文莱实施开展农业合作项目。2010年4月15日至10月，中国广西玉林市政府和文莱工业与初级资源部农业局开展水稻研发合作试验，该项目取得圆满成功，获得文莱政府的好评，文莱工业与初级资源部部长叶海亚高度赞扬中方技术组勤奋工作、尊重科学、友好合作的精神，对中方试验取得的成果感到振奋，希望中、文两国继续在水稻科研和种植领域加强合作，为文莱实现2010年粮食自给20%的目标作贡献。叶海亚同时出席中国与文莱合资的金航（文莱）海洋生物有限公司收渔仪式，高度赞赏中国先进的渔业养殖技术，并希望更多的中国企业来文莱投资兴业。此外，根据广东省渔业局与文莱渔业局签署的合作谅解备忘录，2010年5月15日，中、文合作深水网箱养殖基地启动及海上放苗仪式在文莱摩拉港举行，计划依托文莱海域优良的水质和气候条件，大力开展深水网箱养殖、海洋生物开发、水产技术培训、清真水产品加工等业务。按照合作协议，至2011年年底，合作公司将投资395万美元，投放圆形深水网箱10组40口，计划年放养老虎斑、金昌鱼等名贵鱼种25万条，年产量达350吨。2011年3月10日，文莱渔业局与广西水产畜牧兽医局签署了一项关于生蚝养殖的渔业合作备忘录。双方表示，在备忘录签署之后，将继续落实在文莱养殖生蚝的项目，争取在短期内开始在文莱湾水域试养生蚝。亚洲最大肉牛加工企业长春皓月清真产业园区于2011年8月中旬在文莱成立，现已确定同包括文莱在内的10余个国家企业开展合作。据文莱《婆罗洲公报》2013年9月5日报道，在中国—东盟博览会期间，来自广西的鸣铭农业有限公司和文莱亚洲企业公司正式签署合作备忘录，未来将合资约330万美元在文莱建设农业产业园。该园区规划面积为80公顷，将分两期建成，每期各占地40公顷。园区内将种植蔬菜、水果和水稻，并同时设有鲜果品尝区和种植示范区。

在能源合作方面：两国政府支持双方在能源领域合作，2013年10月11日上午，中国国务院总理李克强在文莱同文莱苏丹举行正式会谈。会谈后，两国领导人共同出席了《中华人民共和国政府与文莱达鲁萨兰国政府关于海上合作的谅解备忘录》《中国海油和文莱国油关于成立油田服务领域合资公司的协议》等双边合作文件的签字仪式。双方同意根据签订的协议，支持两国相关企业开展海上共同开发，勘探和开采海上油气资源。在此之前，中国与文莱已经开始展开能源合作。据文莱《婆罗洲公报》2011年11月24日报道，文莱能源部部长表示，中国能源需求巨大，文莱愿意与中国加强能源合作，将来对中国原油出口数量将从目前的每天1.3万桶增加到1.6万桶，并积极吸引中国能源企业来文莱投资设厂。中国在太阳能和风能等可再生能源领域市场巨大，也是与文莱加强合作的领域之一，中国庞大的石油服务业也给文莱采购和合作提供了众多选择。2011年7月3日，文莱经济发展局宣布，文莱苏丹已批准中国大型民营企业——浙江恒逸集团在文莱大穆阿拉岛建设大型炼化厂项目的一期工程。一期工程投资约25亿美元，将部分使用文莱的原油和凝析油生产汽油、柴油和航油（日加工能力约13.5万桶，部分将供应文莱国内市场）以及纺织生产所需的化工原料——二甲苯（PX）和苯。

如一期工程执行效果满意，再经苏丹批准，浙江恒逸集团将增资35亿美元用于炼油厂二期扩建，生产塑料制品的原料——烯烃。炼化厂总占地260公顷，两期投资将达60亿美元，成为文、中两国建交以来最大的合作项目。据文莱《联合日报》2013年3月14日报道，文莱第二财长拉赫曼13日在第九届立法会上表示，本地油气下游产业未来有望蓬勃发展。其中，中国恒逸石油炼化项目为文莱最大外资投资，一期预计投资43亿美元，若进展顺利，将于2015年开工，未来将每年给文莱GDP贡献20亿美元，为本地创造800个就业机会，并带动周边服务业发展，该投资项目将大幅带动文莱GDP增长。据中国驻文莱大使馆经济商务参赞处网站2014年5月5日报道，文莱中海油服合资有限公司在完成企业注册手续后于5月初顺利召开了第一次董事会会议，审议并通过了2014年合资公司运营管理计划，从而标志着中国与文莱在油气开采领域的合作正式启动。该公司由中海油田服务股份有限公司与文莱国家石油服务公司共同出资成立，是中海油服首家境外投资企业。公司将为文莱Champion油田建造6座新平台，包括4座井口平台、1座钻井平台和1座天然气压缩平台。中海油服负责为合资公司提供技术指导，并协助培训当地员工。

在基础设施投资合作方面：近年来，中国有关公司积极参与文莱基础设施投资合作，从实施的情况看，已经取得良好效果。根据中方统计数据，2010年，中国对文莱投资额928万美元。截至2010年年底为2 665万美元，呈现上升趋势。累计至2010年，文莱对中国投资合同总额已达56.47亿美元。中国企业进入文莱承包工程市场较晚，规模不大，但开局良好。根据中国商务部的统计数据，截至2010年6月底，中国在文莱承包工程合同额累计2.15亿美元，营业额1.35亿美元。2009年以来，一些中国企业结合自身优势，积极开拓文莱建筑承包工程市场并取得突破。目前，在建项目主要包括中水电集团的文莱都东水坝项目、中交集团三航局下属兴安基建筑工程有限公司承建的都东区德里赛至马来奕区鲁木的高速公路（全长18.6千米，该项目合同金额6 200万美元，施工工期4年），负责75%以上的建设项目、中铁二局的房建项目等。据文莱主要电信运营商TelBru公司宣布，中国华为公司将承建其"光纤到户"宽带网络项目。据介绍，该项目将可为全国范围的用户提供高速上网、高清电视等超宽带服务，传输速度最高可达150Mbps，而目前文莱宽带速度仅为1Mbps。根据双方协议，华为公司将采用端对端"交钥匙"的方式，提供从网络设计、设备供应到施工管理的一揽子解决方案。以上这些项目是近年来中国企业在文莱中标的大型承包项目，对深化中、文经贸关系，扩大中国企业在文莱的影响力具有重要意义。

在金融领域：2010年1月12日，中国银联股份有限公司驻新加坡代表处首席代表杨建民和文莱佰都利银行（Baiduri Bank）副总经理郑永辉（Mr.Ti Eng Hui）商定关于中国银联在文莱开通银联卡服务业务。今后双方还将进一步合作，为文莱本地持卡人在中国境内消费提供便利。3月3日，文莱香港汇丰银行商业部决定在文莱银行客户提供以人民币作为贸易往来结算货币的服务。文莱香港汇丰银行可为客户与上海、广州、深圳、东莞和珠海的企业，以人民币作为贸易往来结算货币。2011年4月26日，文莱佰都利银行与中国银联合作发行文莱第一张银联卡。5月19日，中国德信无线通讯科技有限公司宣布将向文莱电信运营商Brunei Telecom提供WCDMA/GSM 3.5G安卓（Android）智能手机。6月20日，文莱首相署副部长阿里在第七届亚洲资产管理圆桌会议上提出，文莱将把投资人民币列入计划，以减少今后文莱资产受美元汇率波动的影响。11月21日，中国国家开发银行与文莱最大的伊斯兰银行在文莱首都斯里巴加湾市签署《双边合作协议》，根据协议，双方将深入在提供信用设施、国际贸易结算、项目融资、人力资源培训及资讯交换等领域研究加强合作。该协议是温家宝总理2011年11月20～21日对文莱进行国事访问的重要成果之一，也是双方在2010年10月20日签署"成立中国—东盟银行协会"框架协议后展开的后续行动之一。随着中国经济和对外贸易的迅速发展，人民币国际化将给银行业带来巨大机遇。2013年8月27日，文莱渣打银行（Standard Chartered Bank）人民币业务启动仪式，该银行将于8月28日起正式开办人民币业务。渣打银行是继汇丰银行之后第二家在文提供人民币储蓄和投资服务的银行，也是文莱目前为止提供人民币业务服务最完备的银行。

在相互投资方面：2000年11月17日，在文莱首都斯里巴加湾市，中华人民共和国政府和文莱达鲁萨兰国政府签订了《关于鼓励和相互保护投资协定》。文莱国家工商会副会长卡玛鲁丁曾多次来广西南宁参加中国和东盟的高层会议。卡玛鲁丁说，文莱与中国可还在多个领域进行合作，其中包括农业、渔业和旅游业等方面的合作。"文莱虽然是一个小国，但文莱是著名的'和平之邦'和'石油王国'，她有着优越的贸易投资环境。我们有信心继续加强与中国的相互贸易和投资合作，这对双方都将带来益处。文莱和中国的经济互补性很强，我们欢迎更多的中国企业前来投资，也有信心继续向中国市场提供我们的优势产品。"多年来，两国正在相互投资。更为可喜的是，中、文两国领导人还亲自鼓励两国大力发展经贸易关系。2005年4月21日，正在文莱进行国事访问的中国国家主席胡锦涛出席了文莱—中国友好工商界午餐会并发表重要讲话，胡锦涛指出，中国和文莱经济互补性较强，两国经贸易合作前景十分广阔。为支持文莱实施经济多元化战略，中国将继续鼓励有实力的企业参与文莱的石化、港口、住房、通信、路桥、水电等基础设施建设，也欢迎文莱企业来中国投资兴业。可以预见，在中、文两国领导人的鼓励和支持下，两国的相互投资将得到较快发展，造福于两国人民。截至2003年年底，文莱对华投资共有60个项目，其中2/3是在2002年新建的项目，达45个项目，是中、文建立外交关系10多年以来文莱对华投资总项目的3倍。截至2004年2月底，文莱累计对华投资项目总共132个，实际投资总额为4 832万美元。随着中国—东盟自由贸易区的建立，中、文的经贸合作潜力巨大，优势互补前景看好。一是，文莱人民富裕，政府正在进行经济结构调整，中国的产品在文莱有广阔的市场。中国企业具有优势的出口产品如家用电器、电子产品和零配件、化工设备和产品、电力设备、机械设备、农机、农药、建筑材料、药品、棉纺织品和针织品、服装原料等文莱都有一定的市场，根据文莱政府实行优惠政策鼓励境外企业在先进工业的投资，有关企业可依托其成熟的技术和设备，在文莱投资兴办资源开发型、生产型和售后服务型企业。要发挥中国企业出口的综合经济效益，中国企业应加大与文莱的经济技术合作的力度，中国在石油、天然气勘探、开发及化工设备、技术和人才方面具有优势，双方合作前途远大。另外，文莱石油含蜡高、含硫低、油质较好，文莱的橡胶、水果、植物油、水产品具有热带特色，且价格不高，在中国市场需求较大。二是，文莱人口少，市场不大。文莱人口近40万，熟练劳动力短缺，而中国劳动力资源丰富，在这方面大为互补，合作前景良好。中国应建立一批以各类技工、厨师、电子装配、服务礼仪等行业为重点、具有中国特色的外派劳务基地和专业外派劳务培训基地，强化外派人员技术业务的提高，完善外派劳务培训的网络体系。三是，进入21世纪初以来，中国在文莱承包劳务合作开始起步，截至2001年年底，双方共签承包劳务合同24份，合同金额11 072万美元，完成营业额8 649万美元。其中，中方50万美元。近年来，文莱也开始对华投资，但规模较小，截至2001年年底，文莱在华投资项目67项，协议投资金额1.1亿美元，实际投入1 700万美元。随着中国和东盟各国的经贸关系不断加强，中国和文莱的经贸关系也将会进一步发展。2014年4月28日，葫芦岛七星国际投资集团与文莱经济发展局就该公司在文独资项目签订土地租赁协议，从而标志着项目实施向前迈出了坚实的一步。该项目计划投资5 000万美元，设计年产钢管10万吨，是继恒逸集团之后中国对文莱又一重大直接投资项目。文莱经济发展局局长马纳夫博士表示，该项目符合文莱经济多元化战略需要，不仅能为本地创造更多就业机会，而且将为交通物流等行业带来更多商机。

3. 文化交流合作

近年来，中国与文莱还开展了卓有成效的文化教育合作。在庆祝中国和文莱建交15周年和文莱苏丹60华诞时，两国民间进行了一系列纪念活动，文莱政府还邀请了中国人民解放军军乐团和山东省曹州武术队于2006年7月21日至8月2日到文莱参加2006年文莱国际军乐节的演出，共进行了4场正式演出、3场路演和8场彩排，并以此演出活动来，所到演出受到了文莱各界人士和民众的热烈欢迎。2007年4月11～14日，应文莱交通部部长阿布·巴卡尔邀请，信息产业部副部长蒋耀平率团访问文莱。此访的目的是与文方探讨进一步加强和扩大中国与文莱、中国与东盟在信息通讯领域的合作和交流，探讨落实中国和东盟各成员国签署的《落实中国—东盟面向共同发展的信息通讯领域伙伴关系北京宣言的行动计划》，推动探讨实施中国—东盟信息高速公路项目。4月18日，首届中国教育展览会在文莱首都斯里巴加弯市举行，来自中国大学的代表团举行教育展览会，以促进两国教育领域的交流与合作。2008年4月23日，由文莱大学语言中心和中国驻文莱大使馆共同主办的首届"中国语言与文化周"在文莱大学举行开幕式。10月12日，中国国务院侨办组派师资讲学团飞抵文莱，为全文莱8所华校华文老师进行为期20天的师资培训。10月8日，上海20多名中小学校长、教师访问文莱考察文莱教育发展。11月15日，在文莱举行的"广西电视展播"活动。11月21日，由中国驻文莱大使馆，文莱文化、青年与体育部和文莱—中国友好协会共同主办的云南临沧民族歌舞团首场演出在文莱国际会议中心举行。以上活动为文莱公众提供一个了解中国文化的机会，进一步加深两国、两国人民之间的了解和友谊，推动两国关系的全面发展。2009年9月28日，在中华人民共和国成立60周年前夕，中国驻文莱大使佟晓玲就新中国60年成就，相继接受文莱最大英文报《婆罗洲公报》(Borneo Bulletin)、主流英文报《文莱时报》(The Brunei Times)、最大华文报《联合日报》(United Daily News)和文莱国家广播电视台(Radio Television Brunei)采访。以上文莱媒体根据佟大使的介绍，报道了中华人民共和国成立60

年来取得的成就和近年中、文关系在政治、经济、防务、文化、教育等领域交往的情况。年内，文莱国家广播电视台（RTB）派遣一支摄制组赴中国拍摄纪录片，纪念渤泥王加那（苏丹阿卜杜勒·马吉德·哈桑）访华60周年，以此宣传文、中悠久的交往历史。文莱—中国友好协会赞助文莱电视摄影队赴沙巴古达拍摄中国古代沉船遗迹等，谱写完整中国与文莱的悠久历史交往事实纪录。由文莱博物馆、历史中心及文莱电视台合作进行的文莱—中国友谊轨迹专题节目录制于2009年6月完成在各地的摄制工作，并在2009年7月完成后期制作，配合文莱苏丹63华诞庆祝活动播出。文莱—中国友好协会会长哈芝卡·玛鲁汀博士表示，希望通过这个电视纪录片的部份行程，让文莱民众更了解文莱与中国悠久的友谊历史，同时进一步提升两国政府和民间的交流合作关系。文莱达鲁萨兰大学和文莱理科学院于2009年8月11日在中国贵阳举行的"第二届中国—东盟教育交流周"中，分别与海南大学和贵州大学签署合作意向书，就人才培养、学生流动、学分互认、加强学术交流、扩大语言教学合作等进行交流和合作。文莱达鲁萨兰大学也表示欢迎更多的中国学生到该大学学习深造。据介绍，现在文莱达鲁萨兰大学学习的中国留学生只有8名，另外有一些中国学生仅参与一年的交流生学习。2009年，有4位中国志愿者教师赴文莱中华中学执教。2013年2月1日，文莱摄影协会在都东区举办题为"民族文化的和谐—中国苗族和文莱杜孙、伊班族摄影展"。文莱摄影协会主席优素福在致词中表示，文中两国少数民族之间在文化和日常生活方面有许多共性，希望此次摄影展可以增进两国人民的相互了解，促进两国文化交流。2012年10月，文莱摄影协会11名会员应邀赴中国贵州省进行拍摄活动。此次摄影展展出他们在中国和文莱拍摄的照片共72张，照片内容主要反映的是中国苗族和文莱杜孙、伊班族的民族文化和日常生活。2013年2月20日晚，由中国海外交流协会、广西海外交流协会、中国驻文莱大使馆共同主办，文莱福建会馆协办的"文化中国·四海同春"文艺演出在文莱杰鲁东公园半圆形剧场隆重上演，为文莱华人华侨和民众献上了一场极具中国特色的歌舞盛宴。4月23日，在文莱大学语言中心举行的参加中、文两国外交部互惠培训的中国外交官结业典礼。10月30日下午，由中国驻文莱大使馆、文莱大学和中国援文志愿者服务队共同主办的"中国文化节"活动在文莱大学医学院礼堂圆满举行。文莱各大中小学校长等出席了此次活动。此次文化节活动主要由中国23名援文志愿者教师具体承办，并获得文莱大学学生会的大力支持，同时还邀请到文莱书法、武术和围棋协会等多家社团的积极参演。活动主要内容包括以访谈方式介绍北京、珠海、沈阳等3个中国城市，分板块介绍、表演并现场体验武术、书法、中医按摩和围棋等中国传统文化，全程用英语进行。近200名文莱师生和社会各界人士到场观看并参与互动，不断对精彩演出和生动展示报以热烈掌声，现场情绪高涨，气氛热烈。在文莱与会师生活动后纷纷表示，此次活动办得很精彩，使他们第一次近距离、系统地体验到博大精深的中国文化，印象非常深刻，感觉很震撼，期待参加更多的类似活动，并希望今后有机会去中国参观、旅游、学习。文莱主要媒体到现场进行了详尽的采访报道。中国广东省珠海电视台专程派摄制组来文采访了此次活动。通过这次活动在文莱掀起了一股中国文化热。11月22日上午，中国华为科技（文莱）公司同文莱中华中学在文中举行《支援和赞助伙伴关系合作备忘录》签署仪式。根据该协议，华为（文莱）公司将同文莱中华中学建立战略合作伙伴关系，为学校提供科技资讯支持和帮助。在华为公司帮助下，文莱中华中学无线网络条件将大为改善，实现全校覆盖，无线上网速度将增加400%。文莱中华中学为私营学校，现有在校生逾3 100人，为全文莱最大的基础教育学校。文莱大学副校长对中国驻文莱大使说，中国文化深受文莱人民喜爱。穆罕默德先知的圣训中有一句"学问在中国，尔等应远行求之"，就是告诉穆斯林要学习中国文化。随着"中国热"的兴起，学习汉语和中华传统艺术成为文莱的新时尚。文莱有8所华文学校，在校生5 000余人。非华裔学生基本占总数的20%以上甚至更高。文莱每年有数百人参加汉语水平考试，其中有小学生，也有年逾古稀的老人。文化上的相互认知与密切交流把中文人民的心紧紧连在一起，为两国关系的长远健康发展奠定了坚实的民意基础。根据中文两国政府间协议，2013年，中国商务部和中国青年志愿者协会共同向文莱派遣23名青年志愿者教师，分别在文莱大学、文莱理工大学、文莱体育学校和其他学校及中学开展为期一年的医学、汉语教学和体育教学及辅助研究等工作。12月12日，首批志愿者圆满完成在文莱为期一年的教学和研究工作回国。

综上所述，无论是历史上还是当代，中国和文莱之间没有根本的利益冲突，也没有历史的恩怨，人民世代友好，两国友谊源远流长。中国与文莱建交后，在政治上相互尊重，在经济上互补，在外交上相互支持，在文化上相互借鉴，中、文全面友好合作关系潜力巨大，前景十分光明。两国关系勘称不同社会制度国家和睦相处、平等相待、互利合作的典范。

第二节　文莱对外贸易概况和发展历程

一、文莱对外贸易发展历程

文莱地处沿海，历来重视对外贸易，对外贸易一向颇为发达。在没有发现石油和天然气以前，除出口农、林、渔、矿、家禽、畜牧、手工业产品外，转口贸易，尤其是香料的转口贸易也很发达。自1930年文莱发现和开采石油和天然气以后，文莱的对外贸易迅速发展，从1933年以来，除日本占领期间和石油减产的1962年到1964年外，文莱的对外贸易一直处于顺差，出超额逐年增加，仅1965—1980年期间，外贸总额就由3亿文莱元增至110亿文莱元，增长34倍以上。1966—1980年期间，年均增长率达到26.9%。同期，进口额由1.1亿文莱元增加到12.2亿文莱元，增长10.2倍，年均增长率为17.5%。由于出口额大于进口额，所以，在贸易收支平衡上，除1971年为逆差外，其他各年度均为顺差。顺差额由1965年的8 800万文莱元猛增至1 980年的86亿文莱元以上，增长96.1倍。1981—1982年，由于受西方经济危机冲击，外贸数额有所下降，1981年，对外贸易总额为98亿文莱元，比1980年减少11.1%，顺差额为73.37亿文莱元，比1980年减少15%。进入21世纪初以来，由于文莱石油和天然气的快速发展及实行经济多元化，文莱的对外贸易迅速发展，并保持了每年贸易的顺差，为文莱的财政收入作出了主要贡献。根据中国驻文莱大使馆经商处网站2008年7月提供的数据，从2000年以来，文莱每年的进出口额都在100亿文莱元以上，并保持顺差。文莱的对外贸易主要出口原油、石油产品和液化天然气，据统计，每年石油和天然气出口为文莱政府创收的外汇占全国外汇总额的90%以上。以2011年为例，据《文莱时报》2012年12月27日报道，文莱经济规划发展局公布的2011年最终统计数据显示，2011年全年，文莱对外贸易总额为193亿文莱元（约合156亿美元），同比增长10.4%。其中，出口156亿文莱元（约合127亿美元），同比增长29.1%；进口36亿文莱元（约合29亿美元），同比增长10.4%。石油、天然气仍是出口大户，其中油气贸易占77.3%。石油出口79亿文莱元（约合64亿美元），同比增长30.2%；天然气出口70亿文莱元（约合57亿美元）。主要出口目的国为日本（67亿文莱元）、韩国（25亿文莱元）和澳大利亚（15亿文莱元）。出口产品主要为油品，共计149亿文莱元，其次为总额2.76亿文莱元的机械和交通设备。服装出口数量进一步下滑，仅为760万文莱元。2008年，文莱服装出口额曾达到过1.21亿文莱元。此外，文莱对东盟国家出口共计21.7亿文莱元，其中印尼10.68亿文莱元。进口方面，主要进口来源地为东盟国家，共计19亿文莱元，新加坡（8.57亿文莱元）、马来西亚（8.17亿文莱元）、美国（4.455亿文莱元）、中国（2.76亿文莱元）为文莱主要进口来源地。进口产品主要为机械和交通设备（11亿文莱元）、工业制成品（8.57亿文莱元）、食品（5.599亿文莱元）、蔬菜及食用油（1 680万文莱元）。此外，文莱2011年从欧盟进口3.52亿文莱元。2011年，文莱对外贸易顺差达129亿文莱元（约合105亿美元），人均2.67美元。从文莱政府公布的2011年对外贸易情况，基本上反映了该国近年来及今后一段时期对外贸易情况。

文莱的最大贸易伙伴是日本，文莱绝大部分石油和一半天然气出口到日本，金额占出口额的51%。日本在文莱经济中占有重要的地位，如垄断天然气的销售，合资开发天然气资源，是文莱最大银行的第二大股东。文莱其他的重要出口对象国依次是：英国（占出口额14%）、韩国（11%）、泰国（9%）、美国（5%）和新加坡（4%）等。

文莱是一个工业（除石油天然气工业）、农业均很落后的国家，食品80%靠进口。主要进口货物包括机械、汽车、家电及其他日用品、食品（禁止进口酒类）、药品等。文莱最大的进口来源国是新加坡（占34%），其他的主要进口来源国依次是：英国（32%）、瑞士（17%）、日本（16%）、马来西亚（6%）等。

近年来，日本、韩等国积极发展与文莱的经贸关系。韩国经常在文莱举办贸易促销会，韩国汽车、建材等在文莱非常受欢迎。日本由于是文莱液化天然气的长期客户，因此，在工业化和农业现代化方面也为文莱提供一些帮助。近年来，新加坡商人纷纷到文莱开办服装厂与鞋厂，因为那里的成衣、鞋类出口到欧美没有配额限制。

二、文莱相关贸易法规政策及其发展趋势

（一）文莱基本外贸政策

从总体上来讲，文莱实行的是自由贸易政策。文莱贸易政策的制定和实施主要由文莱工业与初级资源部负责，财政部、经济发展理事会等其他有关部门参与。文莱工业与初级资源部主要职责是：鼓励和支持当地企业及外国投资者开展商品

生产和服务，保障国家食品安全和就业，推动经济持续、多元化发展。该部下辖5个执行局：农业局、森林局、渔业局、工业发展局和旅游局。文莱的外贸政策有如下几个方面：

1. 禁止进口物品

文莱禁止进口鸦片、海洛因、吗啡、淫秽品、印有钞票式样的印刷品、烟花爆竹等。对某些商品实行临时禁止进口，如水泥、锌皮瓦片等。

2. 进口许可制度

为了环境、健康、安全和宗教方面的原因，文莱海关对少数进口商品实行许可制度，植物、农作物和牲畜需由农业局签发进口许可证（植物不能带土），军火由皇家警察局发证，印刷品由皇家警察局、宗教事务部和内政部发证，木材由森林局发证，大米、食糖、盐由信息技术和国家仓库局发证。二手车由皇家海关发证。电话装置、无线电由通讯局发证。药品和毒药由卫生部发证。鲜、冷和冻的鸡肉、牛肉由宗教事务部、卫生部和农业局发证。除了以上有关部门发放进口许可证之外，机动车、农产品、药品与药品相关的产品进口还需提供相关的原产地证书和检查证明。

没有商业价值的样品可免税进口，对于有商业价值的样品进口，需交抵押金，如果样品在3个月内出境，可退还抵押金。

3. 贸易中技术要求

文莱公共卫生（食品）条例规定所有的食品，无论是进口货品还是本地产品都安全可靠，具有良好的品质，符合回教清真食品的要求。由于文莱属于穆斯林国家，因此，对肉类的进口实行严格的穆斯林检验。另外对酒类的进口也严加控制，对于某些动、植物产品，如牛肉、家禽需提交卫生检疫证书。进口可食用油不能有异味、不含任何矿物油，动物脂肪须来自在屠宰时身体健康的牲畜并适合人类食用，动物脂肪和食用油须是单一形式而不能将两种或多种脂肪和食用油混合。食用脂肪和食用油的包装标签上不得有"多不饱和的"字眼或其他相似的字。非食用的的动物脂肪须出具消毒证明。进口活动物和动物制品须有兽医证明。大豆奶应是从优质大豆中提取的液体食品，可包括糖、无害的植物物质，除了允许的稳定剂、氧化剂和化学防腐剂，不含其他物质。其蛋白质含量不少于2%等。

该食品卫生条例分5个部分，对食品添加剂、包装以及肉类产品、鱼类品、动物脂肪和油、奶产品、冰激凌、糖、酱油和调味品、干果、水果、茶、咖啡、果酱、无酒饮料、盐、香料、粮食等，都有相应的技术标准。该技术标准对食品的生产日期、有效期、食品容器、散装容器食品以及农药最大残留量、稳定剂、氧化剂、防腐剂等都有明确的规定。

食品卫生检查包括物理的微生物、化学、血清、放射性检查等。

4. 服务中的政府工程项目

文莱政府工程项目的招标通告刊登在马来文的政府周报《文莱明灯》(Petita Brunei)上。文莱对政府工程项目规定如下：金额在50万文莱元以下的项目，一般而言仅限于文莱本国公司有投资资格。对于50万文莱元以上的项目，外国公司与当地公司合资注册的公司可投标。外国公司不可以单独投标。

5. 出口限制

文莱政府除了对石油天然气出口控制以外，对动物、植物、木材、大米、食糖、食盐、文物、军火等少数物品实行出口许可证管理，其他商品出口管制很少。

6. 贸易补贴

文莱政府对水稻等农作物的本国生产者在土地、化肥、信贷和农业基础设施方面给予一定的支持和补贴。

（二）税收

从总体来说，文莱实行比较优惠的税收政策。

1. 个人所得税

不征收个人所得税，不征个人赢利税，也不征收个人从资本、资产销售中获得的利润税。在文莱非居民也不征个人所得税。

2. 公司税

在文莱注册的外国或当地的股份有限公司或注册的分公司，都必须交纳30%的公司所得税。

3. 自然资源税

石油资源开采税是由所得税法特殊条款规定。此法仿效中东大多数石油生产国的模式。

4. 印花税

所有的法律文件征收印花税。对某种文件征收从价税，但随文件的性质而有别。印花税率在印花税法中规定。

5. 预扣税

国内公司和向非常住公司借贷，国内公司必须预扣20%的利息税。

6. 国外收入税

文莱注册的公司在文莱收到的国外收入要征税。

7. 土地和财产税

地方当局征收财产税（根据财产多少），租赁土地根据租金多少征税。

文莱不征收销售税，不征收工资税。出门不征税。

在税的管理方面：

1. 税的支付：经估定的税一般在收到估定通知后3个月内交税。

2. 申报：纳税年度是日历年度。有限公司需提供收入申报书。征税人颁发有限公司征税估定书。征税估定以上年纳税额为基础。

3. 海关

文莱海关成立于1906年，1984年文莱独立后，由文莱财政部管理。文莱海关是《协调制度公约》的正式成员，履行成员的全部义务。1996年，文莱海关加入世界贸易组织（WTO），采用世界贸易组织标准对进口货物征税，按照WTO规定对与贸易有关的知识产权实行检查。文莱是个低关税国家，从总体来说，目前，文莱实行的是自由贸易政策，在东盟国家中和新加坡一起积极主张在最短的时间内实现85%的商品享有0～5%的关税，1995年4月1日，宣布降低650种进口税的重大举措，使文莱成为继新加坡之后东盟国家中第二个实现0～5%关税的国家。即目前文莱实行的对东盟成员国是除汽车和极少数产品外最高税率为5%的关税政策。文莱现行的关税税率是1995年制定颁布的，期间曾进行过微调，关税税率为0～5%，食品类等原材料为0，而电器类和以下商品征5%进口税：香水、化妆品、地毯、珠宝、水晶灯、丝绸、运动器材等，汽车征收20%的进口税。烟和酒精饮料有特别税率。对其他国家的极少数部分商品的进口关税略高于对东盟成员国的关税。

文莱的上述关税政策的制定是根据文莱的国情决定的，文莱除了石油和天然气外，制造业不多，基本都需要从国外进口。文莱具有单一的关税体制。大部分建筑材料和工业机械都免除进口税，作为东盟成员国和中国—东盟自由贸易区成员，文莱将按照已经签定的协议逐步降低关税税率，消除与其他成员国的关税壁垒。自2010年中国—东盟自由贸易区如期建成以来，文莱对中国商品关税逐年下降，部分非敏感产品关税在2012年已降至0，一般敏感产品关税已降至20%以下。

随着东盟自由贸易区和中国—东盟自由贸易区的建成，以及东盟一体化的实现，今后文莱的对外贸易政策将按照国际贸易法律实施，除了涉及其国家安全的对外贸易，如文莱是伊斯兰教国家，必须遵守其有关伊斯兰教的法规。可以肯定，文莱的对外贸易将继续得到发展，当然，由于其国家在很长时间内仍然以油气产业为主，所以，文莱的对外贸易也仍然是以出口石油天然气为主。

（三）贸易法规体系

文莱与贸易相关的主要法律包括《海关法》、《消费法》以及一系列涉及食品安全和清真要求的法规，还有2001年和2006年分别颁布《证券法》和《银行法》等，详见表6-1。

表6-1 截至2007年文莱与贸易相关的主要法规

法规名称	主要内容
《海关法及相关规定》(2006)	有关海关法规定包括特别关税、关税返还、对违反规定的处罚等
《进口商品估价规定》(2001)	根据世贸规则明确海关估价
①《东盟通用特别关税条例》(2005) ②《中国—东盟全面经济合作框架协议下东盟—中国早期收获计划商品关税条例》(2005) ③《中国—东盟全面经济合作框架协议下海关货物贸易协议》(2006)	实施有关东盟贸易协议
《公司法》(1957)	公司注册法规等
《证券法》(2001)	政府间金融往来、为经营商及有关个人在管理和交易证券方面提供建议
《银行法》(2006)	银行执照
《投资促进法》(2001)	投资领域
《清真肉类法》	规范清真肉类产品的进口和市场供应
《商标法》(2000)	商标
《公共卫生(食品)条例》(2001) 《公共卫生(食品)法》(2002)	食品安全

资料来源：文莱工业与初级资源部

第三节　对外投资

一、文莱对外投资概述

长期以来，文莱靠出口石油和天然气获得了丰厚的外汇收入，加上外贸一直保持顺差，文莱积累了大量的剩余外汇，并对外进行投资，据文莱财政部公布的统计数据，截至2004年年底，文莱对外投资约500亿美元，每年盈利20亿美元。据文莱政府公布，目前，文莱的外汇储备一直保持200亿～300亿美元。为了使巨额外汇能更有效地增值，文莱政府积极开展对外投资活动，利用对外投资来发展本国经济。文莱在海外投资方面的做法：一是政府决策的国有资金的对外投资；二是企业自主决策、政府放任自流的民间对外投资。

为了加强对外投资的开展，文莱政府于1983年7月设立了文莱投资署（BIA），专门负责对外投资业务。该署隶属于财政部，直接掌管文莱外汇储备总额的1/3。为了避免投资风险，获得较高的收益，该署对外投资的80%用于购买外国（主要是西方发达国家）政府的债券。此外，该署也进行现金交易、股票、黄金和房地产等方面的投资。

文莱的另一个重要的海外投资机构是建立于1982年2月的QAF控股公司。该公司65%的股权为苏丹的兄弟、外交大臣穆罕默德亲王所控制。该公司对内对外都进行投资活动，其业务范围包括食品贸易和加工、海上石油开采、报刊、空调器的生产和安装等方面。QAF控股公司已在马来西亚投资建立超级市场和仓库、货栈，还在巴拿马建立了一个海上石油钻探公司。该公司与中国四川省的成都百货商业中心于1993年达成了建立合资公司的协议，这家新合资公司第一步就出资2 000万美元扩大成都百货商业中心已经拥有的超级市场和百货商店。这笔资金60%由QAF公司提供，40%由成都百货商业中心提供。现在QAF控股公司已成为文莱第二大公司，仅次于文莱壳牌石油公司。

文莱苏丹哈吉·哈桑纳尔·博尔基亚在海外亦有大量投资。他用巨资在美国、英国、日本和德国等西方发达国家买了大量政府债券、股票和不动产等。他在1985年就购置了伦敦的多彻斯特（Dorchester）酒店，在巴黎买下了Ritz酒店，后来又买了美国洛杉矶的毕华利旅馆，还花1.2亿美元买下了印尼巴里岛的Nusa Dua Beaclh酒店。他还在澳大利亚购买了一块比文莱还大的土地。苏丹在新加坡、马来西亚等东盟国家也有大量投资，主要投资建设旅馆和制造业。

文莱加入东盟后，非常重视与东盟投资合作。1993年7月30日，由苏丹的兄弟杰佛里·博尔基亚亲王任主席的普内曼尔商社与越南国家合作和投资委员会（后改称计划投资部）签订了一项协定。该协定规定，在未来20年内，该商社将在越南投资90亿美元，包括19个大项目，主要涉及石油勘探和开采，也包括一些越南的基础设施项目，如道路、桥梁工程等。

文莱还向菲律宾提供长期贷款，进入新加坡股市，购买马来西亚航空业股权等。同时文莱还试图成为东盟东部地区的一个发展和联系中心。1994年3月，继东盟的新柔廖成长三角、北方成长三角之后，东盟的东部成长区（EAGA）正式成立，该区包括文莱、菲律宾南部、马来西亚的沙捞越州和沙巴州，以及印尼的加里曼丹省、苏拉威西省、马鲁古群岛。这一地区的内部贸易往来已有数个世纪的历史（如"香料贸易"）。组建这一成长区，旨在促进该地区的贸易与投资合作，促进商品、人员、资金、技术的相互流动，主要的开发项目有建筑、交通、能源、林业、渔业、资源保护、旅游等。文莱政府有意在这一区域大规模投资，并在发展该区域的航空、航运联系中扮演重要角色。文莱所在的加里曼丹岛是文莱、马来西亚、印度尼西亚3国接壤处，有可能成为投资热土，目前，泛婆罗洲公路网已经着手兴建，而文莱已开辟了自己的自由贸易区——穆阿拉出口区，穆阿拉港是东部成长区的最大港口之一，它有助于文莱成为一个次区域联系中心。

文莱通过对外投资获得了巨额利润。如1983年，文莱的海外投资收入高达48.1亿文莱元；1984年，虽然略有下降，但仍然收入47.6亿文莱元，而其他包括出售石油天然气收入在内的收入总共只有25.8亿文莱元。当年政府财政总收入为73.4亿文莱元，财政盈余为32亿文莱元，这里面海外投资功不可没。进入21世纪以来，随着原来文莱对外投资项目的建成和投入生产经营及进一步扩大对外投资，文莱的对外投资收入正在不断增加。据报道，目前文莱在海外庞大的投资金额约有400亿～500亿美元，每年盈利20亿美元以上。现在，文莱的对外投资已经成为文莱仅次于石油和天然气的第二大收入。

二、对外经济合作

进入21世纪以来，文莱积极开展对外经济合作。文莱主要参与区域合作有东盟自由贸易区、东盟东部增长区和泛北部湾区域经济合作，以及"婆罗洲之心"计划。由于地缘关系，文莱表示将积极参与东盟东部增长区和"婆罗洲之心"计划的区域合作。

（一）东盟东部增长区基本情况

东盟东部增长区（Brunei Darussalam Indonesia Malaysia the Philippines-East Asean Growth Area，简称BIMP-EAGA，以下简称增长区）是东盟内3个次区域合作之一，指包含马来西亚东部的沙捞越州（Sarawak）、沙巴州（Sabah）和纳闽岛（Labuan），印度尼西亚东部的加里曼丹（Kalimantan）、苏拉威西（Sulawesi）、伊利安查亚（Irian Jaya）和马鲁古群岛（Maluku），菲律宾南部的棉兰老岛（Mindanao）和巴拉望岛（Pahlawan），以及文莱（Brunei）全部地区，总面积156万平方千米，人口约5 500万。另外两个东盟次区域为印度尼西亚—马来西亚—泰国成长三角和柬埔寨—缅甸—老挝—越南经济发展区。东盟东部增长区所处区域，除文莱外，均为马来西亚、印度尼西亚、菲律宾三国偏远和不发达地区。

增长区成立以来，积极促进区域内国家相关地区在航空、海运、电信、旅游等领域进行合作，取得一定进展。为进一步促进增长区的建设，目前，增长区确定了一批旗舰项目，包括增加陆、海、空联系、低成本住房、清真食品加工、椰子油、棕榈油加工、海水养殖、游艇和潜水等，由各个工作组分别牵头组织实施。2005年，增长区制定了今后10年经济发展的路线图，确定了四大合作领域：交通、基础设施和信息产业；农业产业和自然资源；旅游和中小城市企业发展。2005年12月，在马来西亚举行的第二届增长区峰会已批准实施路线图。根据路线图，在2006—2010年的5年中，增长区各成员之间将实现区域间贸易和重点投资领域10%增长，旅游业20%的增长。

1. 成立情况和次区域合作的进展

增长区的概念最早由当时菲律宾总统拉莫斯于1992年提出，得到了区内其他国家领导人的积极响应。1994年3月，增长区在菲律宾达沃市（Dawao）正式成立。

增长区启动后，在促进区域内贸易、旅游、交通、运输等方面做了大量工作。

但从1997年开始的东南亚金融危机、1998年的厄尔尼诺气候、20世纪90年代末区域内部分地区恶化的安全形势等不利因素影响了各方面对该区域的印象和信心，导致旅游下降、贸易减少、投资信心减退，严重打击了增长区的运作。

金融危机结束后，随着东盟国家经济逐步恢复，东盟东部增长区经济合作又提上议事日程。2001年11月，在文莱召开的第七届东盟领导人峰会上，4国领导人表达了继续推动东盟东部增长区的承诺和支持。随后，增长区对合作模式和重点进行了适当调整，增长区对区域合作机制做了重新调整，成立了增长区促进中心、工作小组和增长区商务理事会。在合作模式上，在推动区域内贸易的同时，加大发展与其他区域外和全球其他市场的经贸联系，促进跨境贸易、优势互补、产业合作、价值链管理。

2003年9月10～12日，东盟东部增长区（以下简称增长区）第十一次高官会和第八届部长会在菲律宾达沃市召开，此次会议决定对增长区的结构进行更改，将原来的13个工作小组改变成4个工作组，即运输和基础设施建设、旅游开发、能源、中小企业发展工作组，分别由文莱、马来西亚、印度尼西亚和菲律宾负责牵头。

2003年10月，第一届东盟东部增长区峰会在印尼巴厘岛举行，会上，次区域各国领导人提出了区域合作的战略思路，包括制定更有吸引力的区域贸易与投资政策、促进对外贸易、加大对农业和旅游的支持、改善区域内交通等。

在2005年12月举行的东盟东部成长区第二次峰会上，与会领导人一致同意进一步加强区域内各国在航空和航海领域的联系；改善航空及海港基础设施建设；批准了成长区2006年至2010年发展路线图，以推动各方在交通运输、基础设施、信息与通信技术及中小企业发展等领域的合作。与会领导人还表示欢迎澳大利亚及中国参与上述成长区的发展。2007年1月12日，第三届东盟东部增长区（BIMP-EAGA）首脑峰会在菲律宾宿务举行。文莱苏丹博尔基亚、马来西亚首相巴达维、印度尼西亚总统苏西诺和菲律宾总统阿罗约出席了峰会。4国领导人就共同关心的地区和国际问题交换了意见，就深化4国之间在经济、安全、能源、环保、社会和文化方面合作进行了讨论。领导人们重申，将进一步加强合作，加快发展，缩小东盟各成员国之间的差距，推动东盟一体化的进程。领导人对执行"东盟东部增长区路线图"（BIMP-EAGA Roadmap）所取得的成果表示满意，并一致同意将加强增长区的空中联系作为今后的发展重点。会后，4国签署了《增加航线的谅解备忘录》(MOU on Expansion of Air Linkages)，相互开放文莱斯里巴加湾 (Bandar Seri Begawan)、印尼巴里巴板(Balikpapan)和坤甸(Pontianak)、马来西亚 哥达基纳巴卢(Kota Kinabalu)和古晋(Kuching)以及菲律宾达沃(Davao)和三宝 颜(Zamboanga)的第五航权。

2. 合作机制

增长区设立了高官会和部长级会议(SOM/MM)，至2007年年底，共召开了 15次高官会和12次部长会。增长区在马来西亚沙巴州首府哥达京拿巴鲁(Kota Kinabalu)设有增长区促进中心(Facilitation Center)，作为高官会议和部长级会议 的秘书处，主要协调和促进次区域四国政府部门涉及增长区的合作活动。促进中 心设有4个工作组(WGC)，分别是中小企业发展(SMED)、联合旅游发展(JTD)、 自然资源发展(NRD)、运输、基础设施和信息通讯技术发展(TIID)。增长区成立 了民间机构——增长区商务理事会(BIMP—EAGA Business Council)，作为第五 方(the Fifth Party)参加增长区各项计划的制定和实施。增长区4国还分别设立国 家秘书处(National Secretariats)，作为增长区促进中心在4国内对应部门，为各自 国家内相关项目和活动进行协调和促进。

增长区成立13年来，进展缓慢，各重点领域里成效不多。为促进更快发展， 增长区开始积极引进国际合作伙伴，力求借助国际力量，改进进展缓慢的局面。 除积极与亚洲开发银行、德国技术合作公司等组织开展项目合作外，2004年10月 22日，东盟东部成长区与澳大利亚北方领土政府签定了合作框架协议，澳大利 亚北方地方政府由增长区观察员升格为"发展伙伴"(Development Partner)，成为 东盟东部成长区第一个发展伙伴。2005年9月21日，在文莱举行的第十届增长区 部长会议一致同意邀请中国成为发展伙伴，9月29日，在老挝万象举行的第四届 中国与东盟经济部长磋商上，中国商务部副部长于广洲代表中国政府表示接受邀 请。在2005年12月11日举行的东盟东部成长区峰会上，与会4国领导人表示欢 迎中国成为东盟东部成长区发展伙伴。

3. 次区域合作重点内容

增长区的目标是促进区内4国偏远欠发达地区的社会、经济的发展，缩小4 国之间以及老东盟6国之间经济发展不平衡差距。主要途径有:(1)促进区内人 员、货物和服务的自由流动;(2)共享区内的基础设施和自然资源;(3)加强各成 员经济的互补。近期目标是增加区域内贸易、投资和旅游。东盟东部增长区发展路线图5年发展规划（2006—2010年）主要有下列目标：（1）至2010年，4国重点地区区域内和区域间贸易增加10%；（2）至2010年，东盟东部增长区次区域投资增加10%；（3）至2010年，东盟东部增长区次区旅游增加20%。

为了达到路线图规定的目标，东盟东部增长区合作决定从下列战略目标着手：（1）重点领域在农业、自然资源开发、旅游、运输、基础设施、信息产业，优先发展相关领域的中小企业；（2）协调自然资源开发可持续发展；（3）协调区域整合基础设施项目规划和实施，积极鼓励私有部门的参与；（4）为有效实施路线图和行动计划，加强东盟东部增长区机制和机构建设。

（二）"婆罗洲之心"计划

"婆罗洲之心"计划（Heart of Borneo）是文莱、印度尼西亚、马来西亚3国政府为保护婆罗洲热带雨林和生物多样性而共同推出的一项重大绿色环保计划。随着全球气候变化问题日益突出，"婆罗洲之心"计划越来越受到国际社会的关注。

1. 基本情况

加里曼丹岛（Kalimantan）又称婆罗洲（Borneo），位于东南亚马来群岛中部，东望苏门答腊岛，西为苏拉威西岛，南依爪哇海、爪哇岛，北临中国南海，面积73.4万平方千米，是世界第三大岛。加里曼丹岛的大部分属于印尼，岛的北部属于马来西亚和文莱。岛上人口不足1 000万，主要分布在沿海地区。岛的中间是山地，四周为平原，南部地势很低，成为大片湿地。加里曼丹岛许多地方都被原始森林覆盖，面积仅次于南美洲亚马孙河流域的热带森林。该岛正位于地球的赤道，气候炎热，这里热带动植物应有尽有，如巨猿、长臂猿、大象、犀牛，以及各种爬行动物和昆虫。

"婆罗洲之心"计划位于加里曼丹岛的中心地带，是文莱、印度尼西亚、马来西亚3国边界沿线一条狭长的热带雨林，面积约22万平方千米。该地区生物物种非常丰富，占世界生物种类总数的6%，栖息有13种灵长类、150种爬行和两栖类、350多种鸟类以及1.5万种植物，目前，还不断有新的物种被发现。该地区是世界上最重要的生物多样性中心之一，也是目前世界上仅存的两处同时拥有黑猩猩、大象和犀牛群落的林地之一。

2. 发展历程

2005年4月，文莱作为东道主邀请印度尼西亚和马来西亚政府参加了在文莱举行的一场研讨会，首次提出"婆罗洲之心"计划，号召文莱、印度尼西亚、马来西亚3国共同合作，保护婆罗洲中心地带的热带雨林。来自3国的政府和非政府组织代表150多人参加了此次研讨会，就制定"婆罗洲之心"计划宣言达成共识，并制定了行动计划。倡议一经提出，受到了3国领导人和各国地方政府的热烈响应，纷纷表态支持该计划。

2006年3月，在巴西举行的生物多样性会议上，文莱、印度尼西亚、马来西亚3国正式推出了"婆罗洲之心"计划。

2007年2月12日，文莱工业与初级资源部部长艾哈迈德（Pehin Ahmad）、印度尼西亚林业部部长卡班（Kaban）、马来西亚自然资源和环境部部长阿兹米（Dato Azmi）分别代表各自国家在印度尼西亚巴厘岛正式签署了《婆罗洲之心计划宣言》。

根据该宣言，"婆罗洲之心"计划是文莱、印度尼西亚、马来西亚3国政府发起的一项跨国合作，在制定和实施过程中3国相互尊重领土及主权，承认并尊重各国法律、法规、政策，充分考虑相关双边、地区和多边环境条约。该计划主题为"3个国家，1个环保理念"（Three Countries，One Conservation Vision），通过跨国合作，基于可持续发展的原则，对婆罗洲心脏地带的热带雨林进行研究和发展、可持续利用、保护，开展教育和培训，切实保护该地区森林资源和物种多样性，从而保护这一珍贵的世界自然遗产，造福子孙后代。

3. 重要意义

加里曼丹岛是世界第三大岛，也是世界上最重要的热带雨林和生物多样性地区之一。婆罗洲心脏地带还是加里曼丹岛上几条主要河流（如文莱河、拉让江等）的发源地，是岛上最重要的淡水来源。近年来，在利益驱动下，该地区的森林资源遭到了惊人破坏。一方面，砍伐森林，出口木材，换取外汇收入；另一方面，毁林开荒种植油棕树，发展经济种植。伐木和开荒，成为原始森林的主要杀手。世界银行的一份报告指出，20世纪80年代以来，岛上已有25%的森林消失。根据WWF推测，如按2006年130万公顷/年的砍伐速度，岛上地势较低地区的森林将在2010年前砍伐殆尽。这将给本地区生态环境带来灾难性后果，严重威胁岛上居民正常的生产生活，还将给世界气候变化造成严重负面影响。保护该岛的热带雨林，已经刻不容缓。

面对严峻和紧迫的形势，文莱、印度尼西亚、马来西亚3国希望通过实施"婆罗洲之心"计划，吸引国际社会的广泛参与，共同应对挑战，保护该地区的森林资源和生态环境。

4. 发展现状

目前，"婆罗洲之心"计划仍处于起步阶段。2007年7月，在文莱举行了该计划的首届三边会议和利益相关方项目实施研讨会。3国政府还组织专家学者进行实地考察。

文莱、印度尼西亚、马来西亚政府也都为实施该计划做出了各自承诺：文莱宣布将在境内设立2个动植物保护区；印度尼西亚表示将划定一个面积80万公顷的自然保护区；马来西亚承诺保护沙巴州20万公顷的黑猩猩、婆罗洲侏儒象和犀牛的栖息地。

3国也正在加紧制定各自国家的计划实施框架，争取提交明年初的第二次三边会议讨论。

3国还原则同意设立该计划的秘书处。文莱希望秘书处常设文莱，并表示愿意承担秘书处设立后前3年所需的全部经费，以及此后不足部分的60%，印度尼西亚、马来西亚则主张由轮值国的秘书处负责筹措。

5. 国际合作

"婆罗洲之心"计划的推出正值世界环境问题、气候问题日益突出的时期，因此，该计划一经提出，便受到了国际社会的高度关注。东盟各国普遍表示支持该计划；美国也表现出浓厚兴趣，表示将首期提供10万美元资助，并欢迎3国组团访美，探讨合作。一些非政府组织更是已经成为该计划的合作伙伴，亚洲开发银行资助3国专家进行科研；世界自然基金会WWF将该计划列为全球重点项目，允诺在技术、资金等方面提供支持；大自然保护协会(The Nature Conservancy /TNC)、国际野生生物保护协会(The Wildlife Conservation Society/WCS)、保护国际(Conservation International /CI)等非政府环保组织也都纷纷成为该计划的合作伙伴，将在专家、信息、资源、能力建设等方面积极支持该项目。

"婆罗洲之心"计划对保护地区生态环境，实现可持续发展，应对全球气候变化等方面具有积极意义，有望成为地区合作的新热点。同时，"婆罗洲之心"计划地处东盟东部增长区(BIMP-EAGA)，也有望成为该次区域合作的重点领域之一。

此外，文莱还积极参与东盟自由贸易区、中国—东盟自由贸易区和泛北部湾区域经济合作。

三、利用外资

　　尽管文莱比较富有，可以说是不需要外来投资的，但为了加快发展本国的经济，特别是开发和生产石油、天然气及发展高科技，文莱政府制定优惠的吸引外资政策，鼓励利用外资来发展本国经济。引外资的重点领域及相关政策：改善投资环境以提高对外国投资的吸引力。文莱政府通过与主要贸易伙伴签署双边投资保护协议和避免双重征税协定，以寻求解除投资障碍，提高投资者的信心，其制定的鼓励投资措施，目标是改善投资环境，简化手续，减少审批时间，对于出口型、高科技等企业，进口所需的原材料免关税。文莱工业和初级资源部根据鼓励投资法令，划定10个项目工业以及这些工业所生产的产品为"先驱工业"或"先驱工业产品"，如轧钢厂、玻璃工业、造纸厂等，可以在一定期限内免缴30%公司税，根据投资额多少，享受不同免税期，可免缴公司税2～8年。但不能独资，须和马来人合资，文方拥有51%的股权。森林和深海捕鱼领域不对外开放。但对于高科技制造业和出口导向型工业投资可以独资，进口的相关机械、原料、配件等享受免税。文莱投资由工业和初级资源部工业发展局管理。政府在第八个五年计划结束的2005年时，希望能够获得44亿文莱元的外来投资。主要领域为旅游、高科技、运输和转运站。外国公司特别是国际知名的跨国公司，利用技术、资金、人才和品牌的优势，顺应文莱政府经济发展的战略定位，同文莱政府合作开发文莱特有的自然资源如石油、天然气、渔业等，如荷兰壳牌与文莱政府合资成立的文莱壳牌石油公司在开发文莱的油气资源方面已形成先入为主的、长期和稳定的合作关系。且由于其合作领域为文莱国家经济命脉，因此，意义重大、影响深远。

　　文莱政府部门设有专门机构，组织文莱企业到国外参加展览会并提供一定的资助。对需要引进外资的基础设施项目，文莱有关政府部门也走出国门招商引资。文莱利用外资的主要国家是，英国资本居首位，其次是荷兰、日本、美国。投资项目主要在石油勘探和开采、天然气液化工程及造船、发电等方面。2001年引进外资总额9.503亿文莱元（约合5.26亿美元），2002年为18.542亿文莱元（10.4亿美元），2003年为53.168亿文莱元。文莱政府计划在第八个五年计划（2001—2005年）结束的2005年，能够获得44亿文莱元的外来投资。2003年7月，文莱发展部经济发展局在一次有关文莱经济发展的研讨会上公布了文莱未来吸引外资发展的9大项目，即：(1)重工业和轻工业;(2)制造业;(3)科技;(4)电子;(5)运输和通讯;

（6）餐饮业；（7）旅游业；（8）游乐设施；（9）社会福利。为此，文莱政府将修改一些投资法令，包括土地法令、租税法令和海外投资者有关的法律等，对来文莱投资的外国公司给予优惠的待遇：（1）免交所得税；（2）免缴付法定的每年30%公司税（只限先驱工业）；（3）工厂的机器、生产配备、建筑材料、各种零件豁免入口说；（4）进口文莱没有的生产原料也一律免交入口说。以此来吸引外资。文莱计划从2004—2008年的5年内吸引外资45亿美元，实现这一目标，将能够创造6 000个长久性工作岗位。截至2006年9月，文莱共吸引约65亿美元外国直接投资，其中英国资本居首位，为28.67亿美元，其次是荷兰（28.35亿美元）、日本（3.88亿美元）、新西兰（2.11亿美元）。投资项目主要在石油勘探和开采、天然气液化工程及电话等领域。2004年以来，文莱与东盟国家和中国香港合资兴建了几家饮料厂和服装厂。近年来，文莱积极吸引外资，成效明显。如2011年，文莱吸引外资12.1亿美元，主要投资来源国依次为荷兰、日本和英国。

第七章　经济社会发展成就及未来发展趋势

一、经济社会发展概述

文莱的地理位置十分优越，气候适宜，内陆河流纵横，濒临南中国海，海岸线长，物产丰富，水陆交通十分方便，这样的优越客观条件，对发展经济是十分有利的。

从文莱建国至20世纪40年代末，虽然从15世纪末到17世纪初，即从第五世苏丹博尔基亚到第九世苏丹哈桑止的100多年中，文莱国势强盛，但总的来说，在历史上，文莱是东南亚一个贫穷落后的农业小国。到17世纪以后，由于内战迭起，西方殖民国家的入侵与掠夺，国土不断被分割，再加上海盗猖獗，它的经济走向衰败，19世纪末叶，沦为英国的保护国之后，在经济走上了殖民化的道路，国民生产主要是单纯为资本主义世界的市场服务。加上文莱主要是以农业为主，外国资本投入不多，因此，文莱在一个相当长的时期里，生产落后，财政入不敷出，并欠下大笔外债。到文莱旅游时，只要你到文莱国家博物馆一看，就会见到以前文莱人民的生活写照，文莱国人生活处在贫困之中，不少人衣衫褴褛。这就是文莱未发现石油以前其经济和人民生活的真实情况。

到20世纪30年代以后，由于石油的发现和开采，其经济状况才有了根本好转。1929年，英国壳牌石油公司在文莱西部的诗里亚地区首次发现大油田。在1945年第二次世界大战以后，文莱陆上石油生产有了很大的发展，并在诗里亚建成了主要采油中心、加工和生产中心。到20世纪六七十年代，随着石油、天然气的大量开采，文莱的经济结构发生了根本性变化。使文莱成为东南亚仅次于印度尼西亚和马来西亚的第三产油国和世界主要液化天然气生产国。1984年，文莱独立以后，文莱依靠自己的力量和引进外资大力发展石油和天然气生产，使文莱的石油和天然气的生产得到了迅速发展，根据文莱政府多年来公布的数据，石油和天然气的生产和出口已成为文莱国民经济的主要支柱，现在占国内生产总值（GDP）的66%、出口收入的93.6%和财政收入的90%（2005年数据）。油气为文莱经济迅速发展和人民生活的提高提供了保障，20世纪80年代初，人均GDP一般保持在2万多美元。进入21世纪，虽然受到世界经济不景气的影响，但石油和天然气仍然为文莱带来丰厚的收入，前瞻网2014年7月12日转发国际货币基金组织（IMF）官方网站公布1985—2013年世界各国GDP，文莱2011—2013年年均GDP保持在150多亿美元左右（分别为156亿、169.5亿、161.11亿美元），2013年国际货币基金组织（IMF）官方网站公布世界各国人均GDP权威排名，到2011—2013年，文莱人均GDP达4万美元以上，名列世界第22位，是典型的石油经济国家。

文莱从20世纪50年代起进行经济发展5年计划，除了继续发展石油和天然气生产外，还进行了经济结构调整。文莱的经济主要由石油、天然气以及与之相关联的部门所组成。到2013年，文莱已实施过5个经济发展五年计划，其中后3个经济计划执行得较有成效。1975—1979年的第三个五年经济发展计划支出7.6亿文莱元。由于国际市场上油价上涨，其国内生产总值的实际平均增长率高达12%。从1982年开始，国际市场油价呈现疲软态势。1980—1984年的第四个五年经济计划期间经济的平均实际增长率降至3.9%。1986—1990年的第五个五年经济计划的投资支出为37.3亿文莱元，尽管相当于第三个五年经济发展计划的5倍多，但由于20世纪80年代中期的油价暴跌，致使1985—1986年连续两年出现负增长。此后，国际市场的油价开始回升，据文莱政府公布的资料，1987年的实际增长率略有提高，达到0.8%，1988年与1989年的增长率分别为2.4%和2.7%。可见，文莱的经济完全随石油与天然气价格的涨落而波动，这反映了其经济因过份依赖石油和天然气的脆弱性。20世纪80年代以来，文莱政府实施了进口替代和面向出口的经济发展战略，鼓励发展制造业与农业，使经济逐步多样化。按1974年价格计算，矿业、采掘业和制造业占国内生产总值的比重由1979年的84%降至1988年的46%。同期内，农、林、渔业占的比重由0.9%升至2.2%，服务业（包括建筑业）由15%升至51%。情况表明：发展迅速的服务业大多与石油和天然气工业相关联，而农业和制造业则依然落后，因此，国内所需的粮食、食品、工业消费品、生产设备、原材料和中间产品大部分仍依赖于进口。随着石油工业的发展，文莱经济结构过于单一的弊端日趋显露。石油、天然气属于不可再生资源，总有一天开采殆尽。文莱政府已认识到这一个问题的严重性，为了改变经济过分依赖石油、天然气开采的单一经济结构，文莱政府从20世纪80年代中期开始就进行经济结构调整，经过几十年的努力，文莱的经济结构有很大的变化，文莱非石油产业得以一定的发展，其产值占GDP的比例不断提高，1980年为16.3%，1990年为37%，2001年则上升为46.5%。而油气所占比例则由20世纪80年代的83.7%下降到2001年的53.5%。而这一比例也随着文莱经济结构的继续调整，文莱油气在国民经济中的比例将会继续下降。根据文莱政府2013年公布的数据，由于文莱积极吸引外资，促进经济向多元化方向发展。经过多年努力，文莱非油气产业在GDP的比重逐渐上升，到2013年，已经占整个GDP约60%左右。据中国驻文莱经商参赞处网站2014年4月16日报道文莱统计局发表的公告显示，2013年，文莱GDP总额为201.6亿文莱元（约合159亿美元），比2012年同比下降1.8%。其中，油气行业产值同比下降7.2%，非油气行业产值增长2.7%。其中，建筑业增长7.5%，水电业增长2.6%；服务业产值增长3.2%，其中贸易和政府服务业增长最快，均为3.8%，交通运输业增长3.4%，金融业增长3.3%，房地产业增长2.0%。由此可见，文莱推行多元化发展经济战略已经逐步取得成效。

二、各个经济发展阶段简况

在20世纪50年代以前文莱是一种没有国家计划的自然经济发展阶段，也没有较完整的文字记录。根据文莱政府的有关经济发展计划资料，文莱有计划地进行经济发展是从20世纪50年代初开始，至今，文莱经历了以下发展阶段。

（一）1950—1984年独立前的发展阶段

前文莱苏丹奥马尔·阿里·赛福鼎在任期间重视有计划地发展本国经济事业。从1954年开始实行第一个五年国民经济发展计划。现任苏丹哈吉·哈桑纳尔·博尔基亚继任后也很重视以经济发展为主要内容的国家发展计划。从1954—1984年，文莱共实行了4个五年国家经济发展计划。

1953年，文莱政府制订了第一个五年计划（1954—1958年），文莱政府为完成该计划从财政预算中拨款1亿文莱元。文莱的第一个五年计划的主要任务是建设现代交通网、兴建学校、医院、政府办公大楼、电话局、码头、警察营房、农田水利、上下水道、排涝工程和兴办社会福利事业等一系列基础设施建设。通过执行该计划，文莱的交通设施、工矿业和电力都有很大的发展，对国民卫生健康与文化教育、宗教等事业也有了较大的发展。从实施的情况看，文莱基本完成了第一个五年计划，为文莱今后的经济社会发展打下了基础。

从1962年起，文莱实行第二个五年经济发展计划（1962—1966年）。该计划的目的是"加强和促进本国的经济社会发展与提高本国国民文化水平"，要求国民生产总值年增长率为6%，国民收入提高4%。该计划包括14个项目，主要是努力改善电力、交通和邮电通讯等各种基础设施。增强工业设施，整顿教育制度和改善公共事业等。在农业方面，扩大水稻种植面积10%，提高橡胶、椰子、咖啡、花生、水果、家畜的产量，同时扩大渔业和林木的出口数量。在交通运输方面增进水陆交通，发展工矿业和电力业。在公共福利方面，计划建设现代化的医院，增设学校，培训师资，创建图书馆和博物馆等。该计划基本得到完成，文莱1962—1966年的经济年平均增长率为6.6%，比原计划的增长率高出0.6个百分点。但由于同期文莱的人口增长率高达3.6%，这样就大大抵消了经济增长给人民带来的实际收益，从而使得原计划人均年收入增长4%的目标未能达到。

从1967—1974年的8年间，文莱没有制定和实施目标明确的经济发展计划，这一阶段经济发展较为平缓。1973年10月，由于世界石油危机爆发，国际市场油价猛涨，使得以出口石油为主的文莱获得了丰厚的外汇收入，经济发展迅猛增长，1974年，文莱的经济增长率高达11.85%。

1975年，文莱政府开始实施第三个五年经济计划（1975—1979年）。该计划的主要目标是达到充分就业，通过促进农业和制造业的发展实现经济多元化，目标为每年平均经济增长率达到6%。计划在这5年里投资12.13亿文莱元，其中，5亿文莱元由政府提供，7.13亿文莱元由私营企业提供。这些资金主要用于国防、交通运输、电话通讯广播、教育等消费的投资，对生产投资较少，用于工业投资的支出只占4.8%。在这5年期间，由于国际石油市场油价持续上涨，使得文莱从中获得了丰厚的收入，经济发展形势良好，其经济的实际年平均增长率达到了很高的增长率，高达14.92%，比原计划目标高出8.92个百分点；人均国民收入平均增长率为11.07%，也要比原计划高出7.07个百分点。在这个5年计划，文莱的就业人数也由1975年的5万人增加到1979年的6.34万人，但是，该计划确定的经济多元化的目标没有实现。农业在国内生产总值中的比重不但没有上升，反而由1975年的占1.34%下降为1979年的0.55%。在该计划期间，私人资本投资增长较快，私人资本在文莱的投资额差不多是原计划的3倍，达到21.97亿文莱元，其中19.7亿文莱元投在石油部门，2.28亿文莱元投向其他部门。

从1980—1984年文莱实施第四个五年计划。该计划明确提出了要以实施经济结构多元化，减少对石油和天然气的过分依赖作为国民经济发展的方向。该计划特别强调要发展以农产品和林产品为原料的加工业，也重视发展以非石油和非天然气的矿物为原料的制造业，继续进行工业园区的建设。此外，该计划还有为迎接国家独立而投资于许多新的大型建设项目，如新王宫、大型体育场、法院大厦、使馆中心、政府办公大楼、手工艺馆、多层停车场等。文莱对该计划的总投资高达61.525亿文莱元，其中，公有部门的投资为15.897亿文莱元；私人资本对文莱石油业的投资41.478亿文莱元。在非石油业方面的投资为4.15亿文莱元。在这个五年计划期间，由于文莱政府的大量投资，使文莱增加了不少就业机会，文莱的劳动力就业年平均率为4.7%，超过了原计划3.52%的目标。尽管文莱政府对这个五年计划投资很大，但由于当时国际石油市场价格的下跌和文莱石油产量的减少，在这个五年计划，文莱的国内生产总值不但没有实现预期的增长率，反而以年平均4.44%的速度下降。

通过实施第三、第四个五年计划，文莱建成了一批重要的现代化交通基础设施和社会福利设施，如扩充全国公路网，新建一个现代化港口，铺设新的输油管和天然气管道，扩建首都机场，兴建新王宫、国立体育场、政府办公大楼、手工业艺馆等，为文莱以后的经济发展打下了基础。

（二）1984年独立后的经济发展阶段

这个新时期是文莱独立自己发展本国经济的阶段。文莱政府为了减少国民经济对石油和天然气的过分依赖，在这个时期制订的各个五年计划都强调了调整经济结构，建立多元化的产业结构，努力保持经济持续发展。

文莱政府在1985年12月制订了1986—1990年的第五个五年计划。该计划确定了以下目标：

1. 积极鼓励引进外资进入，发展新的出口导向和进口替代工业。

2. 最大限度地、有效地利用国内资源。

3. 保持充分就业和提高生产发展水平。

4. 鼓励和培养马来族公民成为工商业领导人。

该计划也继续把促进非石油部门的发展，努力实现经济多元化作为目标。该计划还确定非石油私营部门总产值的年平均增长率为10%，要求加速发展纺织制衣、面粉、油漆、陶瓷、玻璃制品工业，鼓励私人资本在这些工业部门投资；同时也鼓励外资投资于油气部门以外的其他经济部门，从而改变长期实行的单纯依靠政府投资发展经济的作法。该计划还提出加强对农业、渔业和基础设施的投资。该计划还要求就业增长率也要达到8%。

为实现该计划，文莱政府预计需要投资55.06亿文莱元，其中，26.1亿文莱元由政府财政支出，投资于公用事业、基础设施；21.49亿文莱元由私人资本提供，投资于石油部门；另外还有7.47亿文莱元由私人资本投资于非石油部门。此外，该计划还提出加强金融、保险部门，整顿金融市场，预计支出开发资金37亿文莱元，比第四个五年计划的资金增加104%。

在第五个五年计划期间，由于国际石油市场原油价格有所回升，文莱的经济也逐渐扭转了持续下降的局面，只是增长势头还比较弱。1986年的经济实际增长率还是-2.8%，1987年回升为0.8%，1988年上升为2.4%，1989年再上升为2.7%，1990年又有所下降，但仍然有1.0%的增长率。

1991—1996年为文莱政府第六个五年计划时期。该计划把产业多元化提到了优先位置。确定的总体目标是，在保持石油和天然气传统产业稳步持续发展的同时，努力加速人力资源开发和制造业的发展。根据文莱官方报纸《婆罗洲公报》报道："新计划旨在鼓励私营部门的发展，同时保持环境的清洁与卫生。"该计划预算为55亿文莱元，其中包括教育、生活保健、政府住宅建设、宗教事业和公益事业。在用于教育的经费中，1.13亿美元用于建一所新大学，2.14亿美元用于建中小学，3 500万美元用于全国各地的清真寺建设。发展贸易和工业，其中包括农业及为工业提供场地等的费用占总预算的10%。另外有20%预算用于交通运输及通信事业，包括修建公路和港口以及发展电信事业，同时还用2.51亿美元来加强国防和国内安全。该计划实施后，年均经济增长率为2%。

1996—2000年为文莱政府第七个五年计划。由于1997年受到东南亚金融危机的影响和全球石油价格下跌的缘故，文莱政府1998年把发展开支预算剥减一半，为6.05亿文莱元，而1997年是13亿文莱元。国防部是预算中数额被剥减最多的部门之一，国防部只获得990万文莱元的拨款，而1997年的拨款多达2 950万文莱元。但文莱政府增加对公共建屋和宗教的拨款。在这个五年计划，文莱经济出1998年是负增长外，1996—2000年期间，每年的经济都取得了增长，文莱经济增长率为1.2%，这是由于美元的稳定以及石油价格处于高水平的原因。即使文莱在1997年的亚洲金融危机中也备受打击。石油和天然气为文莱最主要的收入来源，日本是文莱最大的出口市场，占了43.6%，其次是东盟23.3%，韩国11.3%，美国8.3%。正是由于文莱向这些富有的国家出口了大量的石油，使文莱在这个五年计划时期仍然取得了经济较大发展。

2001年，文莱政府公布了2001—2005年的第八个五年计划，该计划为石油和天然气工业拟定了总体规划，以吸引外来投资，为中小型企业创造商机。同时继续强调发展非石油产业，重点是旅游业、农林业、纺织业、信息业和工业。在这个5年计划中，文莱继续朝非石油工业领域持续发展，而其中60%的增长需要依靠私营企业的发展，中小型企业占了文莱国内私人企业界的98%，到2003年，文莱有注册公司约6 000家。文莱国内市场太小，如果单靠国内市场，根本无法使文莱的经济在短期内取得较大发展，为了协助国内的中小型企业发展，文莱政府计划为他们提供培训、辅导，并计划设立行销售中心。为了扶持中小型企业发展，文莱正采取各种措施，如逐步减少各种福利补贴以及减轻政府的财政负担，对国有企业实行股份化和民营化，大力鼓励民间中小企业的发展。

为完成第八个五年计划，苏丹在2001年新年致辞中提出致力于经济复苏。文莱政府公布的2001年发展预算案，政府削减一半开支。而文莱政府对第八个五年计划的经济建设的投入却较大，达到73亿文莱元，2003年再度增加10亿文莱元作为特别经济拨款。在这个五年计划，文莱政府极为重视发展中小企业，文莱工业和初级资源部为发展中小企业制定了三大目标：（1）中小企业的能力建设；（2）培养新型文莱企业家；（3）整合国内中小型企业走向国际市场。为此，文莱政府专门拨款3 100万文莱元来发展国内中小型企业，其中，1 000万文莱元为增加生产能力和改善产品品质标准，700万文莱元为创业基金（包括开发食品加工业），600万文莱元为中小型企业人才建设。为了鼓励人民自行创业或扩大企业规模，文莱政府从工业发展基金中额外拨款1 500万文莱元作为2003年度企业援助基金和小额企业信贷基金。为了解决中小企业资金短缺问题，文莱政府推行了3项企业贷款计划，即：（1）资本信贷基金；（2）企业援助基金；（3）小额企业信贷基金。根据文莱发展局2003年的资料显示，资本信贷基金计划发放的贷款总额为2 860万文莱元，共有108家取得贷款。企业援助基金的贷款额为1 162.5万文莱元，共有42家企业取得贷款。小额企业信贷计划的贷款为136万文元，共有70家企业取得贷款。同时，为了更有效地扶助和促进国内中小企业的发展，文莱工业和初级资源部把下属的"资源标准中心"和"策划与工业促进单位"合并为"企业发展及促进单位"。2003年8月，该部决定在部内设一个"商业服务中心"，中心内拥有完善的资讯科技系统，类似商业世界的"迷你图书馆"。以为本国商家提供国内外公私领域的广泛商业信息及相关服务。该中心建成后，文莱国内企业家可向该中心注册，获得各项服务。这是文莱政府为推动企业发展采取的系列措施之一。文莱政府还拨款9亿文莱元发展信息业，建立电子政府和电子商务，为政府部门、学校、社区中心和回教堂及城乡居民提供电子服务，目标是使之成为本区域率先广泛使用电子的政府之一。电子化的文莱将最广泛地使用互联网作为沟通、经商、教育、卫生、理财的主要工具。为了减轻政府负担，同时也为了提高服务质量，电力局等政府部门将企业化，鼓励私人界参与电力服务，在这个五年计划时期文莱政府拨出5.29亿文莱元发展电力服务，该预算占总预算的7.26%。2004年4月，文莱财政部公布了经苏丹批准的2004—2005财政年度预算，支出总金额为49.9亿文莱元（约合29.4亿美元），其中约10亿文莱元（占20.12%）拨给财政部，9亿文莱元（占18.03%）用于发展项目，6亿文莱元（占12.10%）拨给教育部。33.9亿文莱元（占67.97%）用于政府日常预算，16亿文莱元（占32.03%）用于资本支出。文莱政府认为，政府在这个五年计划投入这样巨大资金，将对文莱的未来经济发展起到促进作用，文莱在第八个五年计划的国民生产总值年均增长5%～6%，创造更多的就业机会，使文莱继续保持人民生活富裕和社会稳定。

2008年1月20日，文莱首相署经济规划和发展局发布《文莱长期发展规划（2035远景规划、2007—2017发展战略和政策、2007—2012年国家发展计划）》。规划提出，到2035年，文莱将建立起富有活力和可持续发展的经济，并在生活质量和人均收入上进入世界前10名。文莱在第九个国家发展计划（2006—2010年）里，将支出总额达95亿文莱元来推动826个项目，推进国民经济发展。同时，文莱政府还将增加每年用于发展建设项目的投资，预计2012年的投资金额将达到17亿文莱元，可望带来GDP年平均增长6%的速度。从2012年以来，每个财政年度开支额都达到50亿文莱元以上。文莱第八届立法会议于2012年3月19日批准了52亿文莱元（约合40亿美元）的2012—2013财年的财政预算。其中，8.1亿美元投入文莱第十个国家发展规划（2011—2015年），该规划主要是为推动文莱经济重心从油气产业转移，实现经济多元化发展，目前，已有1 048个项目纳入国家发展规划。据文莱《婆罗洲公报》2014年3月23日报道，文莱政府在2014—2015财年预算中，共支出59.8亿文莱元（约合47.47亿美元），除了保障一般性支出外，主要用于发展经济多元化。

为了更好地解决经济可持续发展问题，在文莱苏丹授意下，文莱于2004年成立了长期发展理事会，苏丹大弟、外交与贸易部部长穆罕默德亲王任理事会主席。文莱长期发展理事会主要任务是制定《文莱达鲁萨兰国长期发展计划（2035年远景展望）》。2008年1月19日，文莱首相府举行新闻发布会，公布《文莱达鲁萨兰国长期发展计划》，计划分3部分："2035年远景展望"、"2007—2017年发展战略和政策纲要" 和 "2007—2012国家发展计划"。

《文莱达鲁萨兰国长期发展计划（2035年远景展望）》指出，文莱在1986—2005年间实施的前4个五年计划中，发展重点主要集中在：改善人民生活、国家资源的最大经济利用、发展非油气产业、加快人力资源开发、保证就业、控制通货膨胀、构建和谐自力社会、鼓励培育马来民族成为工商领袖、廉政建设等方面。经过20年努力，文莱在改善人民生活、控制通货膨胀和廉政建设上已经取得重要成绩，但在资源利用、人力资源开发、充分就业、提高生产力等方面，成绩不大。在发展非油气产业、构建和谐自力社会、培育马来民族成为工商领袖等方面，成果不理想。同时在第八个五年发展计划（2001—2005年）中，以2000年为基数，从2000—2005年，文莱实际GDP年平均实际增长率为2.5%，石油行业增长率为1.8%，非油、气行业增长率为3.4%，远远低于上面提到的计划增长5%～6%的目标，低于同期（2000—2004年）全球3.8%的经济增长，也低于同期东盟的5%的经济增长速度。

《2035年远景展望》指出，较低的发展项目执行率是造成文莱经济增长较慢的主要原因。文莱计划在2007—2012年发展计划中，要加大执行发展项目的力度，提升相关机构效率。为达到GDP年平均增长率6%的目标，"2035年远景展望" 提出文莱政府需要每年支出17亿文莱元（约12亿美元）。

《2035年远景展望》有关内容：

1. "2035年远景展望" 提出了远景三大奋斗目标：到2035年，拥有最高国际标准衡量的受过良好教育和技术熟练的人民；人民生活质量进入全球前10列；充满活力的可持续发展经济，人均收入进入世界前10列。为实现这些目标，文莱将实施由八大战略构成的国家战略部署：教育战略、经济战略、安全战略、机制发展战略、本地企业发展战略、基础设施发展战略、社会保障战略和环境保护战略。

2. "2007—2017年发展战略和政策纲要"具体阐述了为保障2035年宏愿实现，文莱在今后10年在教育、经济、安全、机制发展、本地企业发展、基础设施建设、社会保障、环境保护等领域需要实施的8个战略方向和50个政策方向：

（1）教育：实施早期儿童教育；吸取国际先进教学经验；采纳一流的中等教育和高等教育体制，包括发展工商业所需的职业教育、专才教育、技术教育等；加强发展信息产业所需的人才培养和课程；发展终身教育课程，拓宽接受高等教育人群；促进科研和创新；提高教育效率；增进教育机构管理能力。

（2）经济：保证宏观经济稳定；确保经济高速增长，保证就业；培育强健资本市场，包括伊斯兰债券市场；出台有利于提高生产力、开放度和竞争力政策，促进经济竞争力；投资于对提高文竞争能力、出口潜力和就业有帮助的油气下游产业和其他类似产业；投资国际一流的基础设施，吸引国际国内投资，促进出口；根据实际国情，发展能源规划，促进油气下游产业多元化；服务业私有化；对发展本地工商业所需的技术、知识、科研进行投资；促进国际经济双边和多边合作；鼓励妇女平等。

（3）安全：促进外交、国防和安全部门的紧密协调，确保国家安全；增强安全部队能力，包括国防部队、警察和情报部门；提高军队基础设施和装备的改进；促进执政能力建设；加强突发事件应急处理体制建设；确保文化和社会和谐。

（4）体制建设：确保现代法制；引进国际先进政府管理经验；建设现代高效公务员制度；精简政府机制；建立独立的公共和私有部门监督体制；确保经济政策的有效性和可执行度。

（5）本地企业发展：引进规划有效的本地企业融资计划，帮助中小城市企业提高竞争力；发展中小城市企业科技孵化中心；提高外资对本地企业的提携作用；鼓励使用本地产品；通过私有化、商业化和政府采购等来增加本地企业机遇；简化政府程序，减少企业成本；确保政府决策和付款迅速。

（6）基础设施发展：提供足够的社会基础设施，特别是公共住宅、卫生保健和教育；健全法制，保障社会和工业基础设施的投资；确保重要政府基础设施项目建设资金；评估政府项目招投标和项目管理机制，确保按时保质完成。

（7）社会保障：为脆弱人群提供经济上可持续发展的社会保障体系；培育提升创业精神和自力更生精神的计划；为私有企业员工提供与公共部门一样的享受社会保障的机遇。

（8）环境保护：继续保护文莱生物多样性、热带雨林和自然生态；要求各产业和工业项目执行最严格环保标准；对建筑物和著名文化遗产建立明确保护指南；对有关公共卫生和安全的环境维护执行严格管理办法；支持国际和区域对跨境和区域环境关注的努力。

3."2007—2012年国家发展计划"要点：

该计划指出，考虑到未来10年文莱人口增长速度和油气资源的消耗，要加快人力资源的转变，迎接经济各领域体制上的挑战，增加就业，提高生产力。在新的6年国家发展计划中，要保持宏观经济稳定运行，为国家发展提供良好基础。

"2007—2012年国家发展计划"指出了未来6年文莱在宏观经济、政策实施、公共部门和财政、人力资源发展、工商业、初级资源发展、旅游、银行金融保险业、运输和交通、信息产业、电力、供水和排水、卫生、社会发展、环境、安全、科技创新和行政管理等18个领域面临的问题和挑战，提出了具体应对建议：

（1）宏观经济：国际市场能源价格的继续上涨将会对文莱经济、政府财政和出口等方面继续作出积极贡献；要继续实施经济多元化战略，发展油气下游产业；在非油气领域继续发展受鼓励产业。

（2）政策实施：考虑到政府政策和计划的广泛联系性，以及需要实施的8个战略方向和50个政策方向，2007—2012年发展计划和项目定有四大发展目标：拓宽经济基础，增强知识经济基石；加快社会进步步伐，维护政治稳定；扩大高技术劳动队伍储备；提高机构能力。

（3）公共部门和财政：2007—2012年发展计划中，6年内将拨款96亿文莱元（约67亿美元）资金，执行275个发展计划下的826个项目：

工业与商业：重点是发展非油气产业，促进本地中小企业发展，健全粮食安全政策，发展清真食品和生态旅游，主要项目有建设粮食发展中心、农业实验室、森林公园（二期）、生态旅游点、海洋生态旅游公园、海水养殖研究中心等项目；积极发展伊斯兰银行与金融业，通过文莱国际金融中心，建立文莱伊斯兰资本市场和伊斯兰银行金融业务中心；促进旅游发展，努力实现年游客增长率7%、旅馆平均入住率50%～60%，将旅游相关产业就业人数从2004年的5 350人提高到2010年的不低于8 000人；工业与商务类总拨款10.25亿文莱元，占总额10.8%，其中工业发展占4.3%，大穆拉岛项目占3.1%，渔业占1.2%，农业占1.1%，林业占0.7%，商业和企业发展占0.4%。

运输和通讯：实施项目有公路改造、机场改造、海下电缆更换、文莱广播电视台二期工程、马来奕区新邮电局大楼建设、港口局大楼建设等。运输和通讯类共拨款10.67亿文莱元，占总额11.2%，其中，道路建设占6.0%，广播电视占2.4%，电讯占1.2%，民用航空占1.2%，港口建设占0.3%，邮政建设占0.1%。

社会服务：主要是发展居民住宅，拨款15.56亿文莱元，共建9 000套住宅；卫生保健共拨款1.49亿文莱元，主要项目有国家药品储存中心、都东区透析中心、林巴区卫生中心、改善化验室、提高诊疗手段和突发传染病事件控制能力；人力资源开发和教育；加强环境保护，建设新垃圾处理场、治理文莱河污染一期工程。社会服务总拨款30.56亿文莱元，占总额32.2%，其中居民住宅占16.4%，教育占8.7%，人力资源开发占3.1%，公共设施和环境保护占1.9%，卫生医疗占1.6%，宗教事物占0.3%，公共房屋占0.2%。

公用事业：主要是改善和提高电力、供水、排污、排水等设施，总拨款14.93亿文莱元，占总额15.7%，其中电力占6.2%，供水占5.5%，排水占2.1%，排污占1.9%。

科技和研究：增强居民能力建设，增进中小企业开发创新能力，总拨款1.65亿文莱元，占总额1.7%。

信息通讯技术：为促进信息产业及服务发展，实施相关项目，总拨款11.46亿文莱元，占总额12.1%。

人力资源：总额为8.22亿文莱元拨款，用于教育领域的68个项目，占总额8.7%，另总额为2.95亿文莱元拨款用于人力资源开发项目。

工业与商业：2007—2012年国家发展计划中，将致力于经济多元化发展，促进中小企业发展，提高生产力，促进油气下游产业、清真食品、商业与金融服务业、运输与物流、信息产业、旅游服务等六大产业群增长。总额为7.42亿文莱元的拨款用于执行42个项目。

初级资源：促进农、渔、林业发展，主要包括：市场开拓、食品安全、农业和生物技术开发、相关基础设施建设、清真食品开发、发展渔业捕捞产业、海水养殖、相关服务、实验室建设。总额为2.83亿文莱元的拨款用于77个项目，其中农业拨款1.02亿文莱元，林业拨款0.65亿文莱元，渔业拨款1.16亿文莱元。

旅游：实现来文旅游人数7%的增长，达到旅馆平均入住率50%～60%，旅游相关产业就业人数从2004年的5 350人提高到2010年的不低于8 000人。总额为0.84亿文莱元的拨款用于11个旅游项目。

银行、金融和保险业：主要目标是增强有关法制管理，建立相关数据系统，发行伊斯兰短期债券，增强能力建设，把文莱建成伊斯兰金融中心。

运输和通讯：进一步健全运输和通讯基础设施，提高服务质量，增加行业对国民经济的贡献率。总额为10.67亿文莱元的拨款用于98个计划和项目，其中，道路建设为5.69亿文莱元，广播电视为2.28亿文莱元，电讯为1.17亿文莱元，民用航空为1.15亿文莱元，港口建设为0.27亿文莱元，邮电建设为0.12亿文莱元。

信息产业技术：重点是信息综合在线服务、能力建设和电子商务。总拨款11.46亿文莱元，占总额12.1%。

电力：提供充足电力，继续改进电力供应质量，全国三大电网并网，满足特别经济区域电力需求，提倡节约能源和电力使用效率。总拨款5.88亿美元，占总额6.2%。

供水、排污排水：重点是保证旱季水资源充足供应，达到水处理能力比需求增长20%，提高水质；延伸排污管道，增加中央排污系统连接；改善和提高排水基础设施，减少水灾区域。供水系统有3大计划下30个项目，排污系统有35个项目，排水系统有四大计划下44个项目。总拨款共9.05亿文莱元，占总额9.5%，其中，供水为5.25亿文莱元，排污为1.78亿文莱元，排水为1.78亿文莱元。

卫生：重点是增强卫生管理和服务，提高国民卫生水准和生活质量，国家卫生突发事件处理，改进卫生质量，提高效率，改善医院设备和服务，提高卫生中心服务。总拨款1.49亿文莱元，占总额1.6%，执行20个项目。

社会发展：

（1）居民住宅：总拨款15.56亿文莱元，占总额16.4%，建造9 300套住房，场地11个，包括占地717公顷的6个新场地。

（2）政府住房：总拨款0.23亿文莱元，执行16个项目，主要是用来为各级政府人员建造公寓。

（3）公共设施：总拨款0.54亿文莱元，用来建造新公共汽车站、游泳池和各区多功能厅。

（4）宗教事物：总拨款0.27亿文莱元，执行15个项目。

（5）妇女和青年：总拨款16.6亿文莱元，占总额17.5%。

环境：重点是环境保护，维持自然资源的可持续发展，为此，须提出新的有关政策。有关内容包括空气和水源质量、固体垃圾处理、海岸线保护、公众认识和国际合作等。总拨款1.28亿文莱莱元，执行19个项目。

安全：总拨款5.97亿文莱元，占总额6.3%，执行文莱空军和警察部队的26个项目；总拨款3亿文莱元，建造文驻外使领馆馆舍和移民局大楼。

科技和创新：目标是建立独立科技创新能力，支持有示范连带效应的小型项目，提升国民科研文化。总拨款1.65亿文莱元，执行58个科技创新项目。

行政管理：重点是人力资本投资，主要工作在精简和现代化行政管理程序，改进公共服务，提高执行项目和计划的效率，促进运行效率。

三、实行多元化经济发展战略

文莱对未来经济发展的战略措施是，为了改变经济过分依赖石油、天然气的开采生产的单一结局。文莱政府从国家可持续发展考虑，于20世纪80年代中期就制定了实行多元化的经济发展战略，并于1988年宣布成立一个新的政府部门——工业与初级资源部，负责策划和推动多元化经济活动。进入21世纪以来继续加大实施这一战略的力度。文莱国家元首苏丹在2003年7月的一次讲话中再一次强调，文莱要改革现行的管理体制，大力提高经济竞争力，以应对新千年的各种挑战，使文莱继续享受和平与繁荣。

文莱调整经济结构的一个重要特点是实行多元化政策，政府鼓励发展的主要领域有：一是石油、天然气的下游产业及能源工业，如炼油、天然气液化、化肥、塑料、化工原料；二是农业开发是文莱经济多元化鼓励发展的重点领域，扩大和增加农、林、渔业的生产包括扩大粮食和蔬菜种植面积，增加牛、羊、鸡鱼虾的养殖及蛋奶的生产，增加食品的自给率，减少进口。文莱政府在第八个五年计划（2001—2005年）期间拨款9 050万文莱元支持农业的发展（占政府拨款总额的1.24%）。提高大米自给率是文莱政府发展农业的一项目标。文莱全国每年需要3万吨大米，98%以上需要进口。为改变这种状况，文莱农业局提出，争取在第八个五年计划期间，把大米的自给率由目前的不足2%提高到4%，达到1 300吨。在蔬菜方面，文莱政府的目标是在八五期间争取自给率达到94%。2002年，文莱的蔬菜总产量已达8 900吨，满足了国内70%的需求；三是，鼓励国内外商人在文莱投资、经商，促进中小型私人企业、商业部门的发展，允许外资在高科技和出口导向型工业项目拥有100%的股权；四是，推行私有化，逐步将政府管理的电讯、邮政、水电、交通等公共服务部门私有化，以提高服务质量和办办事效率，减少政府财政负担。通过推动私有化，实现文莱经济发展朝着由政府主导逐步转向以私营为主导型的方向发展。在这一政策的指导下，文莱加快了其他行业的发展。文莱的建筑业发展较快，成为仅次于油气工业的重要产业。服装业亦有较大的发展。旅游业也是文莱近年来除油业外大力发展的又一产业，每年为文莱创汇5亿美元。据中国驻文莱大使馆经济商务参赞处2011年7月28日发表的调研报道，从2008年以来，为促进经济向多元化方向发展，改变经济过度依赖油气资源的局面，文莱政府积极推行经济多元化战略，重点规划和建设工业区，扶持中小企业发展。中小企业是文莱私营经济的主体，也是文莱发展多元化经济的主要力量。为鼓励支持中小企业发展，文莱政府首先提出要实施3项改革：一是加强行政体制改革，提高政府运转效率和官员责任心；二是改善投资环境，包括提供商业注册便利、修改现有土地政策等，吸引跨国企业投资；三是改变人力资源结构，大力发展职业教育，积极引进国外优秀人才。另外，文莱政府还采取了一系列具体措施。文莱设立了战略发展资本基金，并成立专门委员会，负责重新审查和推介相关政策，以吸引更多外国投资。在这方面，文莱工业与初级资源部和经济发展理事会互为补充，其中前者提供投资优惠政策，如免税、提供工业用地等，后者负责招商引资并为投资活动提供便利。文莱工业与初级资源部为中小企业制定了投资优惠政策，并在工业区及配套设施、中小企业培训服务、财务支持等方面提供了大力支持和保障。文莱经济发展理事会专门为中小企业建立了企业孵化园和信息中心。文莱交通部则设立了年度"文莱信息通讯技术奖"，并由其信息中心主办"Think Big"商业计划大奖赛，均着眼于激励当地企业提高创新能力，并为当地商业人才提供鉴定、培训和展示的平台，以推动本国的信息和通信产业发展。早在2008年1月，文莱政府就宣布启动"文莱2035宏愿"，开始推动经济向多元化方向发展，并争取到2035年使国民人均收入进入世界前10名。2008年以来，文莱政府对中小企业采取了大面积、大幅度的减税计划，仅2008—2009年就减税4.5%，极大调动了国内中小企业和外国公司的投资积极性。经多年努力，文莱经济对油气产业的依赖已开始减少，其他产业在经济中的比例已有明显提高，文莱实施经济多元化战略已初见成效。明显效果是中小型企业得到了较快的发展，目前，文莱的中小型企业占了文莱国内私人企业界的95%。据文莱经济发展规划局2013年6月份最新统计，到2013年5月，文莱全国有5 486家中小企业，其中小型企业共3 560家，占65%；中型企业1 787家，占33%；大型私人公司仅139家，只占总数的2%。全国私人企业中，4 127家设在文莱—穆阿拉区，占总数的75.2%；马来奕区有885家，占16.1%；都东区有390家，占7.1%；淡布隆区84家，占1.5%。

经过多年实施经济多元化战略，文莱经济结构和人民生活水平取得了明显的进步。

在宏观经济及各种领域方面：据世界经济论坛2008年10月8日公布的2008—2009年报告，文莱首次参加全球134个国家竞争力排名，列第39位，其中宏观经济稳定性指标排名全球第2。其他排名靠前指标项目包括：劳工市场效能（第16位）、基础设施（第39位）、制度（第41位）、保健及基础教育（第47位），以及技术应用（第54位）等。据2012—2013世界经济论坛全球竞争力报告，文莱在全球142个国家中排名继续保持第28位。据文莱《诗华日报》2013年9月6日报道2013—2014世界经济论坛全球竞争力报告，文莱在全球148个经济体中排名第26位，较2012年上升2位。在子项目评分中，文莱的市场效率排名上升较为显著，较2012年提升31位，健康及基础教育和制度排名也分别上升6位和8位。在宏观经济稳定程度方面，文莱蝉联第一。据文莱《婆罗洲公报》2014年1月1日报道，文莱苏丹陛下当日通过文莱广播电视台发布2014年新年御辞称，文莱商业便利条件大幅提升，国际机构排名已从2012年的第79位上市到2013年的第59位。

在国内生产总值（GDP）方面：进入21世纪初，文莱经济一直保持发展，2002年文莱经济增长率达到3%，GDP约45亿美元；2003年继续保持经济增长，GDP约65亿文莱元；2004年GDP约为87.69亿文莱元（约合50.68亿美元）；2005年文莱GDP约为52亿美元；到2009年以后增长较快，每年都超过150亿文莱元以上。据文莱政府公布及世界银行网站2014年7月公布的数据，2009年文莱GDP156亿文莱元、2010年为168.67亿文莱元（约126亿美元，此数字为中国商务部网站2011年8月24日报道文莱经济规划发展局最新发布数据）、2011年为207亿文莱元（约合151.11亿美元）、2012年为211.85文莱元、2013年为201.58亿文莱元（约合美元

161.11亿美元）。人均GDP一直保持上升态势，文莱苏丹在2008年3月5日召开的文莱第一届国会第四次会议上称，文莱年人均GDP从1994年的2.3 502万文莱元上升到2006年的4.7 964万文莱元，2007年人均GDP为4.84万文莱元（约3.34万美元），名列世界第36位。近年来，文莱人均GDP一直保持在近40 000美元以上，据《文莱时报》2010年9月20日引自美国《金融杂志》最新公布关于全球182个国家和地区的调查结果，其中文莱以人均GDP为48 714美元排名第5位。

外汇储备方面：文莱独立后，丰富的石油和天然气促进了文莱的经济发展，石油天然气的生产和销售为文莱政府带来丰厚的外汇收入，加之人口少，文莱的国民经济发展迅速，使文莱人民生活水平大幅度提高。目前，文莱拥有巨额的外汇储备和黄金储备，文莱的外汇储备一直保持在200亿～300亿美元左右；黄金储备达30亿美元。

四、人民生活富裕

文莱靠石油和天然气的生产出口获得了丰厚的收入，根据文莱官方公布的数据，仅石油和天然气的年收入就高达30多亿美元，再加上外汇结余较多，每年净得利息高达7亿美元。由于国家财富较多，加上人口少，故该国政府对本国公民实行高福利政策，经济服务及社会服务两项开支占支出的27%以上。

文莱对本国公民实行的高福利政策主要有：

1. 广泛推行免税及免费措施。免收个人所得税，免费教育（包括学费、教材、文具、午餐、交通工具等），免费医疗，免费国内电话，免费农药及技术等。在文莱，其本国公民，无论老幼贫富，一律享受免费医疗，到医院看病，只要交上1文莱元挂号费，其他一切医疗和药品费用全部由政府支出。

2. 广泛实行津贴制，包括汽油、水电、房租、大米、砂糖和肉类的物价补贴和肥料，麦加朝圣，丧葬费的津贴，为控制物价上涨，政府每年拨款2亿文莱元作为物价补贴。在文莱，成年公民可向国王申请租住产权归国王的小别墅，入住后房租水电全免。

3. 实行低息或无息贷款，包括建造住宅、购买汽车、家用电器和彩色电视机等的贷款。

4. 实行出国留学奖学金制。目前，文莱国内只有1所大学，专业不全，师资力量不足，设备不够先进。为鼓励高中毕业成绩优秀的学生出国深造，政府设立较高的奖学金，并在主要留学对象国英国的伦敦购置一座豪华的公寓，取名"文莱屋"，供留英学生住宿、交流和集会之用。

5. 分发土地给无私人住宅者，并由政府补助建造新屋，做到"居屋有其屋"。如果想要一块称心的土地建自己的住房，也可以向国王申请，获准后所建的住房归个人所有，但不能建围墙。

6. 实行普遍就业和高工资制，使文莱的就业率高，失业率低。文莱各部门普遍实行8个小时工作制，除正常工资外，还发放补助金和占工资30%的生活津贴。结婚的另增加25%的补助金。每年内有1周休假。患病者，4周之内工资照发，其后8周发一半。常居文莱65岁以上的劳动人口可享受退休金。

7. 政府还包揽了许多便民服务和生活设施，如免费为小商小贩提供柜台店铺，高速公路不收过路费和养路费，所有的公园、博物馆、娱乐设施均不收门票。

由于文莱的富有和政府实行这样高福利的政策，彻底改变了20世纪五六十年代贫穷落后的面貌。目前，该国人民享受着高福利的生活。据文莱《婆罗洲公报》2012年11月27日报道，文莱首相署副部长兼经济发展局主席拿督阿里对该报记者表示，2012年，文莱保持既无内债又无外债，同目前世界许多国家面临债务危机且外债总额已超过国民收入相比，文莱国民继续过着丰衣足食的富裕生活，就以拥有个人汽车量为例，据《文莱时报》2012年12月26日报道，目前，文莱达到每2.65人拥有1辆汽车，根据世界银行排名，文莱位居全球第9位。文莱家家户户都装有多台空调；每家有2~3台电视机比较普遍，可以放开使用政府提供的廉价电力。每3人有1~2部电话，手机已经普及，只要你愿意使用。此外，文莱人均拥有汽车是世界最多的。

虽然文莱经济持续发展，人民生活比较富裕，但文莱政府并不满足于已经取得的成就，2003年，文莱发展局委托国际著名的竞争力顾问公司Monitor Group对文莱的经济环境竞争力进行评估，该公司于2003年7月提出了评估报告，报告认为，文莱现有的经济环境竞争力无法与国家财富构成正比，在全球微观经济环境竞争力的排名为第69位，落后于新加坡、马来西亚、泰国等东盟国家。文莱在发展经济上有以下几点优势：

1. 稳定及公平的政府。

2. 良好的教育体系。

3. 有石油和天然气作为经济的强有力支柱。

4. 充足的金融资源。

该报告也同时提出了文莱在发展上与其他国家竞争中存在的一些弱势，主要是：

1. 缺乏企业文化；

2. 未开发的商业；

3. 发展迟缓的私人企业；

4. 政府决策缓慢；

5. 透明度不够；

6. 办事环节繁琐。

五、存在问题及未来发展趋势

从文莱介绍的有关情况看，文莱的经济和社会也存在一些不能忽视的问题，如：虽然调整经济结构取得一些成效，但进展缓慢，整个经济仍然依靠石油和天然气的局面还没有根本改变；国内市场狭小、基础设施薄弱；技术人才和劳动力严重缺乏，不仅管理人员、技术人员和熟练工人非常缺乏，连从事一般体力劳动的劳动力也十分缺乏，外国劳工仍占文莱总劳动力的40%。文莱本国公民，特别是占人口多数的马来族公民普遍愿意去待遇优厚且清闲的政府机关和公营部门，或者去私营的贸易、金融、保险、运输和其他各种相关的服务性行业工作，而不愿意去制造业、农业和渔业等生产部门工作，据一位文莱公务员说，文莱曾经有高达5成的国民都是公务员，靠政府供养，没有什么工作压力，即使失业也不愿意去从事较艰苦的工作。据中国驻文莱大使馆商务参赞处网站2010年9月16日报道文莱主流英文媒体《文莱时报》头版刊载新加坡知名经济咨询公司Centennial Asia Advisors首席执行官、经济学者巴斯卡兰（Manu Bhaskaran）在文莱战略政策研究中心特刊上发表的文章指出：目前，文莱在摆脱对油气产业的依赖，推动经济多元化战略发展方面存在以下问题：

1. 经济多元化目标不够明确。民众没有国家油气资源面临枯竭的压力，对推动经济多元化没有紧迫感。在与其他社会或政治目标出现冲突时，政府缺乏努力的动力与方向。

2. 中低层官僚已成为制约发展的力量。政府部门公务人员大多不愿承担风险并缺乏责任感，政府对工作中的低效率也没有明确的惩罚体制。

3. 公司制度存在缺陷。由于税收体系不完善，企业在账目上常常不规范，商业银行的操作也相应调整，不愿充分信贷。另外，政府对土地控制过紧，影响了制造业发展。

4. 经济规模不足。在树立区域中心地位，如区域航空、海运以及商务中心方面，无法与中国香港和新加坡竞争。

5. 就业倾向的影响。毕业生普遍亲睐具有高收入和丰厚补贴的政府部门职位，制造业领域缺乏人才。

6. 劳动力成本过高。除了高工资水平和低生产率问题外，由于国内主要用人单位仅政府部门和油气产业两家，文莱劳动力市场出现结构扭曲。

巴斯卡兰认为，文莱作为一个小经济体，具备规模的产业很少，地理位置也逊于迪拜、新加坡、中国香港等地，必须选择适合自己的经济发展之路。为此，他提出以下建议：

1. 加强行政体制改革。提高政府运转效率和官员责任心；

2. 改善投资环境。考虑废除公司税、修改现有土地政策等，吸引跨国企业投资；

3. 改变人力资源结构。大力发展职业教育，积极引进国外优秀人才。2001年，文莱的失业率曾高达5.1%，也有人估计超过10%。文莱达鲁萨兰大学副校长Mahmud Saidon博士也在2001年指出，应对失业问题的严重性给予足够的关注，如果不处理好这个问题，今后5年内，文莱的失业人数将继续增加，达到3万人，并且会带来严重的社会问题。当然，文莱政府正在着手解决这个问题，2002年，文莱的失业人数只有7 200人，失业率为4.6%。在文莱，没有工作的穷人也能靠政府补助生活下去，这样造成了政府的深重负担；外来投资主要是投向文莱的石油和天然气部门，而投向其他生产性行业的则比较少；文莱20世纪70年代已经定型的高福利、高收入、高工资的结构弊端已经居高难下，文莱独立后的几个五年计划，投资于社会服务和公用事业的资金占了很大的比重，而投资于生产性部门的资金所占比重却极小；1984年文莱独立以来，文莱的经济增长跟不上人口的增长，国内生产总值实际增长仅为人口增长的一半，除非这种趋势得到控制，否则人均收入和生活水准将会下降。从总的情况看，当前和今后文莱所面临的4个重要挑战是：经济增长、多元化、就业和投资挑战。

　　笔者从2002年起从事文莱的研究，从上述情况及跟踪过去每年的发展情况看，未来文莱各个领域的发展趋势是：政治社会将继续保持稳定，伊斯兰教深入人心，人心趋稳；经济上，以石油天然气为经济支柱的格局将长期继续保持下去，多元化经济将得到继续发展；对外关系政策方面将继续保持目前奉行对外友好的政策，随着国力增长，也将积极参与地区和国际事务；国家将继续重视文化教育，人民生活将继续保持富有的生活水平。

附录一　中国与文莱所签部分协定及备忘录

一、中华人民共和国政府和文莱达鲁萨兰国苏丹陛下政府民用航空运输协定

1993年5月1日

中华人民共和国政府和文莱达鲁萨兰国苏丹陛下政府（以下简称"缔约方"），为了便利两国人民之间的友好交往，发展两国民用航空方面的相互关系，作为一九四四年十二月七日在芝加哥开放签字的《国际民用航空公约》的参加国，就建立和经营两国领土之间及其以远地区的航班，达成协议如下：

除非按上下文需要另作解释，本协定中：

第一条　定义

一、"航空当局"，中华人民共和国方面指中国民用航空局，或者指受权执行该局目前所行使的任何职能的任何个人或者机构；文莱达鲁萨兰国方面指文莱达鲁萨兰国交通部长，或者指受权执行该当局目前所行使的任何职能的任何个人或者机构。

二、"空运企业"，指提供或者经营国际航班的任何航空运输企业。

三、"指定空运企业"，指根据本协定第三条规定经指定和获准的空运企业。

四、"航班"，指以航空器从事旅客、行李、货物或者邮件公共运输的任何定期航班。

五、"国际航班"，指飞经一个以上国家领土上空的航班。

六、"非运输业务性经停"，指目的不在于上下旅客、行李、货物或者邮件的任何经停。

七、"运力"：

（一）就航空器而言，指该航空器在航线或者航段上可提供的商务载量；

（二）就航班而言，指飞行该航班的航空器的运力乘以该航空器在一定时期内在航线或者航段上所飞行的班次。

八、"运价"，指为运输旅客、行李和货物所支付的价格以及采用这些价格的

条件，包括提供代理和其他附属服务的价格和条件，但不包括运输邮件的报酬和条件。

九、"航线表"，指本协定附件规定的航线表或者根据本协定第十七条规定修改的航线表。航线表是本协定的组成部分。

第二条 授权

一、缔约一方给予缔约另一方以本协定规定的权利，以便其指定空运企业在航线表规定的航线上建立和经营国际航班（以下分别称为"规定航线"和"协议航班"）。

二、在不违反本协定规定的情况下，缔约一方指定空运企业在规定航线上经营协议航班时，享有下列权利：

（一）沿缔约另一方航空当局规定的航路不降停飞越缔约另一方领土；

（二）在缔约另一方领土内经缔约双方航空当局协议的地点作非运输业务性经停；

（三）在规定航线上的缔约另一方领土内的地点经停，以便载运来自或者前往缔约一方领土的国际旅客、行李、货物和邮件。

三、缔约一方指定空运企业在缔约另一方领土内地点上下前往或来自第三国国际业务的权利，由缔约双方航空当局商定。

四、本条第二款不应被认为是给予缔约一方空运企业为出租或取酬而在缔约另一方领土内装载前往缔约另一方领土内另一地点的旅客和货物（包括邮件）的权利。

第三条 空运企业的指定和许可

一、缔约一方有权书面向缔约另一方指定空运企业，在规定航线上经营协议航班，并且有权撤销或者更改上述指定。

二、缔约一方指定空运企业的主要所有权和有效管理权应属于该缔约方或者其国民。

三、缔约一方航空当局可要求缔约另一方指定空运企业向其证明，该指定空运企业有资格履行根据法律和规章所规定的条件，这些法律和规章是该当局在通常情况下，在经营国际航班方面合理地予以实施的。

四、在不违反本条第二款和第三款规定的情况下，缔约另一方在收到上述定后，应立即发给该指定空运企业以适当的经营许可，不应无故延误。

五、空运企业一经指定并获得许可，即可自缔约双方航空当局商定的日期起，按照本协定的有关规定开始经营协议航班。

第四条 撤销、暂停或者附加条件

一、在下列任一情形下，缔约一方有权撤销或者暂停缔约另一方指定空运企业的经营许可，或者对该指定空运企业行使本协定第二条规定的权利附加它认为必要的条件：

（一）缔约一方对该指定空运企业的主要所有权和有效管理权是否属于缔约另一方或者其国民有疑义；

（二）该指定空运企业不遵守缔约一方的法律和规章；

（三）该指定空运企业在其他方面没有按照本协定规定的条件经营。

二、除非本条第一款所述的撤销、暂停或者附加条件必须立即执行，以防止进一步违反法律和规章，否则这种权利只能在与缔约另一方协商后方可行使的。

第五条 法律和规章的适用

一、缔约一方关于从事国际飞行的航空器进出其领土或者在其领土内停留的法律和规章，应适用于缔约另一方指定空运企业进出缔约一方领土和在该方领土内的航空器。

二、缔约一方关于旅客、机组、货物或者邮件进出其领土或者在其领土内停留的法律和规章，例如关于入境、护照、海关和检疫的规章，应适用于缔约另一方指定空运企业进出缔约一方领土和在该方领土内的航空器所载运的旅客、机组、货物或邮件。

三、对直接过境并且不离开为直接过境而设的机场区域的旅客、行李和货物，只采取简化的控制措施。

第六条 运力规定

一、缔约双方指定空运企业应享有公平均等的机会在规定航线上经营协议航班。

二、在经营协议航班方面，缔约一方指定空运企业应考虑到缔约另一方指定空运企业的利益，以免不适当地影响后者在相同航线的全部或部分航段上经营的航班。

三、缔约双方指定空运企业提供的协议航班应与公众对规定航线上的运输需求保持密切联系，其主要目的应是以合理的载运比率提供足够的运力，以便满足目前和合理地预测到的旅客、货物和邮件的运输需要。

四、在指定空运企业的缔约一方以外国家领土内规定航线上的地点上下旅客、货物和邮件，应根据运力须与下列各点相联系的总原则予以规定：

(一)来自和前往指定该空运企业的缔约一方领土的运输需要；

(二)该协议航班所经地区的运输需要，但应考虑该地区国家的空运企业所建立的其他航班；

(三)联程航班经营的需要。

第七条　商务安排

一、运力、班次、机型和班期时刻由缔约双方航空当局商定。

二、业务代理和地面服务事项应由缔约双方指定空运企业商定，并经缔约双方航空当局批准。

第八条　运价

一、缔约双方领土间适用的运价应在合理的水平上制定，适当照顾到一切有关因素，包括经营成本、合理利润和航班特点(如速度和舒适水平)。

二、本条第一款所述运价，应由缔约双方指定空运企业商定，如有必要和可能，可与在相同航线的全部或部分航段上经营的其他空运企业进行磋商。这样商定运价至少应在其拟议采用之日六十天前提交各自航空当局，经缔约双方航空当局批准后生效。

三、如缔约双方指定空运企业不能就上述运价中的任何一项达成协议，缔约双方航空当局应设法通过协商，确定运价。

四、如双方航空当局未能就批准根据本条第二款向其提交的任何运价达成协议，或者未能根据本条第三款就运价的确定达成协议，则应根据本协定第十八条规定由缔约双方解决这一问题。

五、根据本条规定制定新运价前，已生效的运价应继续适用。

第九条　提供技术服务和费率

一、缔约一方应在其领土内指定供缔约另一方指定空运企业经营协议航班所使用的主用机场和备用机场，并向该指定空运企业提供飞行协议航班所需的通信、导航、气象和其他附属服务。

二、缔约一方指定空运企业使用缔约另一方的机场(包括技术设备及其他设施和服务)、通讯导航设备以及其他附属服务,应按照缔约另一方有关当局规定的公平合理的费率付费。这些费率不应高于对从事国际飞行的其他国家任何空运企业使用类似设备、设施和服务所适用的费率。

第十条 关税

一、缔约一方指定空运企业飞行国际航班的航空器、以及留置在航空器上的正常设备、零备件(包括发动机)、燃料、油料(包括液压油)、润滑油和机上供应品(包括食品、饮料和烟草),在进入缔约另一方领土时,应在互惠的基础上豁免一切关税、税捐、检验费和其他类似费用,但这些设备和物品应留置在航空器上直至重新运出。

二、除了提供服务的费用外,下列设备和物品在互惠的基础上亦应豁免一切关税、税捐、检验费和其他类似费用:

(一)缔约一方指定空运企业或者代表该指定空运企业运入缔约另一方领土、或者在缔约另一方领土内装上航空器的专供飞行国际航班航空器使用或消耗的正常设备、零备件(包括发动机)、燃料、油料(包括液压油)、润滑油和机上供应品(包括食品、饮料和烟草),即使这些设备和物品在缔约另一方领土内的部分航段上使用;

(二)缔约一方指定空运企业或者代表该指定空运企业运入缔约另一方领土为检修或维护其飞行国际航班航空器的零备件(包括发动机)。

三、缔约一方指定空运企业或者代表该指定空运企业运入缔约另一方领土的包括零备件在内的电子订座和通讯设备、客票、货运单和宣传品,在互惠的基础上应豁免一切关税、税捐、检验费和其他类似费用。

四、本条第一、二款所述设备和物品,经缔约另一方海关当局同意后,可在缔约另一方领土内卸下。这些设备和物品应受缔约另一方海关当局监管直至重新运出,或者根据海关法规另作处理。

五、如缔约一方指定空运企业和另一家在缔约另一方领土内享有同样豁免的空运企业订有合同,在该领土内向其租借或者转让本条第一、二款所述设备和物品时,也应适用本条第一、二款的豁免规定。

六、直接过境的行李和货物,除提供服务的费用外,在互惠的基础上应豁免一切关税、税捐、检验费和其他类似费用。

第十一条 代表机构和人员

一、为了经营规定航线上的协议航班，缔约一方指定空运企业有权在对等的基础上在缔约另一方领土内规定航线上的通航地点设立代表机构。

二、缔约一方指定空运企业派驻在缔约另一方领土内的代表机构的工作人员，应为缔约任何一方的国民，其人数由缔约双方航空当局商定。上述工作人员应遵守缔约另一方颁布的法律和规章。

三、缔约一方应为缔约另一方指定空运企业代表机构及其工作人员有效地经营协议航班提供协助和方便。

四、缔约一方指定空运企业进出缔约另一方领土的航班上的机组人员应为缔约一方国民。缔约一方指定空运企业如欲在进出缔约另一方领土的航班上雇用任何其他国籍的机组人员，应事先取得缔约另一方的同意。

第十二条 税收

一、缔约一方指定空运企业从事国际航班飞行在缔约另一方领土内取得的收入和利润，缔约另一方应免征一切税收。

二、缔约一方指定空运企业在缔约另一方领土内的财产，缔约另一方应免征一切税收。

三、缔约一方指定空运企业在缔约另一方领土内的代表机构人员如系该缔约一方国民，其取得的工资、薪金和其他类似报酬，缔约另一方应免征一切税收。

第十三条 收入汇兑

一、缔约一方指定空运企业在互惠的基础上，有权将在缔约另一方领土所得的收入汇至缔约一方。

二、上述收入的汇兑应用可兑换货币，并按当日适用的有效汇率进行结算。

三、缔约一方应为缔约另一方指定空运企业在缔约一方领土内的收入的汇兑提供便利，并应协助办理有关手续。

第十四条 航空保安

一、缔约双方重申，为保护民用航空安全免遭非法干扰而相互承担的义务，构成本协定不可分割的组成部分。缔约双方应特别遵守一九六三年九月十四日在东京签订的《关于在民用航空器内犯罪和犯有某些行为的公约》、一九七〇年十二月十六日在海牙签订的《关于制止非法劫持航空器的公约》以及一九七一年九月二十三日在蒙特利尔签订的《关于制止危害民用航空安全的非法行为的公约》的规定。

二、缔约双方应根据请求相互提供一切必要的协助，以防止非法劫持民用航空器和其他危及民用航空器及其旅客和机组、机场和导航设施安全的非法行为，以及危及民用航空安全的任何其他威胁。

三、缔约双方在其相互关系中，应遵守国际民用航空组织制定的、作为《国际民用航空公约》附件并对缔约双方均适用的航空保安规定和技术要求。缔约双方应要求在其领土内注册的航空器经营人或者主要营业地或者永久居住地在其领土内的航空器经营人遵守上述航空保安规定。

四、缔约各方同意可要求其航空器经营人在进出缔约另一方领土或者在该方领土内停留时遵守缔约另一方制定的航空保安规定和要求。缔约各方保证在其领土内采取足够有效的措施，在登机或装机前和在登机或装机时，保护航空器的安全，并且在登机或装机前，对旅客、机组、行李、货物和机上供应品进行检查。缔约一方对缔约另一方提出的为对付特定威胁而采取合理的特殊保安措施的要求，应给予同情的考虑。

五、当发生非法劫持民用航空器事件或者以劫持民用航空器事件相威胁，或者发生其他危及民用航空器及其旅客和机组以及机场和导航设施安全的非法行为时，缔约双方应相互协助，提供联系的方便并采取其他适当的措施，以便迅速、安全地结束上述事件或者以上述事件相威胁。

第十五条　统计资料的提供

缔约一方航空当局应根据缔约另一方航空当局的要求，向其提供审查缔约一方指定空运企业在规定航线上的协议航班的运力所合理需要的统计资料。这些资料应包括确定该指定空运企业在协议航班上所载的业务量所需的全部资料。

第十六条　协商

一、缔约双方应本着密切合作和互相支持的精神，保证本协定各项规定得到正确的实施和满意的遵守。为此，缔约双方航空当局应经常互相协商。

二、缔约任何一方可随时要求与缔约另一方就本协定进行协商。这种协商应尽早开始，除非另有协议，至迟应在缔约另一方收到要求之日起六十天内进行。

第十七条　修改

一、缔约任何一方如认为需要修改本协定或者其附件的任何规定，可随时要求与缔约另一方进行协商,此项协商可在航空当局之间进行,也可以书面形式或通过会晤进行,并应在缔约另一方收到要求之日起九十天内开始,除非缔约双方同意延长这一期限。

二、经过本条第一款所述协商而商定的对本协定或者其附件的任何修改,应在通过外交途径换文确认后生效。

第十八条 解决争端

一、如缔约双方对本协定的实施或解释发生争端,可先由缔约双方航空当局设法通过谈判予以解决。

二、如缔约双方航空当局不能就上述争端达成协议,此项争端应通过外交途径解决。

第十九条 终止

缔约一方可随时通过外交途径向缔约另一方通知其终止本协定的决定。本协定应在缔约另一方收到通知之日起十二个月后终止,除非在期满前经缔约双方协议撤回该通知。

第二十条 生效

本协定自签字之日起生效。

下列代表,经其各自政府正式授权,在本协定上签字,以昭信守。

本协定于一九九三年五月一日在北京签订,共两份,每份都用中文、马来文和英文写成,所有文本同等作准。

中华人民共和国政府　　　　　　　　文莱达鲁萨兰国苏丹陛下政府

代　表　　　　　　　　　　　　　　代　表

蒋祝平(签字)　　　　　　　　　　　扎卡利亚(签字)

二、中华人民共和国政府和文莱达鲁萨兰国苏丹陛下政府关于卫生合作谅解备忘录

1996年10月23日

中华人民共和国政府和文莱达鲁萨兰国苏丹陛下政府(以下简称双方),为发展和加强两国在公共卫生和医学科学领域的合作,一致同意签署本谅解备忘录。

一、合作的领域

双方同意主要(但不限于)在下列领域进行合作和交流:卫生管理、健康促进、

疾病防治、传统医学、妇幼卫生、医学教育、传染病和热带病。

二、医学机构合作

双方鼓励和支持两国的卫生机构包括医学院校，科研单位和医院之间的合作。

三、交换信息和资料

双方交换有关公共卫生方面的文献和其它信息资料。

四、互派专业人员

双方根据商定的条件，促进两国医学专家和其他卫生专业人员互访。

五、招聘人员

双方同意就互聘医生和护士及其他卫生专业人员到对方国家工作进行磋商，有关聘请条件和期限将由双方另行商定。

六、执行计划

为执行本谅解备忘录，双方将签订为期两年的执行计划。该执行计划将包括双方合作的具体项目及财务规定。

本谅解备忘录自双方签字之日起生效。除非任何一方提前六个月用书面形式通知另一方终止备忘录，则本备忘录将长期有效。

本谅解备忘录于一九九六年十月二十三日（回历一四一七年六月十日）在斯里巴加湾市签订，一式两份，每份用中文、马来文和英文写成，三种文本同等作准。

中华人民共和国政府）　　　　文莱达鲁萨兰国苏丹陛下政府

代　表　　　　　　　　　代　表

卫生部副部长王陇德（签字）　卫生部常务秘书 丕显哈吉阿旺楚楚（签字）

三、中华人民共和国政府与文莱达鲁萨兰国政府关于文化合作谅解备忘录

1999年8月23日

中华人民共和国政府和文莱达鲁萨兰国苏丹陛下政府（以下简称双方），为进一步发展两国的友好关系，加强两国在文化领域的合作和交流，根据两国建立外交关系的基本原则和各自有关法律及规定，达成谅解如下：

一、双方鼓励和支持以下领域的合作：

1.美术和传统工艺美术

2.表演艺术

3.博物馆

4.图书馆

5.文化遗产保护

6.文化艺术的教育和研究

二、双方鼓励和协助以下人员的互访和交流：

1.文化、艺术、文学、遗产保护和教育领域的专家、学者、研究人员、教师和学生

2.专业文化团体及其代表

3.属于本谅解备忘录范围内的有关领域的代表

三、双方鼓励发展双边学术机构、技术和研究所、专业协会以及其它文化和学术机构之间的联系。

四、双方促进和协助以下交流：

1.双方文化科技知识的交流

2.双方文化学者、专业人员及机构之间的直接联系

3.派遣本国专家参加在对方国家举行的会议、研讨会和其它文化会议。

五、双方协助提供和分发能够促使达到本谅解备忘录宗旨的书籍、出版物、电影、教学材料、录音带、录相带、专业书刊以及文学和艺术著作。

六、双方鼓励和协助以下领域的交流：

1.文化艺术展览

2.表演艺术

3.文化艺术活动

七、双方将通力合作，以达到本谅解备忘录的宗旨。必要时，双方将就细节和附加安排事宜进行磋商。另外，双方的代表将至少每两年一次，轮流在中华人民共和国和文莱达鲁萨兰国会见，讨论和评估本谅解备忘录的实施情况。

八、本谅解备忘录执行计划过程中所涉及的任何经费开支将由双方有关部门的代表共同商定。

九、本谅解备忘录的执行程序将由双方通过外交途径商定。

十、双方对本谅解备忘录若有争执或意见分歧，将本着真诚和相互尊重的精神，通过友好协商或谈判解决。

对本谅解备忘录的任何修正或修订须以书面形式提出并经双方一致同意，修正或修订的内容构成本备忘录的一部分，并于双方商定的时间开始生效。

十一、本谅解备忘录自双方签字之日起生效，终止日期由双方协商而定。本谅解备忘录的终止不影响双方根据本备忘录达成或正在执行中的协议或项目的效力和期限，直至该协议或项目结束为止。

本谅解备忘录于一九九九年八月二十三日在北京签署，一式两份，每份用中、英文写成，两种文本具有同等效力。如对文本的解释出现分歧，以英文文本为准。

四、中华人民共和国政府和文莱达鲁萨兰国政府关于鼓励和相互保护投资协定

2000年11月17日

中华人民共和国政府和文莱达鲁萨兰国政府（以下称"缔约双方"），

愿为缔约一方的投资者在缔约另一方领土内投资创造有利条件；

认识到相互鼓励、促进保护投资将有助于激励投资者的经营积极性及增进两国繁荣；

认识到基于投资的技术转让和人力资源发展的重要性；愿在平等互利原则的基础上，加强两国间的经济合作；达成协议如下：

第一条　定义

本协定内：

一、（一）"投资"一词系指缔约一方投资者依照缔约另一方的法律和法规在后者方领土内所投入的各种财产，特别包括，但不限于：

1.动产，不动产及其他财产权利，如抵押权、留置权或质押权；

2.公司的股份、股票、债券和任何其他形式的参股，以及由缔约一方发行的证券；

3.金钱请求权或其他具有金钱价值的与投资有关的合同项下的行为请求权；

4.工业产权和知识产权，特别是著作权，专利、注册外观设计、商标、商名、商业秘密、工艺流程、专有技术和商誉；

5.法律或合同授予商业特许权，包括勘探、耕作、提炼或开发自然资源的商业特许权。

作为投资的财产发生任何形式上的变更，不影响其作为投资的性质。

（二）"领土"一词系指任何缔约一方根据国际法行使主权或管辖权的领土及海岸毗邻的海域。

二、"投资者"一词，系指国民和公司。

（一）"国民"一词系指：

1.在文莱达鲁萨兰国方面，系指根据适用文莱鲁萨兰国法律取得文莱达鲁萨兰国国民地位的自然人；

2.在中华人民共和国方面，系指根据中华人民共和国法律具有中华人民共和国国籍的自然人；

（二）"公司"一词系指正当设立、组建或组织的，具有或不具有法人资格的任何实体，包括合伙、公司、个体业主、商号、协会或其他组织。

1.根据缔约一方法律在其境内设立并具有有效的经营场所；或

2.根据第三国法律设立，且在本款第1项定义的缔约一方的国民或公司在公司中享有实质或控制利益；

不论其行为是否以营利为目的，是否采取有限或无限责任的形式。

本款第2项的规定仅在第三国放弃或没有行使保护上述公司的权利时，方能适用。

三、"收益"一词系指由投资合法产生的款项，特别包括，但不限于：利润，财务所得、资本利得、股息、利息、提成费和费用。

第二条　促进投资

一、缔约一方应鼓励缔约另一方的投资者其领土内投资，并依照其法律和法规接受此种投资。

二、缔约一方的人员为了在缔约另一方领土内从事与投资有关的活动提出的入境、停留的申请，缔约另一方应根据其国内法律给予善意的考虑。对于工作许可的申请也应给予善意考虑。

第三条　保护和待遇

一、缔约任何一方的投资者在缔约另一方的领土内的投资和与投资有关的活动应受到公正与公平的待遇。

二、缔约任何一方的投资者在缔约另一方领土内的投资，应始终受到充分的保护和保障。缔约任何一方均不得采取任何任意的或歧视性的措施，损害缔约另一方的投资者在其领土内对投资的管理、维持、使用或享有。投资和再投资的收益应与投资享受同等保护。

三、本条第一款和第二款中所述的待遇和保护不应低于其给予任何第三国投资者的投资及与投资有关的活动的待遇和保护。

四、本条第一款、第二款和第三款所述的待遇和保护，不应包括依照现存的和将来的关税同盟，自由贸易区，经济联盟，避免双重征税任何协定或安排以及方便边境贸易的协定而给予第三国投资者的任何优惠待遇。

第四条 征收

一、除非为了公共目的，非歧视的并给予适当的补偿，缔约任何一方的投资者在缔约另一方领土内的投资不得被直接或间接地征收、国有化或采取与征收或国有化效果相同的措施（以下称"征收"）。

二、第一款所述的补偿，应等于被征收的投资在征收行为发生或已为公众所知前一刻的真正价值，以时间在前者为准，并应当包括直至付款之日按当时通行的商业贷款利率计算的利息。补偿应不迟延支付，并应有效地兑换和自由转移。主张其全部或部分投资已被征收的投资者应有权依照采取征收的缔约一方法律，要求合适的司法或独立行政机构迅速审理以决定该征收其投资的价值是否符合本款规定的原则。

三、依照有效法律在缔约一方领土之内任何地方设立或组成的且缔约另一方投资者投资的公司之投资被征收时，缔约一方根据其法律法规，应当保证，（1）适用本条第一、二款的规定，对该公司进行补偿；或（2）适用本条第一、二款的规定，直接对缔约另一方的投资者进行补偿。

但条件是，本款在任何时候均不被解释为要求缔约一方同时依第1与第2项给予补偿。

第五条 损害或损失补偿

一、缔约一方的投资者在缔约另一方领土内的投资，如果由于战争或其他武装冲突、全国紧急状态、暴乱、骚乱而遭受损失，缔约另一方在恢复、补偿或其他有价值的报酬方面给予该投资者的待遇不应低于其给予任何第三国国民或公司的待遇。

二、在不损害本条第一款的情况下，缔约一方的投资者在缔约另一方领土内，在上款所述事态下遭受损失或损害，由于：

（一）缔约另一方的军队或当局征用了其财产；

（二）缔约另一方的军队或当局非因战斗行动或情势必须而毁坏了其财产。

应予以恢复或给予公平与充分的补偿。

三、本条发生的支付应以可兑换的货币自由转移，并应按照第六条汇回。

第六条　汇回

一、缔约任何一方应按照其法律和法规，保证缔约另一方投资者转移在其领土内的投资和收益，包括：

（一）利润，股息，利息及其他合法收入；

（二）初始资本投资和增资的全部或部分销售或清算产生的款项；

（三）与投资有关的贷款协议的偿还款项；

（四）本协定第一条第三款提及的提成费；

（五）技术援助或技术服务费、管理费；

（六）有关承包程的支付；

（七）在缔约一方的领土内从事与投资有关工作的缔约另一方国民的收入。

（八）本协定第四条和第五条规定的赔偿之支付。

二、货币的转移应以该资本初始投资时的可兑换货币或缔约一方相关投资者与缔约另一方同意的任何其他可兑换货币不迟延地实施。转移应按照接受投资的缔约方在转移之日的市场兑换率进行。在市场兑换率不存在的情况下，汇率应等于支付日国际货币基金组织用于有关货币兑换特别提款权的汇率套算的交叉汇率。

第七条　代位

如果缔约一方依照其对在缔约另一方领土内某项投资的保证向其投资者作了支付，如果缔约一方领土内的投资在依法设立的制度下就非商业风险进行了投保且保险人依照有关投资的保证作了支付，则在不损害缔约前者一方根据本协定第八条的权利的情况下，投资在其领土内的缔约另一方应当承认缔约前者一方的国民或公司的任何权利或请求权，依法或通过合法交易转让给了缔约前者一方或适当的保险人。缔约另一方还应承认缔约前者一方或保险人代位主张与原权利人同等的权利或请求权。对该已转让的请求权的转移支村，本协定第五条和第六条应加以必要的变更后适用。

第八条　缔约双方的争议解决

一、缔约双方对本协定的解释、适用所产生的争端应尽可能通过外交途径协商和谈判解决。

二、如争议在九个月内不能解决，根据缔约任何一方的要求，应将争端提交专设仲裁庭解决。

三、专设仲裁庭应由三名仲裁员组成。自缔约一方收到缔约另一方要求仲裁的书面通知的两个月内，缔约双方应各指派一名仲裁员。该两名仲裁员应在书面通知收到之日起四个月内，同意一名与缔约双方均有外交关系的第三国的国民为仲裁庭首席仲裁员。

四、如果自收到要求仲裁的书面通知之日起四个月内尚未组成仲裁庭，又无任何其他协议，缔约任何一方可请求国际法院院长作出必要的指派，如院长是缔约任何一方国民，或因其他原因不能履行此项职责，则应请求非缔约任何一方国民的国际法院最资深法官作出必要的任命。

五、仲裁庭应自行制定其程序规则。仲裁庭应根据本协定的规定和缔约双方均承认的国际法原则作出裁决。

六、仲裁庭的裁决以多数票作出。裁决是终局的，并对双方具有约束力。应缔约任何一方的请求，专设仲裁庭应说明其作出裁决的理由。

七、缔约双方应负担各自指派的仲裁员和出席仲裁程序的有关费用。首席仲裁员和专设仲裁庭的有关费用应由缔约双方平均分担。仲裁庭可就费用事宜自行作出其他规定。

八、仲裁庭应在缔约双方均认可的中立国举行会议。

第九条　投资争议的解决

一、缔约一方的投资者与缔约另一方之间关于投资产生的争议应尽量由争议双方友好协商解决。

二、如争议自争议当事一方提出之日起六个月内未能解决，争议缔约一方在此同意将争议提交仲裁解决，但条件是争议缔约一方可要求用尽当地行政争议程序。如果争议经争议双方同意被提交当地法院，则本款规定不适用，此提交应经争议双方同意。

三、该仲裁庭应按下列方式逐案设立：当事双方应各任命一名仲裁员，该两名仲裁员应同意由一名与缔约双方均有外交关系的第三国的国民作为首席仲裁员。前两名仲裁员应在争议一方收到另一方提出要求仲裁书面通知之日后的两个月内任命，首席仲裁员应在上述之日起四个月内任命。如在上述规定的期限内仲裁庭未设立，争议任何一方可邀请巴黎国际商会的国际仲裁院的主席作出必要的任命。

四、仲裁庭应自行制定其程序。但仲裁庭在制定程序时可以参照"解决投资争端国际中心"的仲裁规则。

五、仲裁庭的裁决以多数票作出。裁决是终局的，对争议双方具有拘束力。缔约双方应承诺将根据其各自的国内法律执行上述裁决。

六、仲裁庭应根据接受投资缔约一方的法律包括冲突法规则、本协定的规定以及为缔约双方所接受的普遍承认的国际法原则作出裁决。

七、争议各方应承担其指派的仲裁员及出席仲裁程序的代表的费用。首席仲裁员和仲裁庭的有关费用应由缔约双方平均分担。仲裁庭可就费用事宜自行作出其他规定。

八、在仲裁程序或仲裁裁决执行期间，争议缔约一方不得以缔约另一方的投资者已经根据保险合同接受了全部或部分损失补偿为由予以反对。

九、仲裁庭应在缔约双方均认可的中立国举行会议。

十、根据本条第二款的规定，以及在缔约双方均已经成为《解决各国与他国国民之间投资争端公约》缔约国的情况下，除非争议当事方另有其他约定，争议应当根据上述公约提交仲裁。缔约各方在此声明接受此程序。

第十条　其他义务

一、如果缔约一方根据其法律和法规给予缔约另一方投资者的投资或与投资有关的活动的待遇较本协定的规定更为优惠，应从优适用。

二、缔约各方应遵守其已承担的关于缔约另一方投资者在其境内的投资的其他义务。

第十一条　适用范围

本协定适用于在其生效之前或之后缔约任何一方投资者依照缔约另一方的法律和法规在缔约另一方的领土内进行的投资。

第十二条　磋商

一、缔约双方代表为下述目的应随时进行会谈：

(一)审查本协定的执行情况；

(二)交流法律信息和投资机会；

(三)解决因投资产生的争议；

（四）提出促进投资的建议；

（五）研究与投资有关的其他事宜。

二、若缔约一方提出就本条第一款所列任何事宜进行磋商，缔约另一方应及时作出反应，磋商可轮流在中华人民共和国和文莱达鲁萨兰国举行。

第十三条　临时措施

即使缔约方之间发生了冲突，在不损害行使国际法一般原则的允许的采取临时措施的权利的前提下，本协定的规定仍然有效。不论双方是否重新建立外交关系，缔约双方之间的冲突一旦实际结束，上述措施应当立即取消。

第十四条　生效、期限和终止

一、本协定自缔约双方完成各自国内法律程序并以书面形式相互通知之日起下一个月的第一天开始生效，有效期为十年。

二、如缔约任何一方未在本条第一款规定的有效期期满前一年书面通知缔约另一方终止本协定，本协定将继续有效。

三、本协定第一个十年有效期满后，缔约任何一方可随时终止本协定，但至少应提前一年书面通知缔约另一方。

四、对本协定终止之日前进行的投资，第一条至第十三条的规定应自终止之日起继续适用十年。

五、所附议定书应作为本协定的组成部分。

由双方政府正式授权其各自代表签署本协定，以昭信守。

本协定于2000年11月17日在斯里巴加湾签订，一式两份，每份都用中文、马来文和英文写成，三种文本同等作准。若解释上发生分歧，以英文本为准。

中华人民共和国政府　　　　　　　文莱鲁萨兰国政府

　　代　表　　　　　　　　　　　　　代　表

　　石广生　　　　　　　　　　　　　拉赫曼

　　（签字）　　　　　　　　　　　　（签字）

五、中华人民共和国国家旅游局和文莱达鲁萨兰国工业与初级资源部关于中国公民自费赴文莱旅游实施方案的谅解备忘录

2000年11月17日

中华人民共和国国家旅游局和文莱达鲁萨兰国工业与初级资源部（以下简称

"双方"),

为进一步发展和巩固两国之间的友好合作；注意到双方对发展负责任的、规范的旅游的关注；

为保证中国公民自费赴文莱旅游的健康发展；达成谅解如下：

第一条

1.双方同意，将各自指定若干家信誉良好的旅行社从事中国公民自费赴文莱旅游业务：

1）中华人民共和国国家旅游局将指定65家旅行社。被指定的65家旅行社名单将提供给文莱达鲁萨兰国工业与初级资源部和文莱达鲁萨兰国驻华大使馆。

2）文莱达鲁萨兰国工业与初级资源部将指定34家旅游社。被指定的34家旅行社名单将提供给中华人民共和国国家旅游局和中华人民共和国驻文莱大使馆。

3）如指定旅行社的名单发生变化，双方将及时以书面形式通知对方。

2.双方同意，为实施本谅解备忘录所规定的中国公民自费赴文莱旅游，双方将要求各自指定旅行社只能与对方指定旅行社建立业务关系并签订业务合同。

3.双方同意加强合作，保护旅游者的合法权益。如果发现被指定的旅行社违规操作，损害旅游者利益，双方要对相关的指定旅行社采取适当的惩罚措施。

第二条

1.双方同意，中国公民自费赴文莱达鲁萨兰国旅游应以团队形式进行，每个团至少由5人组成。旅游者应以整团的形式进出境。

2.双方同意，中方旅行社应为每个团配备一位领队。

3.双方同意，每个团在文莱达鲁萨兰国的行程期间，文莱的接待旅行社应为该团指派一名导游。

第三条

1.中方指定旅行社在为其旅游团申请赴文莱签证时需要向文莱达鲁萨兰国驻华大使馆提供如下材料：

1）指定旅行社代表的公函；

2）旅游团名单；

3）旅行团每个成员的签证申请表；

4）旅行团每个成员的有效护照；

5）旅行团每个成员的签证费；

6）旅行团每个成员的两张护照照片。

2.双方同意，文莱达鲁萨兰国驻华大使馆只接受中华人民共和国国家旅游局指定的旅行社提交的签证申请。如文莱达鲁萨兰国驻华大使馆为中方指定旅行社之外的单位或个人颁发旅游签证，中华人民共和国国家旅游局对由此在文莱达鲁萨兰国境内可能导致的问题不负责任。

3.中华人民共和国国家旅游局指定的旅行社将指派旅游团队签证专办员。双方同意，中华人民共和国国家旅游局将发放签证专办员佩带的证件，并由文莱达鲁萨兰国驻华大使馆认可，以证明签证专办员为中华人民共和国国家旅游局指定的旅行社所任命。文莱达鲁萨兰国驻华大使馆将为签证专办员的工作提供便利。

第四条

1.双方将要求指定旅行社让每个旅行团了解文莱达鲁萨兰国的有关法规。

2.如果旅行团中某个团员违反了移民法规，遣返费用应由当事人承担。如果当事人无力支付，应由文莱的接待旅行社垫付，再向中方的组团旅行社报销。

第五条

1.对本谅解备忘录修改须经双方书面同意。

2.如果在本谅解备忘录的执行过程中出现分歧或异议，双方将本着友好、相互尊重的精神，通过友好协商或谈判解决问题。

3.在中方的有关准备工作完成后，中华人民共和国国家旅游局将通知文莱达鲁萨兰国工业与初级资源部实施本谅解备忘录的日期。然后，双方将尽快实施本谅解备忘录。

本谅解备忘录于2000年11月17日在斯里巴加湾签署，一式两份，分别用中文和英文写成，两种文本同等作准。

附录二 文莱经济政策法规

（一）投资环境

文莱是一个伊斯兰国家，政局稳定、民族和睦，官方语言为马来语，英语很流行。38.3万人口（2006年），2006年人均国民生产总值为31 000美元。出口3大产品，原油、液化天然气和石油产品。没有地震、台风等大的自然灾害，森林覆盖率为75%。币值稳定、外汇无管制，有良好的道路、港口及发达的通讯；航空、航海四通八达；保护知识产权，可注册商标和专利；良好的基础设施：水电、道路；通讯服务齐全，土地租赁价格有竞争性。

政府对任何企业不征收制造税、销售税、出口税等。文莱居民和非居民不交个人所得税、资本赢利税、股利不用纳税。绝大部分商品的进口关税为0～5%。

1.文莱投资法令及收效

文莱政府1975年和2001年曾颁布鼓励投资法令。该法令规定，以投资项目可能带来的实际利益，确定适当的税务优惠。文莱工业与初级资源部依据该法令，划定十个工业项目以及这些工业所生产产品为"先驱工业"和"先驱工业产品"，如飞机食品、水泥、药品、铝业、轧钢、化工、船务等，可以在一定期限内免交30%的公司税，以此来吸引外资。

在"先驱工业"项目中的投资中的有限公司，按照投资金额的不等，从生产之日起，享受不同程度的免税优惠：金额在50万～250万文莱元的，5年内免税、投资总额在250万文莱元以上的8年内免税。投资在政府建设的高科技园内的企业免税期为11年。同时，投资"先驱工业"的公司，在建厂所需的材料、机械及文莱本地没有的生产原料，进口时可以免交关税。优先在工业区安排场地等。

外国在文莱投资事务由文莱工业和初级资源部发展局管理。此外，为加快外来投资者申报投资项目的审批手续，在文莱工业与初级资源部内设立了"一条龙服务办公室"（ONE STOP AGENCY）。

尽管文莱政府鼓励外来投资，但长期以来，国家收入过分依赖石油、天然气的开采;人口少而人均国民产值高,人民生活安逸;文莱政策、规章及法令的约束;本地发展马来化倾向的限制;劳动力匮乏等因素,阻碍和影响了外资的进入。外来投资集中在石油、天然气产业上。此外有新加坡、马来西亚、中国台湾的几个厂家利用文莱对欧美纺织品出口无配额限制的优势,在文莱开设成衣厂,加工服装出口。

2.文莱投资政策变化及趋势

1997年以来,文莱经济接连遭受了金融危机。为摆脱经济发展的颓势,恢复人民重振经济的信心;刺激经济复苏及保持经济的可持续发展,文莱政府采取了一系列措施发展经济,其中包括欢迎外国投资及跨国公司到文莱,原则上要在共同分享利益的前提下,参与文莱的经济活动。文莱政府在改善投资环境及提高办事效率、搞好服务方面下工夫。首先,文莱政府制定了发布了相关法令、法规,与国际接轨,诸如规范金融体制,制定有关文莱国际会计师标准、防止洗黑钱法令及自由区法令等;效仿新加坡,成立了具有本国特色的文莱国际金融中心;开通了包括文莱直通上海的等新航线,便利了外来投资者在文莱的内外交通和运输及商务往来;文莱政府部门审批投资者申办项目手续的期限也已缩减为一个月。

(二)外贸政策

总体上讲,文莱实行的是自由贸易政策。文莱的贸易政策的制定和实施主要由文莱工业和初级资源部负责,财政部和其他有关部门参与。

1.禁止进口物品:

文莱禁止进口鸦片、海洛因、吗啡、淫秽品、印有钞票式样的印刷品、烟花爆竹等。对某些商品实行临时禁止进口,如水泥、锌皮瓦片等。

2.进口许可制度

为了环境、健康、安全和宗教方面的原因,文莱海关对少数进口商品实行进口许可制度,植物、农作物和牲畜需由农业局签发进口许可证(植物不能带土),军火由皇家警察局发证,印刷品由皇家警察局、宗教部和内务部发证,木材由森林局发证,大米、食糖、盐由信息技术和国家仓库局发证。二手车由皇家海关,电话装置、无线电由通讯局发证,药品和毒药由卫生部发证,鲜、冷和冻的鸡肉、牛肉由宗教部、卫生部和农业局发证,除了以上有关部门发放进口许可证之外,机动车、农产品、药品与药品相关的产品进口还需提供相关的原产地证书和检查证明。

没有商业价值的样品可免税进口，对于有商业价值的样品进口，需交抵押金，如果样品在3个月内出境，可退还抵押金。

3.贸易中技术性要求

文莱公共卫生（食品）条例规定所有的食品，无论是进口货还是本地产品都安全可靠，具有良好的品质，符合回教清真食品的要求。由于文莱属于穆斯林国家，因此，对肉类的进口实行严格的穆斯林检验。另外对酒类的进口也严加控制，对于某些动、植物产品，如牛肉、家禽需提交卫生检疫证书。进口可食用油不能有异味、不含任何矿物油，动物脂肪须来自在屠宰时身体健康的牲畜并适合人类食用，动物脂肪和食用油须是单一形式而不能将两种或多种脂肪和食用油混合。食用脂肪和食用油的包装标签上不得有"多不饱和的"字眼或其它相似的字。非食用的动物脂肪须出具消毒证明。进口活动物和动物制品须有兽医证明。大豆奶应是从优质大豆中提取的液体食品，可包括糖、无害的植物物质，除了允许的稳定剂、氧化剂和化学防腐剂，不含其它物质。其蛋白质含量不少于2%等。

该食品卫生条例分5个部分，对食品添加剂、包装以及肉类产品、鱼类品、动物脂肪和油、奶产品、冰激凌、糖、酱油和调味品、干果、水果、茶、咖啡、果酱、无酒饮料、盐、香料、粮食等，都有相应的技术标准。该技术标准对食品的生产日期、有效期、食品容器、散装容器食品以及农药最大残留量、稳定剂、氧化剂、防腐剂等都有明确的规定。

食品卫生检查包括物理的、微生物、化学、血清、放射性检查等。

4.服务贸易中的政府工程项目

文莱政府工程项目的招标通告刊登在马来文的政府周报"Petita Brunei"（文莱明灯）上。文莱对政府工程项目规定如下：金额在50万文莱元以下的项目，一般而言仅限于文莱本国公司有投标资格。对于50万文莱元以上的项目，外国公司与当地公司合资注册的公司可投标。外国公司不可以单独投标。

5.出口限制

文莱政府除了对石油天然气出口控制以外，对动物、植物、木材、大米、食糖、食盐、文物、军火等少数物品实行出口许可证管理，其他商品出口管制很少。

6.贸易补贴

文莱政府对水稻等农作物的本国生产者在土地、化肥、信贷和农业基础设施方面给与一定的支持和补贴。

（三）税收

个人所得税：不征收个人所得税，不征收个人赢利税，也不征收个人从资本、资产销售中获得的利润税。在文莱非居民也不征收个人所得税。

公司税：在文莱注册的外国或当地的股份有限公司或注册的分公司，都须交纳30%的公司所得税。

自然资源税：石油资源开采税是由所得法特殊条款规定。此法仿效中东大多数石油生产国的模式。

印花税：所有的法律文件征收印花税。对某种文件征收从价税，但随文件的性质而有别。印花税率在印花税法中规定。

预扣税：国内公司和向非常住公司借贷，国内公司必须预扣20%的利息税。

国外收入：文莱注册的公司在文莱收到的国外收入要征税。

土地和财产税：地方当局征收财产税（根据财产多少），租赁土地根据租金多少征税。

文莱不征收销售税、不征收工资税。出口不征税。

税的管理：

1. 税的支付：经估定的税一般在收到估定通知后3个月内交纳。

2. 申报：纳税年度是日历年度。有限公司需提供收入申报书。征税人颁发有限公司征税估定书。征税估定以上年纳税额为基础。

（四）文莱移民局新政策

文莱移民及国民登记局通过文莱电视台及电台发布消息，该局于2007年4月1日起，只接受雇主或受承认资方代表负责办理证件申请，包括工作签证，担保签证，延长工作准证及担保准证以及多次入境签证的申请。

（五）劳工政策

文莱内务部劳工局是文莱劳务输入的主管部门。对外来劳务实行一事一批、个案处理。具体操作程序是：由需要输入劳务的本地公司将公司经营情况、所需劳务的数量、国别及申请理由上报到文莱劳工局，由劳工局、移民局等相关部门组成的审查委员会审批后下达劳务输入配额。申请单位获得配额后须在政府认可的银行开设专门帐户，按照输入劳务的数量存入相应的劳务保证金，东盟国家劳务每人600文莱元（文莱元与新元同值），中国1 800文莱元等等。然后到移民局申领劳务人员工作准证，一般是一年期，期满再续。从申请到获得配额一般需3

个月或更长的时间。另外，劳务人员进入文莱前必须先在原居住国进行全面体检，抵达文莱后还要接受文莱卫生部的体检，发现有疟疾，肺结核、艾滋病和其他传染性疾病的人员将被遣返回国。

（六）文莱海关

文莱海关于1906年成立，1984年起由文莱财政部管理。文莱海关是《协调制度公约》的正式成员，履行成员的全部义务。1996年文莱海关加入WTO，采用世界贸易组织标准对进口货物征税，按照WTO规定对与贸易有关的知识产权实行检查。文莱是个低关税国家，目前，总体上讲，文莱实行的是自由贸易政策，在东盟国家中和新加坡一起积极主张在最短的时间内实现85%的商品享有0～5%的关税，1995年4月1日宣布降低650种进口税的重大举措，使文莱成为继新加坡之后东盟国家中第二个实现0～5%关税的国家。即目前文莱实行的对东盟成员国是除汽车和极少数产品外最高税率为5%的关税政策。文莱现行的关税税率是1995年制定颁布的，期间曾进行过微调，关税税率为0～5%，食品类等原材料为0%，而电器类和以下商品征5%进口税：香水、化妆品、地毯、珠宝、水晶灯、丝绸、运动器材等，汽车征收20%的进口税。烟和酒精饮料有特别税率。对其它国家的极少部分商品的进口关税略高于对东盟成员国的关税。

这些政策的制定是由文莱国情所决定的，文莱除了石油和天然气外，制造业不多，基本都需要从国外进口。文莱具有单一的关税体制。大部分建筑材料，工业机械都免除进口税，作为东盟成员国，文莱将逐步降低关税税率，消除与其他成员国的关税壁垒。

（来源：文莱海关，http://www.costoms.gov.bn/）

（七）文莱投资激励法

根据《文莱宪法》第83条第（3）款所赋予的权力，文莱苏丹陛下特此发布如下法：

第一部分 前言

1.（1）本法将以2001年投资激励法的形式被引用，并于2001年6月1日开始执行。

（2）本法的完整标题是"为促使文莱的经济发展及附带和相关目标的实现，特就鼓励工商业及其他经济产业的建立和研发而制定法"。

2.除非本法中有相反的规定，本法将保持与《所得税法》的连贯性。

3. 在本法中，除非依上下文需要作另外的理解：

"获得批准的外国贷款"是指根据第75条的相关规定，经证明是被批准的外国贷款。

"批准产品"是指根据第30条的规定，被宣布为批准产品的产品。

"征收人"是指根据《所得税法》的规定任命的收取所得税征收人。

"公司"是指依照一切有关公司的成文法律的规定所成立或登记的公司。

"扩展型企业"是指已获得部长的批准并且依据第31条的规定领取了扩展证明的公司。

"扩展证明"是指根据第31条的规定颁发的扩展证明书。

"扩展日"适用于扩展型企业，指依据第31条第（4）或第（5）款的规定，在扩展证明上所明示的日期。

"出口企业"是指已获得部长批准并依据第40条的规定领取出口证明的公司。

"出口企业证明"指根据第40条的规定所颁发的出口企业证明。

"出口生产"是指根据第39条的规定获准作为出口生产的农业、林业、渔业产品。

"出口产品"是指根据第39条的规定批准作为出口产品的产品。

"出口年"是指依照第40条或第41条第（2）款的规定，在出口企业证明上标注的年份。

"外国贷款证明"是指根据第75条的规定颁发的外国贷款证明。

"高新技术园"是指部长所宣告的作为高新技术园的区域。

"生产"是指有关产品制造或开发的程序或方法。

"部长"是指负责工商业发展的部长。

"新贸易或商业"是指创新型企业从其免税期结束后的次日起，根据第8条的规定新开办的贸易或商业。

"海关官员和海关高级官员"的含义与《海关法》中的一致。

"旧贸易或商业"是指创新型企业依据第8条的规定在免税期内所从事的贸易或商业；同时，根据第8条的规定，这种贸易或商业将在免税期内或免税期届满时终止。

"创新证明"是指依据第5条的规定颁发的创新证明。

"创新型企业"是指经部长批准并依据第5条的规定领取创新证明的公司。

"创新型产业"是指在第4条中所公布的创新型产业。

"创新型产品"是指第4条中所公布的创新型产品。

"生产日期"适用于创新型企业，指根据第5条第（3）或第（4）款的要求在创新证明中所标注的日期。

"生产设施"是指根据《所得税法》第16条、第17条、第18条的规定，通常情况下符合要求的机械设备或工厂。

"废除法"是指通过本法被予以废除的投资激励法。

"税"指的是按照《所得税法》所征收的税。

第二部分　创新型产业

4.（1）部长可以宣布一种产业为创新型产业，在该产业范围内的所有产品为创新型产品。只要他认为这是为公众谋福利的恰当之举，同时这种产业充分符合文莱的经济需要但还未达到规模化发展；而且，只要部长个人认为这种产业将会有良好的发展远景，那么他就可以依据本法作出这样的决定。

（2）部长同时可以撤回任何按照本条规定发布的命令。但是此种撤回不应当影响到之前已获得创新证明的创新型企业的正常经营。

5.（1）如果一个公司致力于创新型产品的生产，那么它可以按照规定的形式和项目向部长提交书面申请，以获得创新型企业的资格。

（2）根据以下认为适当的条款和条件，部长可以批准一个公司为创新型企业并颁发创新证明：只要他认为这是以公众利益为目的的正确举措，特别是考虑到在文莱实现从其他形式的生产向创新型产品的生产的转换是必要的。

（3）根据本条的规定颁发的创新证明应当详细记载：

（a）创新型企业拟定的产品按照市场需求数额投入生产的开始时间；

（b）在上述期限内计划达到的产品的生产等级。

（4）部长可以在其权限之内，根据创新型企业的申请，变更创新证明上原先记载的生产日期，作出他认为适宜的提前或推后的时间；该变更将随之生效，只要原先的生产日期就是属于该创新型企业的。

6.（1）创新型企业的免税期从它的生产日期开始，持续一个特定期间：

（a）5年，只要它的固定资产投资不少于50 000文莱元但不足2500 000文莱元。

（b）8年，只要它的固定资产投资高于2500 000文莱元。

（c）11年，只要是位于高新技术园之内。

（2）如果创新型企业的免税期是5年的，而且截止到免税期最后一年年底时，企业的固定资产不足2500 000文莱元，部长可以将它的免税期间从生产日期开始延长到8年。

（3）在本条中，固定资产投资是指为了自身发展的需要，创新型企业投入到工厂建设（不包括土地）、机械设备或者其他设备上的开支资本，而这些设备仅限于在文莱境内使用。

7.（1）只要符合部长所提出的条件，创新型企业（位于高新技术园内的创新型企业除外）可以申请对其免税期间作进一步延长，但免税期间合计不能超过11年。

（2）只要符合部长所提出的条件，位于高新技术园内的创新型企业可以申请进一步延长其免税期间，但每一次延长不能超过5年，而且延长后的免税期间最长不能超过20年。

8. 为了贯彻落实《所得税法》和本法：

（a）创新型企业应当在其免税期届满时永久性地停止经营其旧贸易或商业；

（b）从免税期届满的次日起，创新型企业即应当建立和开展自己的新贸易或商业；

（c）从生产日期开始，创新型企业应当对旧贸易或商业进行年度核算，并且要持续到其免税期届满之年为止；

（d）在对新贸易或商业进行首次核算时，创新型企业应当把在免税期内最后一次核算所得的有关资产和负债的数据作为初始数据使用。下一次核算将参照第一次核算的数据进行。同理，每一期核算的结果将作为下一期核算的参考数据。

9.（1）在免税期间内，除非得到部长本人的书面许可，创新型企业只能从事与创新型产品有关的贸易或商业，而不能开展其他种类的贸易或商业。

（2）在第（1）款规定的许可范围内从事单笔贸易或商业时，应当确保在同一核算期间内对其进行独立核算。

（3）在任何一个核算期间内如果因某一笔贸易导致亏损，那么该亏损额应当计入创新型企业的收益所得。但征收人考虑到发生亏损的全部情形，认为亏损的发生并非源于获取税收利益的动机的除外。

（4）在任何一个核算期间内因某一笔贸易而赢利，那么根据《所得税法》进行统计所得的利润额将依据本条规定发生变动。如果源自商品或服务贸易的利润低于整个应收总额的5%，法定收入将按整个应收总额的5%计算（部长可对特殊案件批示低于该比例），因此，创新型企业的收入也会相应减少。

（5）即使征收人认为，与创新型产品的贸易或商业相比，这样的单笔贸易是次要的、附带的，由此种单笔贸易所产生的赢利或亏损仍将被视为创新型企业的赢利或亏损。

（6）在本条中，"相关的创新型产品"是指在创新证明中所载明的创新型产品。

10.为贯彻落实《所得税法》和本法，征收人可以指令：

（a）在核算期间内，根据本法规定应当完成的创新型企业的总支付款项，可以在超过核算期间后按正常的商业程序进行处理：

（i）在核算期间内无法支付但在期间结束后征收人认为适当的某个日期可以支付；

（ii）在创新型企业的免税期过后的某个期间，可以就其新贸易或商业的应付总额完成支付。

（b）依据本法的规定及正常的商业运作应当出现在免税期内的开支，却在创新型企业的免税期结束后1年之内才发生的，可以视为该年度并没有产生开支而是：

（i）用于旧贸易或商业方面的开支；

（ii）或者该笔开支产生于征收人认可的某个适当时间，而且在免税期内。

11.（1）创新型企业在旧贸易或商业方面的收益应当按照《所得税法》来确定，该法已根据第10条的规定作了修正。

（2）参照第（1）款的规定确认创新型企业的收益时，《所得税法》第13条、第14条、第15条、第16条、第17条、第18条中规定的补贴也应计算在内。

（3）根据第（1）款的规定，在对新旧贸易或商业方面的所得进行征税的当年，创新型企业的免税期也随之结束。在《所得税法》第13条、第14条、第15条、第16条、第17条第18条中规定的补贴将予以扣除。同时，为了对这些补贴进行统计：

（a）创新型企业的旧贸易或商业在免税期届满时还没有完全停止的，在征税的当年发生的补贴应当一并统计；

(b)根据第(a)项统计所得的补贴应当分摊到新旧贸易或商业上。该种分配必须以征收入认为合理的方式进行。

12. 如果创新型企业在旧贸易或商业方面的收益属于应征税范围，应当适用《所得税法》十部分（关于收入报告）。

13. 在每一个征税年份，征收人应向创新型企业发布收益说明书，告知当年的收益额以及《所得税法》第十一部分和第十二部分（关于评估和上诉）的条款将经过必要修改后实施，只要征税通知是按照规定发布的。

14.(1)根据第15条第(6)款的规定，第13条所指的说明书是结论性的报告。报告中提到的收入额将不作为创新型企业的法定收入，也将免于征税。

(2)在前述说明书成为结论性的报告之前，征收人可以在其权限范围内宣布对收益额中没有争议的部分不予征税。

15.(1)如果创新型企业的部分收益根据第14条的规定免于征税，那么该部分款项应当计人账簿并保存。

(2)创新型企业从免税收入中分发股息的时候，该笔金额应计人贷方。那么，与股息相当或是与贷方金额相当的款项中较少的一笔将计人借方的金额。

(3)由于计入借方的股息是支付给创新型企业的股东，所以只要征收人对入账予以认可，股东所得的股息将免于征税。

(4)尽管有第(3)款的规定，如果是从优先股派发的股息，该部分股息则不能免税。

(5)一旦股息依据股东有权获得的份额记入借方账户，就视为股息已分发给创新型企业的股东或者股东的特别代表。

(6)无论何时收到征收人的书面通知，创新型企业都应当按通知的要求将账簿的副本在指定的日期提交到登记办公室，除非征收人认为不再需要保存账簿。

(7)尽管第14条和本条第(1)款至第(6)款作出了规定，征收人认为：

(a)创新型企业的免税收入；

(b)股东所得的免税股息，包括控股公司根据第(10)款的规定支付的股息，

不应当根据第10条的规定予以免税，也不应当依据第114条的规定撤销创新证明而免税的，征收人可以根据《所得税法》第62条的规定：

(a)对创新型企业或股东征税或征收附加税，因为他们有可能抵销其收益；

(b)要求创新型企业根据需要及第(1)款的规定计入借方账户。

（8）《所得税法》第十一部分和第十二部分（关于评估和上诉）作必要的修改后适用于第（7）款的规定，只要征税通知是按照规定发布的。

（9）《所得税法》第36条不适用于股息或者记入借方账户。

（10）股东以股息的方式所收到的款项按照本条规定将予以免税。如果是法人股东（本条指控股公司）在其免税期内控制着所有已发行股票的利润（或者不低于在领取创新证明时部长要求达到的股票数额），那么控股公司支付给股东的股息将予以免税。条件是征收人确认该部份股息是从利润中提取的。《所得税法》第36条的规定将不适用于股息及其免税部份。

（11）经过部长批准及符合他提出的条件，控股公司可以将免税的股息支付给股东，即使控股公司在免税期内不再持有创新型企业必要的股份。

16.（1）创新型企业在免税期内产生的亏损应当根据《所得税法》第30条第（2）款的规定予以扣除，但只能从第11条所确定的企业收益中扣除。例外情况是，亏损在免税期届满时依然存在的，可以按照本法在新贸易或商业中予以填平。

（2）尽管第8条第（a）项作出了规定，如果第11条中所规定的折扣在免税期结束时仍然未能结转，则可依据《所得税法》在新贸易或商业中实现填平。

第三部分　创新型服务公司

17. 在本部分中，除非有相反规定：

"开始日"，适用于创新型服务公司，指的是根据第18条第（3）或第（4）款的规定在公司证明中载明的日期。

"创新型服务公司"，指依据第18条的规定领取资质证明的公司。

"合乎资质的经营活动"，包括下列项目：

（a）工程或技术服务，包括实验、咨询、研究和开发活动；

（b）计算机信息服务和其他与计算机相关的服务；

（c）工业设计的开发和制造；

（d）与休闲娱乐有关的经营活动；

（e）出版服务；

（f）教育服务；

（g）医疗服务；

（h）农业技术方面的经营活动；

（i）仓储保管方面的经营活动；

(j)为展览和会议提供组织和管理方面的服务；

(k)金融服务；

(l)商务咨询、管理和职业服务；

(m)有关风险资本金的服务；

(n)公共高速交通体系的运转和管理；

(o)拍卖服务；

(p)私立博物馆的经营和维护；

(q)部长指定的其他经营服务活动。

18.(1)在开展合乎资质的经营活动之前，公司应当按照指定的方式向部长提交创新型服务公司的资质申请。

（2）出于公众利益考虑，只要符合适宜的条件，部长可以批准公司的申请并颁发资质证明。

（3）本条中所规定的资质证明应当载明开始日期。从该日开始，公司有权按照本部分的规定获得税收减免。

（4）部长在其权限内可以应公司的请求变更资质证明上的开始日期，作出他认为适宜的提前或延后。本部分的规定将自变更时起具有法律约束力。

19. 在其经营范围内，创新型服务公司的免税期间自开始日起算，可以达到8年或8年以上，但部长可以决定不能超过11年。

20. 第8条至第16条的规定应当服从于本部分的规定，并基于以下目的适用于创新型服务公司：

(a)任何有关创新型公司的说明应当视为是对创新型服务公司的说明；

(b)任何有关创新型产品的介绍应当理解为是对其经营活动的介绍；

(c)创新型企业的生产日期视作创新型服务公司的开始日期；

(d)创新证明视作依照第18条的规定颁发的证明。

第四部分　后创新型公司

21. 在本部分当中，除非有相反规定：

"开始日"，适用于后创新型公司，指依据第22条第（3）款的规定在证明中所标注的日期。

"创新型公司"，指根据被撤销的法律而获取创新证明的公司。

"后创新型公司"，指依据第22条第（2）款的规定领取资质证明的公司。

"合乎资质的经营活动"，适用于后创新型公司，指第二部分、第三部分、第七部分中批准免税的贸易或商业以及部长批准的其他贸易或商业。

22.（1）以下公司可以按规定的方式向部长提交后创新型公司的资质申请：

（a）1975年5月1日后成立的创新型公司；

（b）创新型企业或创新型服务公司；

（c）在免税期结束之前已经成为创新型企业的出口型企业。

（2）出于公众利益的考虑，只要符合部长所提出的条件，部长就可以批准申请并颁发资质证明。

（3）颁发给后创新型公司的资质证明应当记载下列事项：

（a）开始日期，公司从该日起有权享受免税待遇；

（b）经营范围；

（c）减免后的税率。

（4）在权限范围内，部长可以应后创新型公司的请求，变更资质证明上所记载的开始日期，开始日变更后即具有法律效力。

（5）尽管《所得税法》的第35条已作出规定，后创新型公司在免税期内来源于经营范围内的收入，仍将按年度以优惠税率进行纳税，而且优惠税率应当不低于部长指定的10％。

23.（1）后创新型公司的免税期自开始日起算，根据部长的指令最长不能超过6年。

（2）部长可以依据自己拟定的条件，延长后创新型公司的免税期，但延长后的免税期合计不能超过11年。

24.（1）在免税期间内，后创新型公司开展经营范围之外的贸易或商业，应当进行独立核算。来源于旧贸易或商业的收益应当依据《所得税法》进行统计并征税。实际执行时，征收人可以作出适当的修正。

（2）尽管征收人认为：其他贸易或商业的经营应当从属于特许经营，但其他贸易或商业所产生的赢利或者亏损仍然应当计入后创新型公司特许经营的赢利或者亏损。

25. 就后创新型公司而言，部长可以作出如下规定：

（a）《所得税法》所许可的开支、基本折扣和捐款的扣除方式；

（b）除了《所得税法》第20条以及第30条第（2）款的规定之外，基本折扣和亏损的扣除额。

26.（1）当后创新型公司的赢利额已经依据第22条的优惠税率予以征税后，税后的净利润就应当记入一个特别账户（本节所指的账户）并由后创新型公司保存。

（2）由于后创新型公司从其净利润中支付的股息要记入贷方账目，则与股息或贷方款项同样的金额中，较少的一笔将记入借方账目。

（3）后创新型公司的股东收到的计入借方账目的股息，一旦得到征收人的认可，就能免于征收所得税。

（4）尽管有第（3）款的规定，由优先股所派发的股息将不能免税。

（5）股息或者记入借方账户的部分将不适用《所得税法》第36条的规定。

（6）由于股息已记入借方账户并支付给股东，且控股公司在免税期内掌握着所有已发行股份的利润（或者不低于部长在颁发后创新型证明时所认可的股份数额），因此，只要征收人确认股息是从利润中支出，股东收取的任何股息将免于征税。《所得税法》第36条的规定也不适用于该部分股息或是免税的部分。

（7）控股公司可以依据部长的批准及他提出的条件向股东支付免税的股息，即使控股公司在整个免税期已不再持有必需的股份。

（8）无论何时收到征收人的书面通知，后创新型公司都应当按通知的要求将账簿副本在指定日期交到登记办公室，除非征收人认为不再需要保存账簿。

（9）尽管第（1）款至第（7）款已作出规定，如果对

（a）后创新型公司依据第22条的优惠税率征税后的收益；

（b）免于征税的股息，包括控股公司依据第（6）款的规定支付的股息；

不应当就任何征收年征税或免税，则征收人可以依据《所得税法》第62条采取以下行为：

（i）对公司或股东征税，包括附加税，以弥补税收的损失；

（ii）指定公司在条件需要时把款项记入借方账户。

27.为了有效实施《所得税法》和本法，征收人可以指令：

（a）在免税期内应当完成的后创新型企业的支付款项总额，可以在超过免税期后按正常的商业程序在征收人认为适当的某个日期支付；

（b）按正常的商业运作应当出现在免税期内的开支，在后创新型公司的免税期结束后的1年之内才发生的情况下，可以视为该年度当中并没有产生开支而是

产生于征收人认为的免税期内的某个适当时间。

28.(1)第29条和本条第(2)款所指的后创新型公司的经营所得应当依据《所得税法》加以确定，在执行时可以依据第27条的规定作必要的修正。

(2)在征收年度内确认后创新型公司的经营所得时：

(a)《所得税法》第13条、第14条、第15条、第16条、第17条、第18条中规定的补贴要计算在内；

(b)第(a)项中所指的补贴应首先从经营收益中扣除。未吸收的补贴应从公司的其他收益中扣除，扣除标准是《所得税法》第35条所确定的税率，这与第29条的规定相符；

(c)依据《所得税法》第20条第(b)项中的补贴扣除后的余额应当满足下一年度的扣除额，并根据第(b)项的要求执行；

(d)同期亏损应依据第29条从公司的其他收益中扣除，扣除的标准为《所得税法》第35条确定的税率；

(e)依据《所得税法》第30条第(d)项中的亏损扣除后的余额应当满足下一年度的扣除额。与公司的其他收益相抵的亏损余额应按照《所得税法》第35条确定的税率予以扣除，这与第29条的规定一致。

29.(1)在任一征税年度内，如果后创新型公司的经营收益中存在未吸收的补贴或者亏损以及可入账的正常赢利，那么未吸收的补贴和亏损将与可入账的正常赢利相抵后扣除。具体规则为：

(a)如果未吸收的补贴或亏损不超过乘以调整系数后的正常赢利，那么可入账的正常赢利应当扣除补贴或亏损除以调整系数后的数额，从而消除补贴或亏损。

(b)在其他情况下，可入账的正常收益乘以调整系数后所得的数额，应当从未吸收的补贴或亏损中扣除，扣除后的余额应当合计并作为经营收益中的补贴或亏损的组成部分。依据《所得税法》第20条或第30条的规定，可入账的正常收益在下一个征税年度将归零。

(2)在任何一个征税年度内，如果后创新型公司的正常赢利中存在未吸收的补贴或亏损和可入账的经营所得，那么补贴或亏损将在与经营所得相抵后予以扣除。具体规则如下：

(a)如果未吸收的补贴或亏损不超过可入账的经营收益乘以调整系数后所得

的数额，那么可入账的经营收益应当扣除补贴或亏损除以调整系数后的数额，从而消除补贴或亏损；

（b）在其他情况下，可入账的经营收益乘以调整系数后所得的数额，应当从未吸收的补贴或亏损中扣除。扣除后的余额应当合计并作为正常收益中的补贴或亏损的组成部分。依据《所得税法》第20条或第30条的规定，可入账的经营收益在下一个征税年度将归零。

（3）当后创新公司在征税年度的基准时间终止获取经营收益，但在该基准时间获取正常收益，经必要调整后，第（1）款可适用于在该征税年度后的任何征税年度该公司经营收益相关的未吸收的补贴或亏损。

（4）当后创新公司在征税年度的基准时间终止获取正常收益，但在该基准时间获取经营收益，经必要调整后，第（2）款可适用于在该征税年度后的任何征税年度该公司正常收益相关的未吸收的补贴或亏损。

（5）除非本条中有相反规定，不应当认为第（1）至第（4）款将影响《所得税法》第20条或30条的实施。

（6）本条中，调整系数适用于征税年度，指依据公式A／B确定的系数。A代表依据《所得税法》第35条确定的税率，B代表针对特许经营利润制定的优惠税率。"补贴"，指第13条、第14条、第16条、第16A条、第17条、第18条或者第20条中所规定的补贴，包括在2 002征税年之前产生的未吸收的补贴。

"可入账的常规利润"，指根据《所得税法》扣除开支、捐款、补贴或亏损后的常规利润。

"可入账的特许经营利润"，指依据《所得税法》扣除开支、捐款、补贴或亏损后的特许经营利润。

"亏损"，指依据《所得税法》可以扣除的亏损，包括在2 002征税年之前产生的未吸收的亏损。

"常规利润"，指依据《所得税法》第35条规定的税率予以征税的利润。

"特许经营利润中的未吸收补贴或亏损"，指依据《所得税法》，从特许经营利润中扣除开支、捐款、补贴或亏损后的补贴或亏损的余额。

"常规利润中未吸收的补贴或亏损"，指依据《所得税法》从特许经营利润中扣除开支、捐款、补贴或亏损后的补贴或亏损的余额。

"特许经营利润"，指后创新型公司在特许经营范围内取得的利润。

第五部分 企业的扩展

30.（1）如果某一产业中产品产量的增长有利于文莱的经济发展，部长可以从公共利益的角度发布命令，宣布该产业为批准产业，该产品为批准产品。

（2）部长可以废除依据本条规定所发布的命令，但不应影响到之前已取得扩展证明的扩展型企业的正常经营。

31.（1）如果公司由于批准产品的生产或扩大生产导致新的资本开支，则

（a）开支不超过1000 000文莱元；

（b）开支超过500 000文莱元但不足1000 000元，且公司生产设备的最初成本将增加30%以上，按照规定的形式和项目向部长提交书面申请，以获得扩展型企业的资质。

（2）部长可以依据他认为适宜的条件并从公众利益出发，批准公司成为扩展型企业并颁发扩展证明。

（3）在本部分中，"新的资本开支"指为了提高产量或利润，公司用于购买生产设备所产生的开支。

（4）购买生产设备的开支如果不属于新的开支，就不作为新的资本开支，除非部长认可：

（a）购买生产设备是出于经济利益的正当考虑；

（b）购买价格符合生产设备的公平、公开的市场价值。

（5）扩展证明应当标注生产设备投入使用的日期。该日期就视为扩展日。

（6）部长在其权限内，应扩展型企业的申请可以变更扩展证明上的扩展，扩展日期自变更日之日起具有法律效力。如果扩展日位于免税期间内，则白免税期结束后的次日开始起算，并且：

（a）如果扩展型企业的新的资本开支不超过1000 000元，有效期为3年；

（b）如果扩展型企业的新的资本开支超过1000 000元，有效期为5年。

（7）部长可以从公众利益出发，根据自己拟定的条件，延长扩展型企业的免税期。但每次延长不超过3年，而且免税期总计不能超过15年。

32. 第10条经过必要修改后，不仅适用创新型企业，也同样适用于扩展型企业。

33.（1）根据本条的规定，扩展型企业在免税期内可以按规定的方式享受免税待遇。

（2）扩展型企业从事扩展证明规定的贸易或商业，所获利润（在本部分中称作扩展利润）应依据《所得税法》及本法进行确认。

（3）在确定扩展型企业的利润时,《所得税法》第13条、第14条、第15条、第16条、第17条和第18条中规定的补贴应计算在内。

（4）扩展型企业开展扩展证明规定以外的贸易活动，其扩展利润应按征收人认可的适当方式进行确定。

（5）尽管征收人认为扩展证明规定之外的贸易活动是次要的和附带的，但由此产生的利润或亏损应当计入扩展型企业的扩展利润之中。

（6）扩展利润应当与相对应的平均利润（在本条中称作税前利润）进行比较，从而决定免税的条件：

（a）如果税前利润超过扩展利润或与之持平，则不予免税；

（b）如果扩展利润超过税前利润，则超过的部分不应计入扩展型企业的法定利润之中，应当予以免税。

（7）除非部长在其权限内作出相反的决定，免税的利润不应当超过与扩展利润的特定比例。该比例恰好相当于新资本开支（用于生产设备）与新资本开支加上生产设备的初始成本之和相比所得的数额。而且，生产设备应当是扩展型企业在扩展之前就拥有或投入使用的。

（8）扩展型企业的对应平均利润按扩展日前3年的对应利润总额的三分之一来确定。

（9）如果扩展型企业在扩展日前从事扩展证明范围内的贸易或商业不足3年或者3年当中没有获取对应利润，部长可以指定某个适当的数额作为对应平均利润。

（10）如果扩展型企业已被批准为创新型企业或出口企业，或者同时具有此两种资质，那么依据本条规定和第二部分和第七部分予以免税的利润总额不能超过扩展利润的100%。

34.（1）依据第34条的规定予以免税的扩展利润应当记入贷方账户并由扩展型企业保存。

（2）扩展型企业从免税收入中分发股息的时候，该笔金额应计入贷方。那么，与股息相当或是与贷方金额相当的款项，其中较少的一笔将记入借方的金额。

（3）由于计入借方的股息是支付给扩展型企业的股东，所以，只要征收人对入账予以认可，那么股东所得的股息将免于征税。

（4）尽管有第（3）款的规定，如果是从优先股派发的股息，该部分股息则不能免税。

（5）一旦股息依据股东有权获得的份额记入借方账户，就视为股息已分发给扩展型企业的股东或者股东的特别代表。

（6）无论什么时候收到征收人的书面通知，扩展型企业都应当按通知的要求将账簿的副本在指定的日期提交到登记办公室，除非征收人认为不再需要保存账簿。

（7）尽管第34条和第（1）至第（6）款作出了规定，征收人认为：

（a）扩展型企业的免税收入；

（b）股东所得的免税股息，包括控股公司根据第（10）款的规定支付的股息。

不应当根据第10条的规定予以免税（即本部分适用第33条的规定），也不应当根据第114条的规定撤销扩展证明而免税。征税人可以根据《所得税法》第62条的规定：

（a）对扩展型企业或股东征税或征收附加税，因为他们有可能抵销其收益；

（b）要求扩展型企业根据需要及第（1）款的规定记入借方账户。

（8）《所得税法》第十一和第十二部分（关于评估和上诉）作必要的修改后适用于第（7）款的规定，只要征税通知是按照规定发布的。

（9）《所得税法》第36条将不适用于股息或者记入借方账户的部分。

（10）按照本条规定，股东以股息的方式所收到的款项将予以免税。如果是法人股东（本条指控股公司）在宣布股息时控制着所有已发行股票的利润（或者不低于部长批准的股票数额），那么控股公司支付给股东的股息将予以免税。条件是，征收人确认此部分股息是从利润中提取的。《所得税法》第36条的规定将不适用于股息及其免税部分。

第六部分　扩展服务公司

35.（1）如果公司从事第17条中规定的经营项目，并计划大幅度地提升业务，则可以向部长提交书面申请，以获得扩展服务公司的资质。

（2）出于公共利益的需要，部长可以在满足条件的情况下批准公司成为扩展服务公司并颁发相应的资质证明。

（3）依照本条规定颁发的资质证明应当载明扩展经营项目的开始日期（不能

早于2001年1月1日）。该日期将视为扩展日期。

36.（1）扩展服务公司的免税期应当：

（a）自扩展日开始算起；

（b）如果扩展日位于免税期间内，则自免税期结束后的次日开始算起。部长可以在其权限期内决定免税期最长不得超过11年。

（2）部长可以从公众利益出发，根据自己拟定的条件，延长扩展型企业的免税期。但每次延长不超过5年，而且免税期总计不能超过20年。

37. 第31条第（6）款及第33条至第35条适用于扩展服务公司，具体情况如下：

（a）任何有关扩展型企业的说明应当视为是对扩展服务公司的说明。

（b）扩展证明视作依据第36条第（2）款的规定颁发的证明。

（c）第34条第（7）款不具有法律约束力。

第七部分　出口生产

38. 出于公共利益的需要，部长可以批准决定在文莱境内生产的产品为出口产品，或者农业、林业、渔业产品为出口产品。

39.（1）部长可以应公司按规定形式提交的申请，批准其为出口企业并颁发出口企业证明。条件是，公司正在生产或计划生产出口产品，正在开展或者计划开展农业、林业、渔业经营，而不论其产品全部出口或是部分出口。

（2）出口企业证明应当载明核算期间。在该期间内，出口产品的销售额：

（a）应当不低于总销售额的20%；

（b）应当不低于20 000元。

核算期间应当视为出口企业的出口年。

（3）在本部分当中：

"出口销售额"，指出口企业、代理商或者独立承包商的出口销售额。

"f. o. b"指免除运费。

40. 部长可以应出口企业的请求，在其权限内，对出口企业证明进行变更，使核算期间提前或推后。核算期间变更后即具有法律效力。

41.（1）出口企业的免税期：

（a）不属于创新型企业的，自出口年起算，含出口年在内共计8年；

（b）属于创新型企业的，自出口年的第1天起算。如果出口年恰好在旧贸易或商业的经营期间，则自新贸易或商业的开始日起算。免税期为6年，最长不超过11年。

（2）尽管第（1）款已作出规定，如果出口企业产生或将要产生固定资产开支：

（a）不少于50000 000文莱元；

（b）不低于500 000文莱元但不足50000 000文莱元：

（i）出口企业40%以上的已支付资产掌握在已依据移民法获得居留许可证的公民和个人手中；

（ii）部长认为出口企业会推动文莱的经济或技术发展。

出口企业的免税期：

（a）如果不属于创新型企业，则从出口年起算，含出口年在内合计15年；

（b）如果属于创新型企业，则从出口年起算，如果出口年恰好位于旧贸易或商业的经营期间，则从新贸易或商业的开始日计算免税期，与创新型企业一样，总计15年。

（3）从公共利益出发，依据其拟定的条件，部长可以对出口企业的免税期作适当的延长。

（4）第（2）款中的"固定资产开支"指出口企业为了出口产品的生产，用于下列项目上的开支：在文莱境内的厂房建设（不包括土地）；在文莱境内使用的新型机械设备；依据部长的批准，在文莱境内使用的旧机械设备。

42.经过必要的修改，第10条的规定适用于出口企业。

43.（1）《所得税法》第十部分（关于收入报告）应当全面地得到执行，即使出口企业在出口利润方面的总收入都可以报税。

（2）在按年度返还收入时，如征收人认为，有必要通过进一步的数据来核定出口报告的精确性，则要拟定一个独立的出口报告，对发生在核算期间的出口产品免除运费后的价值及数量作出说明。

44.为了有效处理出口企业的免税事宜，征收人有权了解产品依据《海关法》的规定办理出口的具体情形。如果征收人认为出口环节中存在违法行为，则有权拒绝认可上述出口行为并驳回获得出口免税的请求。

45.办理出口业务必须依据规定的条款和关税审计员认可的条件来进行。

46.（1）在对《所得税法》第13条、第14条、第15条、第16条、第17条、第18条中规定的补贴进行核算时，应先确定出口企业在免税期内来源于出口贸易或商业方面的收入(根据第10条的规定需要作必要的修改)。

(2)出口企业的出口利润总额应当作为收入的组成部分。其占收入的比重相当于:出口产品直接或间接卖给独立出口商的总销售额(在本部分中称作出口销售额)与应收总额之比。应收总额分为以下几类:

(a)产品按出厂价格计的国内销售额;

(b)出口产品的出口销售额;

(c)其他产品的出口销售额;

(d)其他种类的服务和销售额。

(3)依据第49条享受免税的出口产品的利润额按以下方式来确定:

(a)如果公司在此之前已从事产品出口贸易,则依据第(5)款的规定来确定公司的平均年度出口利润;

(b)如果公司在依据第38条提出申请之前的3年内没有从事产品出口贸易,部长可以参照公司的总销售额以及其他出口类似产品的主要出口企业的总销售利润作出具体的确定。

(4)如果创新型企业的公司在免税期结束时即开始新贸易或商业的经营,那么,第(3)款的规定可以适用。

(5)在执行本条规定时:

(a)"年平均出口利润"这样确定:公司依据第40条规定在申请日之前3年内获得的出口利润总额,根据第(2)款的方式明确以后,其总额的三分之一作为年平均出口利润;

(b)如果公司启用的核算期间不是以12月31日为终止日期,征收人可以对基准时间进行合理的调整,以确定出口利润总额。

47.(1)出口企业的免税应当满足下列条件:

(a)如果出口年作为第一征税年库的基准时间,那么核算期间内的出口额,按比例应不低于总销售额的20%,按金额则应不低于20 000文莱元;

(b)在后续的征税年度中,出口额如果符合征税年的最低比例和最低金额的要求,或者部长根据第(2)款的规定发布指令,出口额在相应的核算期间内应不低于20 000文莱元;

(c)如果在出口年内达不到最低比例和最低金额的要求,部长也没有根据第(2)款的规定发布任何指令,则应当从同时符合这两个要求的第一个征税年度起开始免税，或者根据部长的指令实行免税。在此后的核算期间内如果符合最低金额和最低比例的要求，则可以继续获得免税。

（2）尽管有第（1）款的规定，如果出口企业在出口年中的出口额在20 000文莱元或20 000文莱元以上，但不足总销售额的20%，且此种情形源于非企业自身的原因，或者考虑到企业的产品总量和销售额，部长可以从公共利益角度，并应企业的请求，指令在与出口年相对应的征税年中予以免税，或者在免税期内的随后任何一个征税年中实行免税。

48.（1）如果出口企业的出口利润符合第47条和第48条的免税条件（在本条中称作合格的出口利润），那么应从此部分利润中扣除。《所得税法》第13条、第14条、第15条、第16条、第17条和第18条中所规定的补贴也可归入合格的出口利润的范围。归入合格的出口利润中的补贴与出口企业可扣除的总补贴之比（依据《所得税法》第13条、第14条、第15条、第16条、第17条和第18条的规定）相当于合格的出口利润与出口企业的收入之比[依据第47条第（1）款确定]。

（2）在每一征税年度，征收人可以向出口企业发布财务说明，告知依据第（1）款及《所得税法》第十一部分和第十二部分（关于评估和上诉）扣除补贴后的合格的出口利润决算表。只要财务说明是按照规定发布的征税通知，则相关规定经过必要修改后就可以实施。

（3）根据第50条第（7）款的规定，依据第（2）款所发布的财务报告如果是最终的结论性报告，那么与合格的出口利润相当的金额将不计入企业在征税年度中的法定收入，而且应当免于征税。

49.（1）一旦出口收入依据第49条获得免税，免税的金额应计入贷方账户并由出口企业保存。

（2）由于记入贷方账户的金额是作为出口企业从其免税收入中支付的股息，那么与股息或者与贷方账户相当的金额，其中较少的一笔将记入借方账户。

（3）由于记入借方账户的股息是支付给出口企业的股东，那么只要征收人认可入账，则此部分股息将获得免税。

（4）尽管有第（3）款的规定，但从优先股派发的股息将不能获得免税。

（5）一旦股息依据股东有权获得的份额记入借方账户，就视为股息已分发给出口企业的股东或者股东的特别代表。

（6）无论什么时候收到征收人的书面通知，出口企业都应当按通知的要求将账簿的副本在指定的日期提交到登记办公室，除非征收人认为不再需要保存账簿。

（7）尽管第49条和第（1）至第（6）款作出了规定，征收人认为：

（a）出口企业的免税收入；

（b）股东所得的免税股息，包括控股公司根据第（10）款的规定支付的股息，不应当根据第（10）款的规定予以免税，即此部分适用第43条的规定；也不应当根据第114条的规定撤销出口企业的证明而免税，因为出口企业的收入已经依据本法获得免税，征收人可以根据《所得税法》第62条的规定：

（i）对出口企业或股东征税和征收附加税，因为他们有可能对其不应当免税的收益进行抵销；

（ii）要求出口企业根据需要及第（1）款的规定记入借方账户。

（8）《所得税法》第十一部分和第十二部分（关于评估和上诉）作必要的修改后适用于第（7）款的规定，只要征税通知是按照规定发布的。

（9）《所得税法》第36条将不适用于股息或者记入借方账户的部分。

（10）股东以股息的方式所收到的款项根据第（1）款至第（9）款的规定将予以免税。如果是法人股东（本条指控股公司）在宣布股息时控制着所有已发行股票的利润（或者不低于部长批准的股票数额），那么控股公司支付给股东的股息将予以免税。条件是，征收人确认此部分股息是从利润中提取的。《所得税法》第36条的规定将不适用于股息及其免税部分。

50. 征收人授权的任何官员、海关高级官员或者得到高级官员授权的海关官员有权在任何时间进入出口企业或者独立出口商的生产区域，或是进入出口产品的储存地，检查出口产品的生产、储存、包装以及所有的档案和账目，或是为了实现其他目的。同时，他们也可以对相关产品进行抽样检测。

51. 未经税控官的批准，产品出口以后不得在任何时间重新进入文莱境内。如果有正当理由认为，产品出口业务中存在违反本法第46条或第52条的行为，那么《海关法》第90条、第91条和第十二部分（关于搜查、没收、逮捕）的条款将得以适用，只要出口的产品依据《海关法》属于应纳税而未纳税的商品或者应当没收的商品。违法行为已经发生或将要发生是适用的前提，而不受相关法律不同规定的影响。

52. 如果违法行为的标的物属于出口产品，同时征收人确认，违法行为还没有被察觉，涉嫌违法的出口企业本来可以申请免税，那么该违法行为视为是对本法的违反而不论免税申请提出与否。对违法行为将作出相应的处罚，但对同一违法行为不能重复处罚。

第八部分　服务出口

53. 在本部分中，除非有相反规定：

"开始日"，适用于出口服务公司或出口服务机构，指依据第56条第（3）款的规定在公司资质证明中记载的日期。

"出口服务公司"，指依据第56条第（2）款的规定获得资质证明的公司。

"合乎资质的服务"，指在文莱境内开展的涉及海外项目或非永久居民的服务：

（a）技术服务，包括建筑、销售、设计和工程服务；

（b）与技术材料、贸易或商业有关的咨询、管理、监督或顾问服务；

（c）机械设备的装配和设备部件与材料的获取；

（d）数据处理、程序设计、计算机软件开发、电讯和其他计算机服务；

（e）专业服务，包括会计、法律、医药和建筑方面的服务；

（f）教育和培训服务；

（g）部长指定的其他服务。

54.（1）公司如果从事合乎资质的服务，则可按规定的方式向部长提出申请，以获得出口服务公司的资质。

（2）如果符合公众利益及其本人拟定的条件，部长可以批准公司的申请并颁发资质证明。

（3）出口服务公司的资质证明应当载明下列事项：

（a）公司获得免税的开始日期；

（b）公司的服务范围；

（c）依据第59条第（2）款所确定的基本收入。

（4）应出口服务公司的请求，部长可以在其权限内变更资质证明上的开始日期，确定他认为合理的提前或推延的时间。开始日期将自变更之日起生效。

55.（1）出口服务公司的免税期将从开始日起算。部长在其权限内可以规定免税期，最长不得超过11年。

（2）如果符合公众利益及部长提出的条件，出口服务公司的免税期可以获得延长，但每次延长不得超过3年。除此之外，出口服务公司的免税期总计不能超过20年。

56.（1）第10条的规定经过必要修改后不仅适用于创新型企业，同样适用于出口服务公司。

（2）第50条的规定经过必要修改后不仅适用于出口企业，同样适用于出口服务公司。

（3）第68条和第69条经过必要修改后既适用于国际贸易公司也适用于出口服务公司。第68条第（2）款中与合乎资质的产品销售、文莱的国内生产及合乎资质的商品有关的内容，应视为与提供合乎资质的服务有关。

57.（1）出口服务公司在经营范围内的收入所得（在依据第10条的规定作出和第58条同样必要的修改后）在其免税期内按期核算后，将依据《所得税法》，特别是下列规定来加以确认：

（a）来自经营范围之外的收入应当排除在外并单独征税；

（b）在计算经营范围内的收入时应当扣除：

（i）经营范围内的全部直接开支和成本；

（ii）经营范围内合理产生的间接开支。

（c）《所得税法》第13条至第18条中所指的补贴可以归入免税期内的经营收入并应当记入账目；

（d）在第（b）项第（ii）目及第（c）项中，可归入经营收入的数额由征收人按公平、合理的原则予以确认。

（2）依据第（1）款的规定确定的收入扣除部长认可的一个基准数额后，剩余部分可依据第60条的规定获得免税。

58.（1）在每一个征税年度，征收人应向出口服务公司或机构发布财务报告，告知依据第59条第（2）款所确定的收入款。此部分收入依据本条规定可获得免税。《所得税法》第十一部分和第十二部分（关于评估和上诉）的条款将经过必要修改后实施，只要这是一份符合上述规定所制定的征税通知书。

（2）依据第50条第（7）款的规定，如果第（1）款中所指的财务报告是最终的结论性报告，那么第（1）款中所指的经营收入不应当记入出口服务公司的法定收入，并且应予以免税。

59. 审计官可以要求审计员对出口服务公司的经营收入及直接开支和成本予

以确证。

60.部长可以依据规定就出口服务公司的下列项目进行扣减：

（a）依据《所得税法》第13至第18条而不是第20条的规定，可归入经营收入的未吸收的补贴；

（b）免税期内所发生的亏损，但不是依据《所得税法》第30条第（2）款所确定的亏损。

第九部分　国际贸易促进

61.在本部分中，除非有相反规定：

"开始日"，适用于国际贸易公司，指公司证明上可记载的日期。从该日起，公司可以享受免税待遇。

"出口销售额"，指免运费的出口销售额，但不包括样品、礼品、市场测试设备、贸易展销和其他促销设备方面的成本。

"国际贸易公司"，指依据64条的规定获得资质证明的公司。

"合乎资质的商品"，指用于出口且获得部长颁发的出产证明或者其他证明的商品。

"合乎资质的制造商品"，指用于出口且获得部长颁发的出产证明或者其他证明以表明在文莱境内生产的商品。

"相关的出口销售额"，指国际贸易公司涉及合乎资质的制造商品、文莱的国内产品或合乎资质的商品的出口销售额。

"文莱的国内产品"，指在文莱境内生产的对虾、鱼（包括观赏鱼）、鸡、装饰植物、兰花以及部长批准的其他国内产品。

62.（1）从事下列贸易的公司：

（a）有关合乎资质的制造商品，文莱的国内产品的国际贸易并且这些商品单独或合计的出口销售额超过或预计超过每年3000000文莱元；

（b）有关合乎资质的商品的集散贸易且其出口销售额超过或预计超过每年5000000文莱元。

公司可以按规定的方式向部长提交申请，以获得国际贸易公司的资质。

（2）从公众利益出发并依据适当的条件，部长可以批准申请并颁发资质证明。

（3）就第（1）款中的第（a）项和（b）项而言，部长可以向国际贸易公司颁发单独的资质证明。

（4）依据本条规定颁发的资质证明应当载明开始日，公司从该日起享受免税待遇。

（5）部长在其权限内应国际贸易公司的申请，可以变更其资质证明上的开始日期，作出他认为适当的提前或推迟。开始日期自变更之日起具有法律效力。

（6）在提出国际贸易公司的申请时，公司应向部长提交一份报告，就其关联公司、出口代理商、经营范围及其他要求的特殊事项作出说明。如果这些特殊事项发生改变，公司应当立即向部长通告。

63. 国际贸易公司的免税期从开始日起算，共计8年。

64. 为《所得税法》和本法之目的，征收人可以指令：

（a）在核算期间内，根据本法的规定应当完成的国际贸易公司的支付款项总额可以在超过核算期间后按正常的商业程序进行如下处理：在核算期间内无法支付但在期间结束后征收人认为适当的某个日期完成支付；在国际贸易公司的免税期结束后的某个日期，可以就其免税后的贸易或商业的应付总额完成支付。

（b）依据本法的规定及正常的商业运作应当出现在免税期内的开支，却在国际贸易公司的免税期结束后1年之内才发生的情况下，可以视为该年度并没有产生开支，而是产生于征收人认可的在负税期内的某个适当时间。

65.（1）如果对国际贸易公司的收入总额应当征税，那么《所得税法》第十部分（关于收入报告）就应当全面予以执行。

（2）在按年度返还收入时，应附上作为征收人确认收入是从合乎资质的制造商品、文莱的国内产品及合乎资质的商品的收入的证据。

66. 在免税期间内，国际服务公司开展与出口销售无关的贸易或商业，应当进行独立核算。来源于与出口销售无关的贸易或商业的收益应当依据《所得税法》进行统计并征税。实际执行时，征收人可以作出适当的修正。

67.（1）出口贸易公司从事与出口销售有关的贸易或商业，其收益应当在免税期内按照《所得税法》特别是下列规定予以确认（依据第66条作必要的修改）：

（a）来自佣金和其他非贸易渠道的收入应当不包括在内并进行单独征税；

（b）《所得税法》第13条、第14条、第15条、第16条、第17条、第18条中所规定的补贴应当计算在内。上述规定如果由于某一征税年度的利润不足而不能完全适用，则应当适用《所得税法》第20条的规定；

（c）免税期以前，如果某一征税年度的未吸收的补贴依据《所得税法》第20条是可实现的，则应当计算在内；

(d)在免税期以前或免税期内产生的亏损应适用《所得税法》第30条的规定；

(e)《所得税法》第13条、第14条、第16条、第17条所确认的未吸收的补贴及其他贸易或商业上的亏损应当统计在内；

(f)在免税期内，本款中所指的贸易或商业上的收益应当扣除《所得税法》第13条、第14条、第16条、第17条所确认的未吸收的补贴及贸易或商业上的亏损；

(g)如果免税期届满时仍然存在未吸收的补贴或亏损，则可在免税期结束后依据《所得税法》第20条和第30条的规定扣除该部分补贴或亏损。

(2)国际贸易公司的出口收入中的免税额与第(1)款所确定的总收入之比相当于出口销售额减去相应的基本出口额后的余额与已收或应收的总销售额之比。依据第70条的规定，获得免税的出口收入中的一半将不作为应纳税收入从而可以免税。

(3)第(2)款中的"相应的基本出口额"指：

(a)以"免税期"内的第一个征税年度为基准，国际贸易公司在申请日前的3年内所获得的相应的出口销售额总值的三分之一；

(b)以免税期内的任意一个征税年度为基准，在基准年之前的3个资质年内所获得的相应的出口销售额总值的三分之一。

(4)在第3款第(b)项中，"资质年"指的是：

(a)有关合乎资质的制造商品或者文莱的国内产品的出口销售额超过3，000，000元的年份；

(b)合乎资质的商品的出口销售额超过5，000，000元的年份。

(5)国际贸易公司：

(a)在提出申请前从事下列贸易不足3年：合乎资质的制造商品、文莱的国内产品、合乎资质的商品；

(b)在免税期内，与个人开展上述商品的贸易，或者与从事类似贸易或商业的公司开展业务并直接或间接赢利；

(c)如果为了依据第3款第(b)项确定相应的基准出口额的时间不足3年，部长可以视情况需要进行认定。

68.国际贸易公司只有符合本部分的规定及其资质证明中的条件时才能依据69条的规定享受免税。

69.（1）当国际贸易公司的应纳税收入依据第69条获得免税时，此部分收入应当记入贷方的免税账户并由公司保存。

（2）当公司从免税收入中分发股息时，与股息或者贷方账户相当的金额中的较少一笔记入借方账户。

（3）公司支付给股东的股息，只要征收人对入账予以认可，就可以获得免税。

（4）尽管有第（3）款的规定，但从优先股派发的股息不能免税。

（5）一旦股息依据股东有权获得的份额记入借方的免税账户，就视为股息已分发给公司股东或者股东的特别代表。

（6）无论何时收到征收人的书面通知，公司都应当按通知的要求将免税账户的副本在指定的日期提交到登记办公室，除非征收人认为不再需要保存账簿。

（7）按照本部分的规定，股东以股息的方式所收到的款项将予以免税。如果是法人股东，则只要征收人认可此部分股息是从收入中提取的，就可以免税。

70. 尽管本部分已作出规定，如果征收人认为：

（a）国际贸易公司的免税收入；

（b）股东所获得的免税股息，

不应当根据第66条的规定免税，也不应当根据第114条的规定撤销公司证明而免税，征收人可以根据《所得税法》第62条的规定：

（i）对公司或股东征税或征收附加税，从而实现恢复征税；

（ii）要求公司根据情况需要记入其借方免税账户。

71.（1）《所得税法》第十一部分和第十二部分（关于评估和上诉）作必要修改后适用于第72条的规定，只要征税通知是按照规定发布的。

（2）《所得税法》第36条将不适用于股息或者获得免税的部分。

72. 第45条、第51条、第52条、第53条、第54条经过必要修改后既适用于出口企业也适用于国际贸易公司。在这些章节中提到的出口产品应当理解为合乎资质的制造商品、文莱的国内产品或者合乎资质的商品。

第十部分　用于生产设备的外国贷款

73.（1）如果公司因贸易或商业的需要计划向非居民自然人（指外国借款人）借款且不低于200 000文莱元用于购买生产设备，公司可以向部长提交申请，要求确认其为获批准的外国贷款。

（2）如果外国贷款金额不低于200 000文莱元，部长可以从公众利益出发考虑该申请；

（3）申请应当符合规定的形式及特殊要求，并且附有贷款协议的副本。

（4）如果部长确认申请的真实性，他可以从公众利益出发颁发证明，以证实申请中提到的贷款为获得批准的外国贷款。

（5）依据第（4）款颁发的证明应当符合规定的形式和要件，并且满足部长提出的条件。

74. 对于用批准的外国贷款所购买的生产设备，未经部长的优先许可不能买卖、转让或作其他处置，除非贷款已经全额偿还。

75.（1）尽管《所得税法》第37条已作出规定，但从公众利益出发并根据第（2）款的规定，部长可在外国贷款证明上进行批注，同意对批准的外国贷款利息予以免税。

（2）如果公司违反了第76条的规定及部长的要求，那么应从公司付给外国借款人的利息中扣减的金额视为已从利息中扣除并当作公司欠政府的债务。该笔债务可以依据《所得税法》第76条规定的方式予以偿还。

（3）如果事先未得到部长的同意，征收人不能以任何方式，使债务得到偿还。

76.（1）如果由于管理方面的原因使外国贷款的偿还期限推迟，那么依据第（3）款的规定，应支付的附加利息将适用第77条的规定。

（2）如果未预先得到部长的同意，因偿还期延长而支付的利息，其利率不得高于证明中规定的利率。

（3）公司应当自作出此种安排之日起30天内书面告知部长。

第十一部分　投资补贴

77.（1）在本部分中，除非有相反规定：

"批准项目"指依据第80条第（2）款获得部长批准的项目。

"建设经营"指：

（a）建筑和构架的建设、改动、修理、扩大或拆除；

（b）已成形或未成形的工程，地产的建设、改动、修理、扩大或拆除；

（c）为完成第（a）项或（b）项的建设所作的准备或粉刷工作，包括现场清理、泥土挖掘、地基铺设、现场修复、美化、排水设备和道路的提供和其他道路工程。

"固定资本开支"，指用于批准项目上的资本开支，如在文莱境内的厂房建设（不包括土地），专有技术或专利权的取得，在文莱境内使用的新型生产设备（和部长批准的旧生产设备），还包括第80条第（1）款第（b）（c）（d）（f）（g）项中与项目有关的厂房建设，如特别设计各项目服务的建筑"投资日"，指资质证明中所记载的日期，公司从该日起享有投资补贴。

"研究和开发"的含义与《所得税法》中的一致。

（2）在本部分中，固定资本开支的产生应符合下列条件：

（a）在建设厂房或安装生产设备时产生的开支；

（b）公司在文莱境内接收其他生产设备产生的开支。

78.（1）公司计划运营一个项目：

（a）为了产品生产和产量的提高；

（b）提供专业化的工程或技术服务；

（c）为了研究和开发；

（d）为了建设运营；

（e）为了家庭和工业废物的回收利用；

（f）第17条中所列举的经营活动；

（g）为了文莱旅游产业的推广（不只是宾馆），

公司可以就其固定资本开支按规定的方式向部长提交投资补贴的申请。

（2）如果认为项目符合公众利益并考虑到它的经济、技术和其他方面的优势，部长可以批准该项目并向公司颁发证明，从而在固定资本开支方面享受投资补贴。

（3）依据本条规定所颁发的证明应当记载投资日，公司从该日起享受投资补贴。

（4）部长在其权限内可以应公司的申请变更证明上的投资日，确定他认为适当的提前或推延的时间。投资日自变更时起具有法律效力。

79.（1）第80条中所确认的投资补贴应当是一个确定的比例，不超过批准项目中的每一小项上的固定资本开支的100%（或许有最高限额）。

如果固定资本开支发生于：

（a）从部长批准的投资日算起的5年期间内；

（b）就第80条第（1）款第（g）项中的项目而言，从部长批准的投资日算起的11年当中。

（2）部长可以：

（a）确定固定资本开支的具体项目；（b）确定批准项目上的投资补贴的最高限额。

（3）如果就某一具体项目是否属于第（2）款第（a）项中规定的项目产生争议，部长将作出最终决定；

（4）在第（1）款中，"指定"是指部长的指定。

80.（1）如果在某一征税年中产生固定资本开支，公司就可以获得那一年的投资补贴。条件是依据证明上的要求和第81条的规定，固定资本开支可以享受投资补贴。

（2）公司就批准项目获得投资补贴之后，投资补贴应当记入"投资补贴账户"中，该账户应由公司保存。

81.（1）在经营期内或者经营期结束后的2年之内，未经部长书面批准，公司不得就获得投资补贴的财产进行出售、出租或其他处置。

（2）如果公司在经营期内或经营期结束后的2年之内出售、出租或处置其获得投资补贴的财产，那么投资补贴将被取消。

（3）如果投资补贴不能获得全额弥补，则公司或者公司股东就未能弥补的部分应当纳税包括附加税。第71条规定的免税账户应当将此部分金额记入借方名下。

（4）尽管有第（2）款、第（3）款的规定，部长可以放弃投资补贴的返还或部分返还。

82.（1）在征税年度内，公司的投资补贴是记入贷方账户，公司的应纳税收入：

（a）可以免税并记入借方账户，条件是应纳税收入不超过投资补贴账户中贷方金额；

（b）在后续的征税年度内应当保持投资补贴账户的收支平衡，直到投资补贴账户中的贷方金额完全用尽。

（2）记入投资补贴账户中的公司应纳税收入可以免税。

83. 第71条作必要修改后可适用于享受投资补贴的公司，正如适用于国际贸易公司一样。第69条与第84条应作相同理解。

84. 尽管本部分当中有不同规定，征收人认为：

（a）公司的免税收入；

（b）股东获得的免税股息，

不应当依据第114条的规定撤销公司证明而免税，征收人可以依据《所得税法》第62条的规定：

(i)对公司或股东征税或征收附加税，从而实现恢复征税；

(ii)要求公司根据情况需要记入其借方免税账户。

85.(1)《所得税法》第十一部分和第十二部分(关于评估和上诉)作必要修改后第86条规定，只要征税通知是按照规定发布的。

第十二部分 仓储和服务的激励

86. 在本部分中，除非有相反规定：

"开始日"，适用于仓储公司或服务公司，指资质证明上记载的日期，公司从该日起有权获得免税待遇。

"收益"指的是：

(a)适用于仓储公司，商品销售后获得或者应当得到的报酬(包括提供与销售有关的服务)以及已收取或应当收取的佣金；

(b)适用于服务公司，提供服务后已收取或应当收取的佣金。"合格商品或服务"，适用于仓储公司或者服务公司，指依据第89条第(3)款的规定在资质证明中记载的合格商品或服务。

"出口收益"指的是：

(a)适用于仓储公司，合格商品出口后(免除运费)已收取或应当收取的报酬(包括提供与销售相关的服务)和已收取或应当收取的佣金；

(b)适用于服务公司，向个人提供合格的服务后已收取或应当收取的报酬。接受服务的个人应当是非本国居民而且居住在文莱境外。

"固定资本开支"，指用于下列项目上的资本开支：建筑(不包括土地)，新型生产设备以及部长批准在文莱境内适用的旧生产设备。

"服务公司"，指依据第89条获得资质的服务公司。

"仓储公司"，指依据第89条获得资质的仓储公司。

87.(1)如果公司在下列项目上的固定资本开支不低于2000 000文莱元：

(a)仓储设备的建设或改造，或许涉及加工及相关服务的提供，公司销售和出口的产品将全部或主要通过这些设备进行储存和分类；

(b)全部或主要向非文莱居民提供的技术或工程服务(或者部长在报纸上通告的其他服务)，可以按规定的方式向部长提交申请，以获取仓储公司或者服务公司的资质。

（2）只要有利于公众利益，部长就可以依据适当的条件批准公司的申请并颁发相应的证明。

（3）依据本条规定所颁发的证明应当记载：

（a）开始日，公司从该日起可以享受免税待遇；

（b）获得免税的合格产品或服务。

（4）在权限之内，部长可以应仓储公司或服务公司的请求，变更开始日，作出他认为适当的提前或推延。开始日自变更时起具有法律效力。

88.（1）仓储公司或服务公司的免税期自开始日起算，依据部长决定最长不能超过11年。

（2）只要符合公众利益的需要及部长提出的条件，仓储公司或者服务公司的免税期可以获得延长，但每一次延长不得超过3年。此外，部长可以决定仓储公司或服务公司的免税期合计不能超过20年。

89.（1）未经部长的书面许可，在免税期内，仓储公司不能购买个人的产品，服务公司也不能接受个人的服务。

（2）如果部长许可仓储公司或服务公司接受这样的产品或服务，他就可以依据第94条第（3）款的规定变更出口收益的基数并提出应当达到的条件。

90.（1）正如适用于国际贸易公司一样，第66条、第68条经过必要的修改后也适用于仓储公司和服务公司。第68条中提到的相应出口销售额应当理解为合格产品的出口或合格服务的提供。

（2）正如适用于出口企业一样，第45条、第46条、第51条、第52条、第53条和第54条经过必要的修改后也适用于仓储公司。在这些章节中提到的出口产品应当理解为合格产品。

91.（1）《所得税法》第十部分（关于收入报告）应当得到全面执行，只要仓储公司或服务公司的全部收入都在应纳税范围之内。

（2）在按年度返还收入时，应附上作为征收人确认的该收入是来自于仓储公司或服务公司的证据。

92.（1）仓储公司或服务公司从事与合格产品的出口或合格服务的提供有关的贸易或商业，其收入应当在免税期内按照《所得税法》特别是下列规定予以确认（依据第66条作必要的修改）：

（a）来自其他非贸易渠道的收入应当不包括在内并进行单独征税；

（b）《所得税法》第13条、第14条、第15条、第16条、第17条和第18条中所规定的补贴应当计算在内，尽管没有就这些补贴提出请求。上述规定如果由于某一征税年度的利润不足而不能完全适用，则应当适用《所得税法》第20条的规定；

（c）免税期以前，如果某一征税年度的未吸收的补贴依据《所得税法》第20条是可实现的，则应当计算在内；

（d）在免税期以前或免税期内产生的亏损应适用《所得税法》第30条的规定；

（e）《所得税法》第13条、第14条、第16条、第17条所确认的未吸收的补贴及其他贸易或商业上的亏损应当统计在内；

（f）在免税期内，本款中所指的贸易或商业上的收益应当扣除《所得税法》第13条、第14条、第16条、第17条、第18条所确认的未吸收的补贴及贸易或商业上的亏损；

（g）如果免税期届满时仍然存在未吸收的补贴或亏损，则可在免税期结束后依据《所得税法》第20条和第30条的规定扣除此部分补贴或亏损。

（2）仓储公司或服务公司的出口收入中的免税额与第（1）款所确定的总收入之比，相当于总出口收益减去出口收益基数后的余额与总收益额之比。获得免税的出口收入中的一半将不作为应纳税收入从而可以免税。

（3）如果仓储公司或服务公司一直在开展其贸易或商业活动，那么第（2）款所指的出口收益基数应当是：

（a）申请日前3年内所获得的出口收益的三分之一；

（b）如果在申请日前不足3年，部长可以参照其他仓储公司或服务公司的出口收益确定一个数额。

93. 正如适用于国际贸易公司一样，第71条作必要修改后也适用于仓储公司或服务公司。第69条与第94条应作相同解释。

94. 尽管本部分当中有不同规定，征收人认为：

（a）仓储公司或服务公司的免税收入；

（b）股东获得的免税股息。

不应当依据第66条的规定免税，也不应当依据第114条的规定撤销公司证明而免税，征收人可以依据《所得税法》第62条的规定：

（i）对公司或股东征税或征收发附加税，从而实现恢复征税；

(ii)要求公司根据情况需要记入其借方免税账户。

95.(1)《所得税法》第十一部分和第十二部分(关于评估和上诉)作必要修改后适用第96条的规定，只要征税通知是按照规定发布的。

(2)《所得税法》第36条将不适用于股息或者获得免税的部分。

第十三部分　投资于新技术公司

96.在本部分中，除非有相反规定：

"合格的控股公司"，适用于技术公司，指在文莱境内合并而成的公司：

(a)公司位于文莱境内；

(b)公司持有技术公司的股份；

(c)在技术公司的经营期限内，其交付资本的30%或30%以上由公民或自然人持有(这些人已依据移民法获得居留许可证)，除非部长有其他规定。

"经常期限"，适用于技术公司，.指公司开始从事相关贸易或商业后的3年期间。

"相关贸易或商业"，适用于技术公司，指依据第99条第(2)款的规定颁发的证明上所记载的贸易或商业。

"技术公司"，指依据第99条第(2)款的规定获得技术公司资质的公司，技术公司资质证明的申请和颁发。

97.(1)在文莱境内合并而成的公司，如果计划使用与制造、加工、服务相关的新技术，则可以按规定的方式向部长提出申请，以获取技术公司的资质。

(2)部长如果认为引进的技术有助于文莱的经济技术发展，则可以批准公司的申请并颁发相应证明。

(3)依据本条规定颁发的证明应当记载技术公司的已交付资本中的合格的控股公司持有的比例，但不能超过30%。这样便于计算第100条中规定的补贴。

98.(1)如果技术公司在经营期届满时存在亏损，则从届满之日起6年内，公司可以书面形式请求征收人将总亏损(申请之日已被扣除)和未吸收的资本补贴(申请之日已被扣除)从合格的控股公司的法定收入中扣减。

(2)扣减的金额这样确定：总亏损或未吸收的资本补贴乘以合格的控股公司所持有的技术公司已交付资本的比例后所得的金额作为扣减的金额。

(3)扣减的金额总计不得超过技术公司资质证明上记载的比例，即合格的控股公司在经营期届满时所持有的技术公司已交付资本的比例(不包括技术公司的其他股东所持有的股份）。

（4）尽管第（2）款、第（3）款已作出规定，如果在技术公司的经营期限内，合格的控股公司持有的该公司已交付资本的比例增加，那么部长可以应控股公司的请求，将第（2）款确定的扣除比率在经营期届满时提高到已交付资本的50%。

（5）依据《所得税法》第20条或第30条的规定，技术公司应当停止扣减其总亏损或未吸收的资本补贴，尽管本条赋予合格的控股公司扣减的权利。如果合格的控股公司开展贸易或商业时产生了亏损或未吸收的资本补贴，那么本部分的扣减将适用于《所得税法》第20条或第30条的规定。

（6）在从合格的控股公司的法定收入中扣减全部亏损或未吸收的资本补贴时，应当自依据第（1）款提出申请后的第2年开始扣减。

（7）在本条中：

"总亏损"，适用于技术公司，指依据《所得税法》和本法的规定，公司在经营期内从事相关贸易或商业产生的亏损总额超过其法定收入总额的部分。

"未吸收的资本补贴"，适用于技术公司，指公司因开展相关贸易或商业而产生资本开支方面的折扣，在经营期届满时依旧处于未吸收状态的差额。

（8）为了实施《所得税法》及本法，征收人可以决定：

（a）在经营期之前或之后应当完成的技术公司的应收款项总额，可以视为在经营期内征收人认为的适当时间已按正常的商业程序得到支付；

（b）依据本部分的规定及正常的商业运作程序应当发生在经营期之前或之后的开支，却在技术公司的经营期内产生的情况下，可以视为经营期内并没有产生开支，而是产生于之前或之后的征收人认为的适当时间。

99.（1）在经营期内，技术公司未经部长的书面许可不得从事相关贸易或商业之外的其他贸易或商业。

（2）如果技术公司依据第（1）款获得批准从事某一项贸易或商业，那么应当就该笔贸易或商业建立独立的账户。

100. 尽管本部分已作出规定，但如果征收人认为，合格的控股公司不应当依据第100条第（8）款的规定获得扣减，也不应当以撤销技术公司资质证明的方式获得扣减，那么，征收人可以依据《所得税法》第62条的规定，对合格的控股公司或者其股东征税或征收附加税，以重新取得合格的控股公司应当缴纳的税款。

第十四部分　海外投资和风险资本的促进

101. 在本部分中，除非有相反规定：

"合格的控股公司"，适用于风险公司、技术投资公司或海外投资公司，指在文莱境内合并而成的公司：

（a）公司位于文莱境内；

（b）公司在文莱的投资不低于股东资本的60%；

（c）公司持有风险公司、技术投资公司或海外投资公司的股份不低于30%；（d）在公司持有风险公司、技术投资公司或海外投资公司的股份的整个期间内，不低于30%的已交付资本由公民个人控制，这些公民已经依据《移民法》获得居留许可证。

"海外投资公司"，指依据第105条第（4）款的规定获得海外投资公司资质的公司。"技术投资公司"，指依据第105条第（2）款的规定获得技术投资公司资质的公司。

"风险公司"，指依据第104条第（2）款的规定获得风险公司资质的公司。

"股东资本"，指公司已交付资本（与优先股和普通股相关的资本，不包括由于固定资产升值而从储备资本中增发的股份），储备金（不包括由于固定资产升值以及资本的贬值、恢复原值、变动、缩水而导致的储备资本），溢价股份账户上的余额（由于固定资产升值而从储备资本中溢价增发股份时，记入贷方账户的金额不包括在内）以及利润和亏损比例账户上的余额。上述金额的总和作为股东资本。

102.（1）在文莱境内合并而成的公司，如果计划在国内开发或使用与制造、加工或服务有关的新技术，则可以按规定的方式向部长提交申请，以获取风险公司的资质。

（2）如果部长认为引进的技术能够促进或加强文莱的经济技术发展，那么部长可以依据自己提出的条件批准公司的申请并颁发资质证明。

103.（1）位于文莱境内合并而成的公司，如果计划向海外公司投资，而海外公司又致力于开发或使用与制造、加工或服务相关的新技术，那么可以按规定的方式向部长提交申请，以获得技术投资公司的资质。

（2）如果部长认为引进的技术能够促进或加强文莱的经济技术发展，那么部长可以依据自己提出的条件批准公司的申请并颁发资质证明。

（3）位于文莱境内合并而成的公司，计划向海外公司投资，以便能够在国内使用海外公司的技术或者使其合格的控股公司或子公司能够进入海外市场，则公司可以按照规定的方式向部长提交申请，以获得海外投资公司的资质。

（4）如果部长认为技术引进或开拓海外市场能够促进或加强文莱的经济技术发展，那么部长可以依据自己提出的条件批准公司的申请并颁发资质证明。

104.（1）如果合格的控股公司产生下列亏损：

（a）股票在售出之日的公开市场的价格高于股票售出后的收益；（或者征收人在公司未在证券交易所报价的情况下确定的股份的净值高于售出后的收益，那么应当以公开市场价格作为股票售出后的收益）

（b）对风险公司清算后产生亏损，则按照《所得税法》第30条第（2）款的规定，此部分亏损可以从公司的法定收入中扣除，只要亏损产生于公司开展贸易或商业的过程中。

（2）如果合格的控股公司产生下列亏损：

（a）出售所持有的技术投资公司或海外投资公司的股份后产生亏损；

（b）对技术投资公司或海外投资公司进行清算后产生亏损，则可依据《所得税法》第30条第（2）款的规定，此部分亏损可以从公司的法定收入中扣除，只要亏损产生于公司开展贸易或商业的过程中。

（3）尽管第（1）款、第（2）款已作出规定，亏损在以下情况下不能扣除：

（a）如果合格的控股公司持有风险公司、技术投资公司或海外投资公司的股份，持有时间从股票发行之日起不足3年，那么因此产生的亏损不能扣除。但因对风险公司、技术投资公司或海外投资公司进行清算后产生的亏损除外；

（b）风险公司、技术投资公司或海外投资公司自成立之日起8年后，因出售其股份或对其进行清算后产生的亏损不能扣除。

（4）在第（1）款、第（2）款中，亏损应当是股票的买入价超出下列项目的差额：

（a）股票在售出之日的公开市场的价格高于股票售出后的收益；（或者征收人在公司未在证券交易所报价的情况下确定的股份的净值高于售出后的收益，那么应当以公开市场价格作为股票售出后的收益）；

（b）清算后的收益。

105.（1）风险公司未经部长的书面许可不能从事经营范围之外的其他贸易或

商业。

（2）技术投资公司和海外投资公司不能从事任何贸易或商业。

106. 尽管本部分已作出规定，但如果征收人认为，合格的控股公司不应当以撤销风险公司、技术投资公司或海外投资公司资质证明的方式获得第106条规定的扣减，那么，征收人可以依据《所得税法》第62条的规定，对合格的控股公司或者其股东征税或征收附加税，以重新取得合格的控股公司（或者其股东）应当缴纳的税款。

第十五部分　进口关税的减免

107. 尽管《海关法》第11条或其他成文法律已作出规定，但部长可以依据适当的条件，全部或部分免除创新型企业或出口企业因引进下列设备应当缴纳的关税：机械设备、零部件和附件，包括必须安装的活动工厂或建筑物。条件是文莱不能以同等价格和质量生产类似的机械设备、零部件和附件或建筑物。

108. 未经部长的书面许可，第109条中提到的进口机械设备、零部件和附件不能够出售、转让、抵押或作其他处置，或者用于部长许可之外的其他目的。

109.（1）如果第109条中提到的进口机械设备、零部件和附件被出售、转让、抵押或作其他处置，那么应当依据《海关法》缴纳关税。

（2）在依据第（1）款的规定确认应缴的关税时，关税审计员将对全部机械设备、零部件和附件进行价值评估。关税将以评估的价值进行征缴。

110. 尽管《海关法》第11条或其他成文法律已作出规定，如果创新型企业或出口企业为了生产创新型产品而进口原料，他们将免缴进口关税。条件是文莱不能生产这些原料。

第十六部分　其他规定

111.（1）除非得到公司的同意，否则，依据本法制作的申请或证明的内容不得公布。

（2）部长可以以公报的形式公布取得或者被撤销证明的公司名单以及证明上所记载的产业或产品。

112.（1）如果部长认为依据本法取得资质证明的公司违反了本法或者其他条款，或者违反资质证明上的要求，那么他可以以书面通知的方式要求公司在通知送达之日起30天以内解释不应当撤销其证明的理由。如果部长考虑到具体情况并认为符合公众利益的需要，他可以撤销公司的资质证明。

（2）依据第（1）款的规定撤销证明时，部长应当指明撤销决定开始生效的日期，该日期或许就是证明上的日期。从该日起，本部分的规定将停止适用于被撤销的证明。

113. 除非有其他规定，本法不应当免除取得资质证明的公司向征收人汇报及遵守《所得税法》的义务，以便确定公司的纳税义务。

114.（1）任何人违反第46条或第52条以及本法的规定，将被处以不超过10,000元的罚金或者不超过2年的监禁，或并处罚金和监禁。

（2）任何人：

（a）阻止或者妨碍海关官员依据本法或其他规定履行其职责；

（b）未按海关官员的要求提交发票、提单、产地或分析证明及其他与产品出口相关的文件，将被处以不超过5 000文莱元的罚金或者不超过1年的监禁，或并处罚金和监禁。

（3）海关官员可以就其有权查询的事项要求相关人员提供信息或资料。如果相关人员有能力提供而拒不提供，或者知道或应当知道是虚假材料而仍然提交，那么行为人将被处以不超过5 000文莱元的罚金或不超过1年的监禁，或并处罚金和监禁。

（4）如果所提交的材料被证明是不真实的或不准确的，那么提供人不能以疏忽大意、没有犯罪意图或欺诈意图以及理解错误或未充分理解作为推脱责任的借口。

（5）第（3）款的规定不得强迫任何人提供可能使其面临刑事指控或罚金处罚的资料。

115. 凡是企图实施违法行为或者教唆他人实施违法行为的个人，将依据第46条、第52条、第116条或本法的规定受到处罚。

116. 凡是违反第46条、第52条、第116条或本法的规定的违法行为，将由关税审计官授权其他官员执行起诉。

117.（1）征收人授权的官员或者海关高级官员可以收取违法行为嫌疑人不超过1 000文莱元的金额，从而免除处罚。

（2）支付上述款项后，应当释放被拘押的违法行为的嫌疑人并解除对财产的扣押，并不再提起诉讼。

118.（1）如果公司违反第46条、第52条、第116条或本法的规定，那么违法行为发生时担任公司经理、秘书或类似职务的人以及履行这些职责的人将被当作违法行为的实施人，除非他们能够证明：违法行为是在未经其同意或默许的情况下发生的，或者鉴于其职责的性质和当时的情况，他们已经采取了应当采取的一切手段来阻止违法行为的发生。

（2）依据第46条、第52条、第116条的规定，任何人如果存在懈怠、疏忽大意不履行职责的行为应受到刑事处罚或被处以罚金。如果雇员、代理商、代理商的雇员在履行职务的过程中存在懈怠、疏忽大意、不履行职责的行为，他们的责任人将承担同样的处罚。

119. 如果政府官员在履行职务过程中不作为，将被视为是违反本法规定的违法行为。

120.（1）部长如果获得文莱苏丹陛下的批准，可以制定必要的条款，以便有利于本法的实施。

（2）在不违反第（1）款的一般性原则的前提下，部长可以就下列事项作出规定：

（a）本法规定的事项；

（b）本法所规定的申请和颁发资质证明的程序；

（c）获得资质证明的条件；

（d）资料的提供，包括本法要求的进展和销售报告以及财务报告。

（3）部长可以书面授权其他人或机构制定这些条款。

121.（1）原投资激励法令予以废除。

（2）依据原投资激励法令（根据本法予以废除）所采取的任何措施继续有效，直到依据本法制定出新的规定为止。

（原文载陶晴、安树昆主编：《文莱达鲁萨兰国经济贸易法律选编》，中国法制出版社，2006年10月，第1版）

（八）文莱食品进口管理办法（2008年1月23日颁行）

文莱农林渔业和食品加工业欠发达，国内所需的农副产品、食品等均须大量进口。以2006年为例，文莱进口食品2.4亿美元，占其总进口额的14%。

为保证进口食品的质量，文莱政府规定，所有进口食品必须符合《1998年公共卫生（食品）法》和《2000年公共卫生（食品）规定》的质量要求。文莱卫生部卫生服务司（The Department of Health Services, Ministry of Health）是食品进口的主管部门。

文莱对食品的进口管理办法如下：

1. 商标的要求

食品的外包装必须采用马来文或英文标识。

一般而言，外包装上必须包含下列内容：

（1）食品名称

（2）食品成分、原料（含添加剂）

（3）净重/体积

（4）日期（出厂期、保质期）

（5）储藏方法

（6）原产地

（7）生产商、进口商或包装商名称和地址

2. 食品的注册

根据文莱法律规定，任何商家和个人在未办理注册之前，不得进口食品在文莱市场销售。

进口商需要向文莱卫生部卫生服务司的食品安全和质量控制处（The Food Safety and Quality Control Division, Department of Health Services, Ministry of Health）提出注册申请，并填写注册表，提供以下信息：

（1）食品种类

（2）食品名称

（3）生产厂家名称、地址

（4）日期（生产时间、保质期等）

（5）进口商名称、地址

进口商递交申请材料后5～7个工作日即可获得注册批复。需要注册的食品有以下25大类：

（1）乳酪、奶油

（2）牛奶及奶制品（不含硬奶酪）

（3）巴氏灭菌果汁

（4）巴氏灭菌蔬菜汁

（5）豆腐

（6）速冻食品

（7）各种调味料

（8）蛋黄酱

（9）花生酱

（10）添加了维生素的果汁或果汁饮料

（11）添加了维生素的蔬菜汁或蔬菜汁饮料

（12）面粉或面粉制品（饼干、面包等）

（13）蛋类制品

（14）葡萄干

（15）巧克力、牛奶巧克力及其他以巧克力或可可为主要原料的食品

（16）谷类食品

（17）婴幼儿食品

（18）椰子、椰奶及椰子制品

（19）食用脂肪和食用油

（20）保质期不超过18个月的食物添加剂

（21）低温食品

（22）非密封容器包装的人造黄油

（23）非密封容器包装的肉类制品

（24）不含碳酸气的巴氏灭菌软饮料和超热处理软饮料

（25）当成食品出售的营养品

3. 人造甜味剂的许可

根据文莱法律规定，在未获得批准之前，进口商不得进口含人造甜味剂的食品在市场销售。目前，文莱批准含以下3种人造甜味剂的食品在市场销售：

（1）糖精 Saccharin

（2）糖精钠 Sodium saccharin

（3）冬氨酰苯丙氨酸甲酯 Aspartame

申请进口许可须向食品安全和质量控制处提交申请信，缴纳100文莱元（约70美元）的申请费。收到申请后，1~2个工作日内出具许可证，有效期一年。

4. 海关通关文件的背书

食品进口商需在货物到港至少5个工作日前，将通关申请表格连同其他文件

一起，提交食品安全和质量控制处审批。所需文件如下：

（1）发票副本

（2）注册表副本

（3）人造甜味剂的进口许可证副本

（4）原产国卫生主管部门出具的生产许可证副本或HACCP/GMP/GHP证书副本

（5）相关机构或认可实验室出具的卫生证明或销售许可证副本

其他文件：

（1）酱油、蚝油产品的氯丙醇（3-MCPD）检测报告副本

（2）功能饮料的咖啡因检测报告副本

（3）牛肉产品原产国出具的无牛绵状脑病（Bovine Spongiform Encephalitis）和疯牛病（Mad Cow Disease）报告的副本

（4）牛奶和奶制品的二恶英（Dioxin）检测报告

（5）原产欧洲国家的牛奶及奶制品的未经电磁辐射处理的证明

（6）鱼及鱼肉制品不含呋喃西林（Nitrofurans）和氯霉素（Chloramphenicol）成分的证明

（7）猪肉产品无日本脑炎（Japanese Encephalitis）的证明

其他规定：

如进口商无法提供卫生证明或实验室报告等文件，需将样品送交文莱卫生部科学服务司进行检测，检测费用由进口商承担。在取得检验结果之前，进口商需向食品安全和质量控制处提交一份保证函，承诺在检验合格之前，不将货物投放市场销售。

附录三　参考文献

一、中文文献

1. 马金案、黄斗主编：《文莱国情与中国文莱关系》，北京：世界知识出版社，2008年。

2. 马宁编著：《文莱》，南宁：广西人民出版社，1995年。

3. 俞亚克、黄敏编著：《当代文莱》，成都：四川人民出版社，1994年。

4. 赵和曼主编：《东南亚手册》，南宁：广西人民出版社，2000年。

5. 李惠良主编：《东南亚简史》，南宁：广西人民出版社，1989年。

6. 刘新生、潘正秀主编：《文莱——和平之邦》，香港城市大学出版社，2004年。

二、英文文献

1. Country Reprot Brunei Darussalam 2010[EB/OL].

http：//www. aseanvaluers. org/PDF/Country%20Report%20of%20Brunei%20Darussalam%202010. pdf, 2013-3-15.

2. The ministry of education strategic plan 2012—2017[EB/OL].

http：//www. moe. edu. bn/web/moe/resources/strategicplan，2013-3-15.

3. Dato Paduka Dr Zulkarnain Hanafi.Changes and challenges facing Brunei's higher education[EB/OL].

三、网站

1. 中华人民共和国驻文莱达鲁萨兰国大使馆网站

2. 中华人民共和国驻文莱达鲁萨兰国大使馆经济商务参赞处网站

3. 文莱易华网（e-huawang. com ）

4. 中华人民共和国外交部网站2014年文莱国家概况（最近更新时间：2014年3月）

5. 文莱首相署下属的经济规划和发展局(www. depd. gov. bn)

特别说明：本书的主要来源资料为马金案、黄斗主编的《文莱国情与中国文莱关系》，北京：世界知识出版社，2008年12月第1版，以及中华人民共和国驻文莱达鲁萨兰国大使馆网站和中华人民共和国驻文莱达鲁萨兰国大使馆经济商务参赞处网站、文莱易华网(e-huawang. com)。书中的有关数据均为文莱首相署下属的经济规划和发展局(www. depd. gov. bn)公布的数据。

后 记

笔者曾与广西师范学院国际文化与教育学院院长、教授、硕士生导师黄斗主编了《文莱国情与中国文莱关系》,世界知识出版社于2008年12月出版。据该出版社通知,本书不到一年已经销售告罄。2014年3月,接受世界图书出版广东有限公司授予编写《文莱经济社会地理》任务,按照编写提纲,笔者重新收集了资料,广西大学外国语学院讲师马静从文莱政府网站收集和翻译了大量有关英语资料。

本书能够完成编写任务,首先感谢广西师范学院国际文化与教育学院院长、教授、硕士生导师黄斗,广西民族大学外国语学院姚小文副教授、黄伟生副教授、梁茂华博士在编写出版《文莱国情与中国文莱关系》书中收集的大量文莱情况资料。同时感谢广西社会科学院领导和东南亚研究所全体同仁给予的大力支持和帮助。

需要特别说明的是,在这次编写本书中,笔者尽量使用新的资料,力求写得比较新颖、翔实、全面一些,但由于文莱各种情况变化不大,有关的历史和现实的资料太少,笔者仍然尊重基本历史资料和客观事实,有部分不能够改变的材料(如地理、历史简况、风俗习惯等)仍然采用笔者参与出版的《文莱国情与中国文莱关系》之中的一些材料。加上自己的水平有限,书中难免有不少错漏,希望有关专家学者和广大读者批评指正。

编 者

2014年8月18日于广西南宁市